赴韩国与在中国自助旅游的指南
全面了解韩国和介绍中国的力作

新编旅游韩国语

林从纲　[韩]金三坤　编著
参编　孟丽　代丽娟　娄小琴　童晓玲

图书在版编目(CIP)数据

新编旅游韩国语 / 林从纲等编著；—北京：北京大学出版社，2008.5
ISBN 978-7-301-13506-8

Ⅰ．新… Ⅱ．林… Ⅲ．旅游—韩鲜语—自学参考资料 Ⅳ．H55

中国版本图书馆 CIP 数据核字 (2008) 第 034175 号

书　　　名：新编旅游韩国语
著作责任者：林从纲　[韩] 金三坤　编著
责 任 编 辑：张　娜
标 准 书 号：ISBN 978-7-301-13506-8/H・1956
出 版 发 行：北京大学出版社
地　　　址：北京市海淀区成府路205号　100871
网　　　址：http://www.pup.cn　新浪官方微博：@北京大学出版社
电　　　话：邮购部 62752015　发行部 62750672　编辑部 62759634　出版部 62754962
电 子 邮 箱：zpup@pup.pku.edu.cn
印　刷　者：北京虎彩文化传播有限公司
经　销　者：新华书店
　　　　　　787毫米×1092毫米　16开本　15.25印张　304千字
　　　　　　2008年5月第1版　2022年9月第9次印刷
定　　　价：52.00元

未经许可，不得以任何方式复制或抄袭本书之部分或全部内容。
版权所有，侵权必究
举报电话：010-62752024　电子邮箱：fd@pup.pku.edu.cn

前　言

中韩交流历史源远流长，两国间不仅地理相近、历史相关、文化相似，而且感情相通。2007年双边人员交流已达五百万人，韩国每天来华人数约一万多人，全年四百多万人，常住中国的人数超过五十万。中国赴韩国人数一年也有近百万人，数十万人在韩国或在中国的韩资企业工作，数千万人在看韩剧。双方的交流形成了人们所说的强大的"韩流"和"汉风"。

为了进一步促进中韩交流的发展，人们渴望有一本既能全面了解韩国，又能系统介绍中国的书籍。我们正是适应这种需要，编写了这本《新编旅游韩国语》。

本书分上下两篇，上篇全面地介绍了韩国概况、韩国旅游知识、常用会话、历史悠久的韩国传统文化以及在韩国生活和与韩国人交往中的必备常识。下篇系统地介绍了中国概况、旅游区与旅游线路、典型的旅游景点、奥运会与世博会，特别系统地介绍了博大精深的中国传统文化。

为了使本书实用，韩国部分采用中文或中韩对照的方式编写，就是不懂韩国语的人阅读本书也大有裨益，懂得韩国语的人学习就更加如虎添翼了。中国部分主要针对韩国人和学习韩国语的人编写，为使读者阅读本书不感枯燥，介绍景点时采取中韩对照的对话形式。同时，为使年轻读者学习方便，书中汉字一律使用简体字。

本书所选资料翔实丰富，语言地道准确，表达生动有趣，编写方式独特新颖。本书不仅可作为赴韩国或在中国自助旅游的指南，而且可成为全面了解韩国或系统介绍中国的读本。还可以成为旅游专业或有志于从事旅游事业人员学习的教材。

本书在编写过程中参考借鉴了大量中韩两国的资料，在此向这些书的作者表示深深的谢意。由于作者水平有限，恐难达初衷，恳请专家、学者及广大读者批评指正。

目 录（목차）

上篇　韩国旅游

一　**韩国概况（한국개황）** ·· 2
　　（一）韩国简介（한국에 대한 간략한 소개）/2
　　（二）语言（언어）/4

二　**韩国旅游（한국관광）** ·· 5
　　（一）旅游区（관광지）/5
　　（二）旅游景点与购物场所（관광명소 및 쇼핑장소）/7

三　**관광회화（旅游会话）** ·· 15
　　（一）기내에서（在飞机上）/15
　　（二）공항에서（在机场）/19
　　（三）은행（银行）/22
　　（四）교통（交通）/26
　　（五）호텔（酒店）/30
　　（六）음식점（餐厅）/34
　　（七）쇼핑（购物）/38
　　（八）병원과 약국（医院与药房）/43
　　（九）우체국（邮局）/47
　　（十）전화와 팩스（电话与传真）/49
　　（十一）친구 사귀기（交朋友）/54

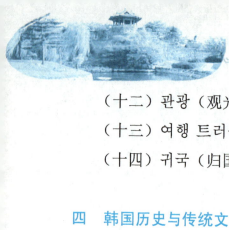

（十二）관광（观光游览）/57

（十三）여행 트러블（旅行中遇到麻烦时）/60

（十四）귀국（归国）/64

四　韩国历史与传统文化（한국역사 및 전통문화） …… 68

（一）历史（역사）/68

（二）宗教（종교）/69

（三）风俗习惯（풍속）/69

下篇　中国旅游

一　중국개황（中国概况） …… 74

（一）중국에 대한 간략한 소개（中国简介）/74

（二）정치와 경제（政治与经济）/80

（三）중국의 세계문화유산（中国的世界文化遗产）/84

（四）긴급 전화번호（紧急电话号码）/86

二　중국의 관광 지역 구분（中国的旅游区划分） …… 87

（一）북경과 주변도시（北京与周边城市）/87

（二）동북지방（东北地区）/87

（三）상해와 주변 도시（上海与周边城市）/88

（四）남부 해안과 주변 도시（南部海岸与周边城市）/88

（五）남서부 지역과 소수민족（西南地区与少数民族）/89

（六）실크로드와 티베트（丝绸之路和西藏）/89

三　중국의 추천할 만한 관광 코스（中国值得推荐的旅游线路） …… 90

（一）청도(青岛)＋태산(泰山)＋북경(北京)/90

（二）심양(沈阳)＋고구려 유적지(高句丽遗址)＋백두산(长白山)/90

　　（三）상해(上海)＋소주(苏州)＋남경(南京)＋황산(黄山)/91

　　（四）상해(上海)＋항주(杭州)＋황산(黄山)＋장가계(张家界)/91

　　（五）북경(北京)＋서안(西安)＋라싸(拉萨)/92

　　（六）실크로드(丝绸之路)/93

　　（七）북경(北京)＋태원(太原)＋대동(大同)＋내몽골(内蒙古)/93

　　（八）계림(桂林)＋곤명(昆明)＋성도(成都)/94

　四　중국 관광 명소（中国旅游景点）............95

　　（一）고궁（故宫）/95

　　（二）만리장성（长城）/98

　　（三）병마용（兵马俑）/101

　　（四）막고굴（莫高窟）/104

　　（五）항주（杭州）/107

　　（六）소주（苏州）/110

　　（七）계림（桂林）/114

　　（八）여강 고성（丽江古城）/117

　　（九）장강삼협（长江三峡）/120

　　（十）황산（黄山）/123

　　（十一）장가계（张家界）/126

　　（十二）구채구（九寨沟）/129

　　（十三）백두산（长白山）/133

　　（十四）상해임시정부청사（上海临时政府旧址）/136

　五　북경 올림픽과 상해 엑스포（北京奥运会与上海世博会）............142

　　（一）2008년 북경 올림픽（北京奥运会）/142

　　（二）상해 엑스포（上海世博会）/146

新 编 旅 游 韩 国 语

六　중국의 역사와 전통 문화（中国历史和传统文化） ·················· 150

　（一）중국의 역사（中国历史）/150

　（二）중국의 풍습（中国的民俗）/163

　（三）소수민족（少数民族）/170

　（四）종교（宗教）/173

　（五）유학（儒学）/178

　（六）의복（服装）/179

　（七）중국요리（中国饮食）/181

　（八）술（酒）/190

　（九）차（茶）/193

　（十）음료수（饮料）/196

　（十一）건축 및 주거·원림（建筑和住居、园林）/197

　（十二）문학（文学）/205

　（十三）희곡 및 경극（戏曲及京剧）/207

　（十四）음악과 무용（音乐与舞蹈）/208

　（十五）서예（书法）/209

　（十六）중국화（中国画）/212

　（十七）비단과 자수（丝绸和刺绣）/215

　（十八）도자기（陶瓷器）/218

　（十九）경태람（景泰蓝）/219

　（二十）조각（雕刻）/220

　（二十一）전지（剪纸）/223

　（二十二）무술（武术）/224

　（二十三）전통의학（传统医学）/226

　（二十四）과학 기술（科学技术）/229

参考文献 ·················· 233

韩国旅游

上篇

新 编 旅 游 韩 国 语

一　韩国概况（한국개황）

（一）韩国简介（한국에 대한 간략한 소개）

1. 国旗（국기）

韩国国旗为"太极旗(태극기)"，中央是易经中象征"宇宙与真理"的"太极"之圆；红与蓝象征阴阳、水火、男女、静动等的融合与谐调；四角的爻卦则分别象征着天、地、日、月，显示出对称与均衡。

2. 国花（국화）

韩国国花叫"无穷花（무궁화）"，学名为木槿。无穷花生命力极强，象征着韩国国民历经磨难而矢志不移的民族性格。7月至10月是无穷花绽放吐蕊的季节。

3. 国歌（국가）

韩国的国歌是《爱国歌（애국가）》。正如字面所示，爱国歌就是指热爱自己国家的歌。韩国最早创立的民间报刊《独立新闻》曾于1896年时刊登了多个版本的爱国歌歌词，但当时《爱国歌》的曲谱并未确定。公元1897—1910年大韩帝国时期，爱国歌的曲谱被定为军队歌曲，称为"大韩帝国爱国歌"。1902年经再次修改后《爱国歌》被用于国家的重要庆典上。

现在的《爱国歌（애국가）》是由作曲家安益泰(안익태：1905—1965年)在1935年创作的。1948年大韩民国政府正式宣布前临时政府采纳的爱国歌为韩国国歌。

上篇　韩国旅游

4. 气候 (기후)
韩国为大陆性气候，属于季风气候。韩国的气候特点是四季分明。

春季 (봄)
春季从3月持续到5月，气候温暖，鲜花遍野。气温平均在摄氏10—20度。

夏季 (여름)
夏天从6月持续到9月，炎热潮湿，很多韩国人选择在此季度假。气温平均都在摄氏25—32度。

秋季 (가을)
秋季从9月持续到11月，天气凉爽，是出游的好季节。气温平均都在摄氏10—15度。

冬季 (겨울)
冬季从12月持续到3月中旬，受西伯利亚冷空气影响，十分寒冷。韩国东北部的暴风雪为滑雪提供了最佳条件。气温平均在0摄氏度以下。

5. 行政区划 (행정구역)
"道(도)"、"广域市(광역시)"、"郡(군)"、"面(면)"、"邑(읍)"、"洞(동)"、"里(리)"都是韩国划分行政区域的名称。"道"相当于中国的省，"广域市(광역시)"相当于中国的直辖市，"郡"相当于中国的县，"面"相当于中国的乡，"邑"相当于中国的镇，"洞"相当于中国城市的街道，"里"相当于中国农村的村。

韩国行政区域共分为9个道、1个特别市（首都）和6个广域市，其中9个道分别为：京畿道、江原道、忠清南道、忠清北道、庆尚南道、庆尚北道、全罗南道、全罗北道、济州道。一个特别市指首尔特别市，6个广域市分别为：仁川广域市、光州广域市、大田广域市、大邱广域市、蔚山广域市和釜山广域市。

韩国行政区划单位

1级	2级	3级	4级
道　特别市　广域市	市　郡　区	邑　面	洞　里

新 编 旅 游 韩 国 语

(二) 语言 (언어)

韩文（한글）于1443年世宗大王(세종대왕)在位期间创制。韩文由10个元音和14个辅音构成，共有24个基本字母和5个紧音及11个复元音。下表是24个基本音及韩文罗马字拼音。韩文原名史料称为《 训民正音 》，已被联合国列为世界遗产。

韩国文字由2—4个字母组成。

韩文基本字母

辅音 (자음)

ㄱ	g	ㅂ	b	ㅋ	k
ㄴ	n	ㅅ	s	ㅌ	t
ㄷ	d	ㅇ	ng, silent	ㅍ	p
ㄹ	r, l	ㅈ	j	ㅎ	h
ㅁ	m	ㅊ	ch		

元音 (모음)

ㅏ	a	ㅗ	o	ㅠ	yu
ㅑ	ya	ㅛ	yo	ㅡ	eu
ㅓ	eo	ㅜ	u	ㅣ	i
ㅕ	yeo				

二 韩国旅游（한국관광）

韩国的旅游资源非常丰富,目前分布在全国各地的旅游胜地,包括山岳、湖泊、温泉、海滨、皇宫、寺庙、宝塔、古迹、民俗村及博物馆等,共有2300余处。其中属于人文景观的历史古迹最多,达680处;其次是寺庙、古坟、亭台、楼阁等。属于自然景观的山岳193处,湖泊、瀑布、水库等187处。

韩国把现有旅游景点大致分为六大旅游区,即:首尔及周边地区、中部、东南部、西南部、东北部、济州岛。也有把它分为七大旅游区的,即把全罗南道和庆尚南道的沿海地区列为南部海岸圈。

（一）旅游区（관광지）

1. 首尔及周边地区（서울 및 주변지역）

首尔（서울）是韩国的首都,是一座拥有1100多万人口的世界第十大城市,是韩国的政治、经济、文化和教育中心。其中,历史悠久的宫殿、寺院、花园和博物馆里收藏的艺术珍品,印证着这座城市辉煌的历史,而闪闪发光、高耸入云的摩天大楼和熙熙攘攘的街道,则代表了它生机勃勃的今天。

首尔周边的京畿道（경기도）位于朝鲜半岛中西部地区,海岸线蜿蜒曲折,形成了众多的港湾与岛屿。南阳湾（남양만）、牙山湾（아산만）、金浦半岛（김포반도）、江华岛（강화도）等都是旅游胜地。

首尔以南的民俗村（민속촌）再现了古代韩国人的日常生活。龙仁爱宝乐园（용인에버랜드）是一个综合性休闲场所,有适合各年龄层游客娱乐的先进设备。水原华城（수원화성）是李朝后期建于京畿道

水原市（수원시）内的邑城。1997年12月与昌德宫一起列为联合国指定的世界文化遗产。

2. 中部（중부）

中部包括忠清北道（충청북도）和忠清南道（충청남도），其中有经济战略中心清州和韩国科学城大田(대전)及百济王国最后的都城抚余（부여）。特别是按不同科学主题兴建的大田EXPO科学公园，在此可以尝试神秘的未来之旅，犹如来到梦幻都市一样。

3. 东南部（동남부）

这一地区包括庆尚北道（경상북도）和庆尚南道（경상남도）。这里有千年古都庆州（경주）以及发达的工业基地浦项（포항）、蔚山（울산），还有反映浓厚儒教传统的安东（안동）。在金光灿烂的东海岸也有众多的观光名胜，在韩国第一大港口城市釜山（부산）可以欣赏海天美景，此外，海上休闲城统营（통영）、陕川（합천）海印寺（해인사）以及有众多传统文化遗迹的大邱（대구）也值得一游。

4. 西南部（서남부）

西南部包括全罗北道（전라북도）和全罗南道（전라남도）。它是灿烂的古百济文化和南道唱的发源地，这里有秀丽多姿，令人流连忘返的智异山国立公园。光州（광주）、南原（남원）、宝城（보성）等地是具南道特殊韵味的代表性都市，传统的曲调和伽倻琴调的优美音律震撼人们灵魂的深处。

此外，木浦（목포）、丽水（여수）、群山（군산）等地是拥有美丽海岸线的海边旅游城市，珍岛（진도）则因每年海水退潮，出现"海路"这一韩国式"摩西奇迹"而吸引着世界各地的游客。

5. 东北部（동북부）

江原道（강원도）位于景色秀丽的高山树林地区，因有众多山湖而形成了独特的自然风光。值得一提的是这里冬季降雪量大，雪质优良，人们可以在陈富岭和龙平滑雪场尽情享受冬季休闲体育项目。

6. 济州岛 (제주도)

济州岛以三多(石多,风多,女人多)而著称于世。在碧蓝的海边,有沿着广阔海岸线平铺千里的美丽沙滩,约有十处梦幻的天然海水浴场。游客既可以潜水观赏海底美丽的珊瑚,亦可钓鱼或进行驾驶快艇、滑水、风帆、冲浪等海上运动。在风光秀丽的汉拿山草原上有可以尽情驰骋的骑马牧场,游客还可随意采摘金黄蜜桔。

(二) 旅游景点与购物场所 (관광명소 및 쇼핑장소)

1. 首尔 (서울)

(1) 宫殿 (궁전)

① 景福宫 (경복궁)

兴建于公元1395年的景福宫位于东阙(昌德宫)、西阙(庆熙宫)的北侧,因而又称"北阙"。景福宫(第117号历史遗址)在韩国五大宫阙中无论规模还是建筑风格而言都堪称五宫之首。

壬辰倭乱(1592—1598)时,景福宫的大部分建筑被烧毁,后于高宗(1852—1919)年间,在兴宣大院君主持下修复并兴建了7700余座建筑。现景福宫内保存有朝鲜时代的代表建筑——庆会楼以及香远亭荷塘,勤政殿的月台和塑像均是朝鲜时代雕刻艺术的结晶。景福宫兴礼门西侧是国立故宫博物馆,景福宫内香远亭东侧是国立民俗博物馆。

② 德寿宫 (덕수궁)

德寿宫位于首尔最繁华的街道上,以其富有韵味的石墙路而闻名。在首尔的宫殿中唯有德寿宫与西式建筑并肩而立,构成特别的景致。德寿宫原来是李朝成宗

（1469—1494）的哥哥月山大君（1454—1488）的住宅。光海君（1575—1641）即位后将其改称为景云宫，从而使之具有了王宫的面貌。后来又改称为德寿宫。

③ 昌德宫和后苑（창덕궁과 후원）

昌德宫位于钟路区卧龙洞，大致可分为公共空间即宫殿，王室的生活空间即王宫以及庭院即后院。昌德宫是唯一维系李朝时期宫殿建筑正统的宫殿。其后院是国王的休息场所，内有300多年树龄的巨木及池塘、亭子等设施，与自然融为一体，甚是和谐。

(2) 购物与娱乐（쇼핑과 오락）

① 明洞（명동）

明洞是首尔一个很大的购物中心。一般说来，明洞大街是指从地铁4号线明洞站到乙支路、乐天百货店之间约1公里长的街道。在这里，汇集了各种品牌专卖店、百货商场、免税店等。这里被称为服饰流行的中心，可以买到引领服饰潮流的各种服装、鞋帽、饰物等等。这里不同于南大门和东大门，集中了许多质量上乘的品牌产品。其中，百货商场有乐天商场、新世界商场以及明洞大街上的U2Zone商厦、明洞米利奥商厦、ABATAr商厦等购物中心。在商场以购买高档商品为主，而在米利奥商厦和ABATAr商厦等免税购物中心，则可以低廉的价格买到时尚的商品。此外，在中央大街和两边的胡同里，还聚集着各种品牌店。除了购物，在明洞还可以品尝各种美食。

② 仁寺洞（인사동）

仁寺洞位于市中心，是一个不可多得的地方，这里有古老而具有传统特色的商品。仁寺洞以大道为中心，两侧分布着许多胡同，形似迷宫。在这迷宫中汇集了画廊、传统工艺店、古代美术店、传统茶店、传统饮食店、咖啡馆等。其中

最具代表性的是传统茶舍"归天"。"归天"是已故诗人千祥炳（천상병）的夫人所开，店面很小，但可以看到诗人生前所著的书及照片。这里的木瓜茶香味最为宜人，至今仍有一些名人不时前来光顾。

③ 南大门市场（남대문시장）

南大门市场位于首尔中区，主要经营服装、厨房用品、日用杂货等商品。既有韩国的土特产，也有进口商品，是韩国最大的综合性市场。南大门市场批发兼零售，价格低廉，商品丰富，很多商店都属于厂家直销店，因此价格更加低廉。

④ 东大门市场（동대문시장）

1905年"诞生"的东大门市场，至今仍然是首尔最具代表性的市场之一。被指定为服装批发特别商街之后，发展速度更加惊人，20多处大型建筑内的购物中心先后拔地而起。东大门的物品应有尽有，从各种精美的流行装饰品到男装、女装、鞋类，而且价格比其他地方都要便宜很多，因此这里总是簇拥着来自地方城市的零售商和外国的商人及游客们。东大门市场分为以零售为主的第一购物区和以批发为主的第二购物区。

⑤ 梨泰院（이태원）

位于首尔龙山区的梨泰院一条街，是首尔市内最具异国风情的地方，在这里饮食、娱乐、购物可以体验和了解综合性的文化。购物街梨泰院的国际知名度有多高，从这句"不知首尔不足为怪，不知梨泰院才是怪"的俗语中，我们就可以清楚了。通常梨泰院指的是，从梨泰院1洞到汉南2洞的长达1.4公里的地段，这里不仅有数不胜数的商店，还有丰富多彩的娱乐设施和美食餐厅。这条街的一大特点是普遍使用英语，不仅路上行走的韩国人能和外国人一起用英语交谈，就连路旁的商店牌子也用英语标出，而且常常可以见到"超大号"、"加长加大"等字眼。

新 编 旅 游 韩 国 语

⑥ 乐天世界（롯데월드）

在乐天世界可以享受室内娱乐和室外娱乐，室内娱乐项目包括欣赏各国风格的街道，使用各种娱乐设施，游览纪念品店，欣赏美妙的演出和激光表演，品尝各国饮食。室外娱乐项目可以享受到室内娱乐中没有的高空探险、魔幻岛探险，还可以在湖边散步。乐天世界之所以能吸引众多游客是因为这里有不同于其他旅游场所的特殊娱乐设施，其中最具代表性的是70米自然落体和旋转探险。另外，独木船会带您去体验一下侏罗纪时代的惊险和刺激，高空飞翔和西班牙海盗船也是不容错过的好游戏。

2. 京畿道旅游景点（경기도 관광 명소）

（1）水原华城（수원화성）

水原华城是朝鲜朝（1392—1910年）后期建于京畿道水原市内的邑城。水原华城的轴城于朝鲜朝第22代王正祖18年即1794年开工，1796年完工，是正祖为了向父亲庄献世子表示孝心以及显示经济实力而建造的新城市。水原华城城墙全长5.52公里，设置了各种在其他城市看不到的军事设施。城墙上方建造了城墙，上面有多个射击口，既可以掩护自身，又能监视和攻击敌人。东西南北四个方向都有城门，北门称长安门，南门称八达门，东门称苍龙门，西门称华西门。

历经悠久的岁月，水原华城城墙多处损伤，朝鲜战争时更有许多设施遭到破坏，1975年至1979年又重新复原，但是从八达门到东南角楼的491米却未能恢复。水原华城于1963年1月被定为第3号史迹，1997年12月与昌德宫一起被联合国教科文组织指定为世界文化遗产。

(2) 韩国民俗村（한국민속촌）

韩国民俗村位于京畿道龙仁市（용인시）。韩国民俗村再现了朝鲜朝后期的生活，是韩国人以及外国人都经常前往的一处名胜。民俗村占地30万坪（约合99公顷），生动地再现了当时不同阶层的文化和生活方式。村内有传统住宅260余座，展出了3万多种民俗物件。通过参观农宅、民宅、官宅、书院、中药店、书塾、铁匠铺、集市街、99间两班家等，可以了解朝鲜朝时期人们的生活。民俗村的规模庞大，内容丰富，看完一圈，就觉得好像是乘坐了时空列车回到了朝鲜朝时期。此外，节假日还会上演丰富多彩的民俗游戏，如跳板、打陀螺、荡秋千等。韩国民俗村分为复原和展出民俗资料及民族文化遗产的"民俗景观区"，展出文化遗产和民俗资料的"博物馆区"，展出传统食品、工艺、纪念品等的"集市街"等。1997年开放的家庭公园中不但可以看到许多传统物品，还可在其中游玩，吸引了不少家庭前来观光。

(3) 大长今村（대장금 마을）

大长今村是韩国第一个电视剧主题公园，位于大长今主要拍摄景点——京畿道杨州市晚松洞MBC杨州（양주）文化乐园内。公园重现了电视剧拍摄的面貌，陈列着主要演员的照片和剧中使用过的小道具，并举办丰富的活动。游客可以试穿国王和大臣的服装，并拍照留念。此外，还有投骰游戏、乘轿子等多种体验活动。今后，还计划增设射箭体验项目。

3. 庆尚北道旅游景点（경상북도 관광 명소）

(1) 庆州旅游景点（경주 관광 명소）

庆州是韩国最具代表性的历史名城，是新罗时代的古都。因有丰富的遗物遗址，因此整座城市好像是一个博物馆。1995年佛国寺和石窟庵被指定为联合国文化遗产，近来，南山和皇龙寺等5个区域又被指定为"庆州历史遗迹地区"。到庆州的游客每年多达5百万名，是韩国最重要的景点之一。

① 佛国寺（불국사）

佛国寺1995年被联合国教科文组织指定为世界文化遗产，是世界级的历史遗迹，也是代表庆州的一处遗迹。寺庙本身的秀美及

石制文物杰出的艺术美已经为世界所公认。

佛国寺始建于新罗第23代王——法兴王（514—540年在位）15年（公元528年），当时称为华严佛国寺或法流寺。751年即景德王（742—765年在位）10年时在宰相金大城（700—774年）的指挥下开始进行翻建工程，直至774年惠恭王（765—780年在位）时才完工。经过了17年的漫长施工之后，才改称为佛国寺。

在高丽朝（918—1392）时期至朝鲜朝时期（1392—1910），佛国寺经过了多次改造，更加扬名于世。但朝鲜朝时的1593年，即宣祖（1567—1608年在位）时期由于壬辰倭乱（日本侵朝战争，1592—1598年），佛国寺在建造819年后其木结构全部被烧毁。

朝鲜朝时的1604年（朝鲜朝宣祖37年）前后又开始重建佛国寺，至1805年朝鲜朝纯祖（1790—1834）时期经过了40多次的局部保修。但此后又有许多建筑被破坏、偷盗，可谓祸事累累。1969年佛国寺复原委员会成立，将留下遗址的无说殿、观音殿、毗卢殿、经楼、回廊等处于1973年复原，大雄殿、极乐殿、泛影楼、紫霞门等破旧的部分也进行了修复。

目前佛国寺内有多宝塔（国宝第20号）、释迦塔（国宝第21号）、莲花桥/七宝桥（国宝第22号）、青云桥/白云桥（国宝第23号）、金铜毗卢遮那佛坐像（国宝26号）、金铜阿弥陀如来坐像（国宝第27号）、舍利塔（受保护文物61号）等许多文化遗产。

② 石窟庵（석굴암）

石窟庵位于吐含山，是韩国典型的石窟寺庙。石窟庵是第24号国宝，其正式名称为"石窟庵石窟"。1995年被联合国教科文组织指定为世界文化遗产。它是一处以花岗岩建成的人工石窟寺院。751年新罗景德王（742—765年）在位期间由金大城（700—774）开始建造，经24年后于774年才完工。

石窟庵位于吐含山（海拔745米）东面的山峰，是将花岗岩加工后人工堆砌的石窟寺院。主室呈圆形，内有本尊像等菩萨及弟子的像。石窟庵正是为了供奉本尊像而建造的。本尊像坐在莲花宝座上，姿态柔和，表情慈祥。屋顶呈半月形或弓形，上有莲花纹的圆盘为盖。这里日出的景色十分美丽，因此有许多人都在清晨前来石窟庵。

③ 国立庆州博物馆（국립경주박물관）

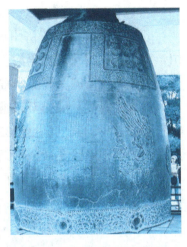

国立庆州博物馆已有约90年的历史，展出新罗（BC57—AD935）时代的首都庆州地区的文化遗产。展馆大致分4个区域，本馆、第1、2分馆和室外展场。本馆内有大量陶器，美术工艺室里有各种美术工艺品。在菊隐纪念室保存着李养璇博士为保护收藏品捐赠的666件文物。第1分馆古坟馆展出庆州市内各巨大古坟里发掘的文物，金冠、冠装饰、腰带、耳环等金制装饰品璀璨夺目。通过这些文物可以感受到新罗时代杰出的艺术风格。第2分馆雁鸭池馆展出雁鸭池内发掘出的3万余件文物中的代表性文物。与其他展览馆展出王族坟墓中出土的作品不同，这里的展品都是生活用品，反映新罗时代人民的生活风貌，种类繁多。参观完展馆，就可到室外展场参观。室外展场有韩国具有代表性的梵钟——圣德大王神钟。仅看到神钟，就会肃然起敬。

(2) 安东河回村（안동 하회촌）

安东河回村位于安东市，这里完整地保留了朝鲜朝时期住宅的样式和村庄的形态。河回村（重要民众资料第122号）三面被洛东江包围，因此村庄就取名为"河回"，意义是河流在此回绕，也有人称其为"水环洞"。河回村周围有古老的松树以及宽阔、柔软的沙地，对面则是悬崖峭壁。河回村由于出了朝鲜朝时期（1392—1910）的儒学家柳云龙（号谦唵，1539—1601）先生和在壬辰倭乱（1592年日本入侵）时立下大功的柳成龙（号西厓，1542—1607）先生两兄弟而名声大震。由于河回村被山水包围，地理条件十分优越，因此从未受到敌人的入侵，村内从上流阶层的瓦房至普通民众的草房都完全保持了过去的模样。

河回村还以别神祭假面游戏、河回假面而闻名。河回屏山假面是现存假面中最古老的，用于别神祭假面游戏的假面。河回村因1999年英国女王的到访而闻名起来。此外，这里还经常举行以假面舞为主题的各种活动。每年9月末至10月举行大约为期10日的安东国际假面舞节，该庆典通常在河回村或安东市江边庆典场上举行。

4. 济州岛旅游景点（제주도 관광명소）

韩国最有名的养生岛——济州岛，自2006年7月1日起改名为济州特别自治区。位于韩国南端，具有异国风情的自然景观和完善的旅游设施吸引了国内外游客。以汉拿山为中心，四面环海，奇岩怪石、瀑布和旅游景区交相辉映。全年温暖的天气为旅游提供了方便。尤其是汉拿山垂直分布着亚热带和温带的动植物，而中文旅游区则是综合性的旅游景区。

新编旅游韩国语

(1) 汉拿山（한라산）

汉拿山巍然耸立于济州岛的中部，海拔1950米，是代表济州岛的名山，又称瀛州山，意思是高得可抓住银河。汉拿山分布着各种植物，有着很高的学术价值，1970年被指定为国立公园，周围分布着368座寄生火山山峰（当地语为"Oreum"）。

汉拿山以其从温带至寒带的垂直植物生态分布系统而闻名。这里有着1800多种植物和4000多种动物（昆虫类3300多种），登山路线较多，可很好地观察周围的山势。汉拿山的登山路线在10公里以内，当天即可登上山顶，但由于天气变化十分剧烈，加上风大，登山者应带上足够的装备。

(2) 城邑民俗村（성읍 민속촌）

城邑民俗村位于汉拿山麓，是韩国传统得以完好的保存的一处民俗村。这里有许多文化遗产，很好地保留了古代村庄的原貌，因而被指定为民俗村并受到保护。这里至今仍保留着民居、乡校、古代官公署、石神像、碾子、城址、碑石等文化遗产及民歌、民俗游戏、乡土食品、民间工艺、济州方言等非物质文化遗产。村子中间几百年树龄的榉树、朴树已被指定为自然保护对象。在这里散步时，就会让人感觉仿佛时间在倒流。此外在这里还可以接触到韩国独特的土著文化，十分受外国人的青睐。

城邑民俗村位于济州岛上，因而也完全反映了济州岛独特的居住文化。你在这里可以看到那看似堆得稀稀疏疏的挡风石墙（黑熔岩石），还有成为济州岛象征的石神像（Dolharubang）。济州岛特有的东西中尤为有名的是黑毛的土种猪和"通西"（猪圈兼厕所）。这里的土种猪吃人粪，其肉质营养丰富，肉味可口，十分有名。这里都是现代社会难得一见的传统，因而更增添了几分别样的情趣。

(3) 万丈窟（만장굴）

万丈窟是世界上最长的熔岩洞，被指定为自然保护区。所谓熔岩洞是指火山喷发时深藏在地底下的熔岩从火山口喷涌而出，流向地表后形成的洞。万丈窟有长达70公分的熔岩石笋、熔岩管状隧道等典型熔岩洞所具有的各种形态。

万丈窟长13422米，其中向游客开放的是约1公里长的洞区，里面有石柱。洞内一年四季保持11℃—21℃的温度，令人感到十分舒适、爽快。这里还栖息着蝙蝠等珍贵生物，具有很高的学术价值。万丈窟内的石柱和钟乳石蔚为壮观，并向同一方向双重、三重延伸，呈现出熔岩洞的地形特点。其中石龟的形状颇似济州岛，经常引得游客们仔细端详。

上篇 韩国旅游

三 관광회화（旅游会话）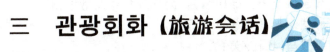

（一）기내에서（在飞机上）

1 기본회화（基本会话）

A：제 좌석이 어디예요?/我的座位在哪儿?
B：바로 여깁니다./就在这儿。
A：어떤 음료수를 드시겠어요?/您要喝什么饮料?
B：콜라 주세요./我要可乐。
A：안전벨트를 매세요./请系好安全带。
B：네,알겠습니다./知道了。

2 상황별 대화（场景对话）

(1) 기내 좌석 찾기（在机内找座位）

A：안녕하세요. 뭘 도와 드릴까요?/您好,您需要帮忙吗?
B：네 아가씨, 제 자리가 어디예요?/是的,小姐。我的座位在哪儿?
A：저에게 보딩패스 좀 보여 주세요./请让我看一下您的登机牌。
B：여기 있어요./给你。
A：20A, 오른쪽 창가의 좌석이에요./20A,您的位子是右边靠窗户的座位。
B：감사합니다./谢谢。
A：별말씀요./不用谢。

(2) 음료수 서비스（饮料服务）

A：실례합니다.어떤 음료수를 드시겠습니까?/请问,您要什么饮料?
B：어떤 음료수가 있어요?/有什么饮料?
A：콜라, 사이다, 주스, 생수가 있습니다./有可乐、汽水、果汁、矿泉水等。
B：그럼 생수 한 병 주세요./那么,请给我一瓶矿泉水吧。

(3) 기내식사 서비스（机内用餐服务）

A：실례합니다. 식사하시겠습니까?/请问,您要用餐吗?
B：네, 어떤 음식이 있어요?/是,有什么食品?

15

新编旅游韩国语

A：치킨과 쇠고기 스테이크가 있습니다./有鸡肉和牛排。
B：쇠고기 스테이크를 주세요./那么给我牛排吧。
A：죄송하지만, 테이블을 좀 내려 주시겠습니까?
　　麻烦您把桌子放下来好吗?
B：알겠습니다./好的。

(4) 약이 필요할 때 (需要药的时候)

A：스튜어디스 아가씨 /空姐
B：뭘 도와 드릴까요?/有什么需要帮忙的吗?
A：몸이 좀 안 좋아요./身体有点不舒服。
B：어디가 불편하세요?/哪里不舒服?
A：토할 것 같아요./我想吐。
B：손님 좌석 앞에 비닐 봉투가 있습니다./在您座位前面有塑料袋。
A：감사합니다. 약 좀 주실래요?/谢谢,给我拿点药好吗?
B：곧 갖다 드리겠습니다./马上就给您拿来。

(5) 입국수속카드 작성시 (填写入境登记卡时)

A：서울에 가십니까?/您到首尔吗?
B：네./是。
A：입국신고서를 작성해 주십시오./请您填写入境登记卡。
B：말씀 좀, 어떻게 작성합니까?/请问,这个怎么填写?
A：여기에는 성함을, 여기엔 여권번호를 쓰십시오.
　　请在这里填写名字,在这里填写护照号码。
B：미안합니다. 잘못 썼어요. 다시 한 장 주시겠어요?
　　对不起,我写错了。请再给我一张好吗?
A：네, 여기 있습니다./好,给您。
B：이렇게 쓰면 됩니까?/这样写对吗?
A：네./没错。

(6) 스튜디어스에게 도움을 요청하기 (请空姐帮忙)

A：실례지만, 화장실이 어디에 있어요?/请问,洗手间在哪儿?
B：뒷쪽에 있습니다./在后面。
A：감사합니다. 여기에 중국신문 있어요?/谢谢。这里有中文报纸吗?
B：네, 인민일보와 경제신문이 있습니다./有《人民日报》和《经济日报》。
A：그럼 경제신문 한 부 부탁합니다./那请给我一份《经济日报》吧。
B：네, 잠시만 기다려 주세요./请稍等。
A：서울에는 몇 시에 도착해요?/几点到首尔?
B：약 한 시간 반 후에 도착합니다./大约一个半小时以后到。

上篇　韩国旅游

3、相关句子

비행기가 곧 이륙하겠습니다./飞机快要起飞了。
모두 자리에 앉아 주세요./请大家都坐下。
안전벨트를 매 주세요./请系好安全带。
테이블을 접어 주세요./请把桌子折起来。
모두 휴대폰의 전원을 꺼 주세요./请大家把手机关掉。
기류 때문에 조금 흔들릴 수 있습니다./因为气流可能有点摇晃。
위험하니까 일어서지 마세요./危险，请不要站起来。
출발이 30분쯤 지연되겠습니다./出发延误30分钟左右。
안개 때문에 20분쯤 연착되겠습니다./因为有雾，将晚点20分钟左右。

단어（生词）

국제선	国际航线	산소마스크	氧气面具
국내선	国内航线	안전벨트	安全带
여행객휴대품신고서	旅客自携行李申报单	비상구	紧急出口
비행기표	机票	구명의	救生衣
여권	护照	화장실	洗手间
보딩패스	登机牌	사용중	有人
여권번호	护照号码	비어있음	无人
좌석	座位	쇠고기	牛肉
비자	签证	치킨/닭고기	鸡肉
좌석번호	座位号	불고기	烤肉
비자번호	签证号码	생선	鱼
창가쪽 좌석	靠窗座位	생수	矿泉水
중간좌석	中间座位	설탕	白糖
통로쪽 좌석	过道边的位子	홍차	红茶
오른쪽	右边儿	주스	果汁
왼쪽	左边儿	콜라	可乐
입국신고서	入境登记卡	사이다	汽水
출국신고서	出境登记卡	포도주	葡萄酒
건강신고서	健康申报卡	위스키	威士忌
비행기편명	飞机班次	맥주	啤酒

新编旅游韩国语

이륙	起飞	트럼프	扑克
착륙	着落	신문	报纸
도착	到达	모포	毛毯
경유	过境	헤드폰	耳机
갈아타기	转机	약	药
짐	行李	비행기 멀미	晕机
휴대품	随身行李	소화불량	消化不良
식사서비스	用餐服务	두통약	头疼药
비행기	飞机	멀미약	晕机药
기장	机长	소화제	消化剂
승무원	乘务员	휴지	卫生纸
스튜어디스 아가씨	空姐	면세품	免税品
일등석	头等舱	담배	香烟
비즈니스 클래스	商用舱	술	酒
이코노미 클래스	经济舱	화장품	化妆品

미니상식 (小常识)

짧게는 한 시간에서 길게는 14시간에 이르는 기내체류기간. 이 시간을 최대로 짧게 느끼게 하기 위해 항공사들이 치열한 기내 서비스를 벌이고 있다.

어떤 항공사는 숙면에 도움이 되는 기내석을 제공하기도 하고, 종교, 건강, 식습관, 연령 등의 이유로 음식을 가리는 승객들을 위해 특별기내식을 준비해 놓기도 한다. 건강식은 당뇨병, 다이어트, 심장병, 비만 등 9가지로, 이유식, 아동식도 별도로 준비해 두기도 한다.

민감성 피부를 가진 장거리 여행객들을 위한 피부미용 서비스인 '차밍서비스(charming service)'를 제공하는 항공사도 있다. 즉 장거리 노선 승객을 위해 메이크업 서비스까지 제공하고 있다. 승객이 요청하면 간단한 화장은 물론 보습 마스크 팩 등을 이용할 수 있다.

飞机内滞留时间一般短到一小时长到十四小时。为使乘客最大限度地感觉到时间相对短暂,航空公司竞相推出了优良的服务措施。

有的航空公司不仅提供了有助于睡眠的机内座位,并为因宗教、健康、饮食习惯、年龄等原因而选择不同食物的乘客准备了特殊食品。也有针对糖尿病、减肥、心脏病、肥胖等9种疾病的健康食品,还有的准备了糕点、儿童食品。

有的航空公司还为皮肤敏感的长途旅客提供有关美容的"魅力服务"。即为长途乘客提供包括皮肤护理的服务。若乘客要求,还可以为他们提供简单地化妆服务,当然也可使用保湿面膜等。

上篇 韩国旅游

（二）공항에서（在机场）

1 기본회화（基本会话）

A：먼길 오시느라 수고 많으셨습니다./远道而来辛苦了。
B：별말씀./没事儿。
A：짐을 제가 들겠습니다./我帮您提行李。
B：아뇨, 무겁지 않습니다./没关系，不怎么沉。
A：불편한 점 있으시면 언제든지 연락 주십시오.
　　如有不方便的事情请随时和我联系。
B：네, 감사합니다./谢谢。

2 상황별 대화（场景对话）

（1）손님 마중하기（迎接客人）

B：실례지만 서울여행사에서 나오신 박정식 씨 아니세요?
　　请问您是首尔旅行社的朴正植先生吗?
A：맞습니다. 북경무역 왕정 과장님이십니까?
　　是的。您是北京贸易公司的王政科长吗?
B：네, 그렇습니다. 마중나와 주셔서 감사합니다.
　　是的。非常感谢您来接我。
A：사람이 이렇게 많은데 잘 찾으셨네요./人这么多，您找得真准。
B：정식 씨가 제 이름이 적힌 피켓을 높이 들고 있어서 금방 눈에 띄던
　　데요./正植先生高高举着写有我名字的牌子，我一眼就看到了。
A：먼길 오시느라 수고 많으셨어요./远道而来辛苦了。
B：안개 때문에 비행기가 연착했는데 정식 씨가 기다리시느라 오히려 더
　　고생이 많으셨을 것 같네요.
　　飞机因雾晚点，让您一直在等，您更辛苦。
A：괜찮습니다. 이런 일은 가이드하는 우리한테 늘 있는 일입니다.
　　没关系的。对我们导游来说这种事情时常发生。
B：아, 그래요? 그렇다면 조금 덜 미안한데요.
　　是吗? 如果是这样，那我心里还会好受点。
A：밖에 차가 기다리고 있습니다. 가시죠./车在外面等着您，咱们走吧。
B：네, 감사합니다./谢谢。
A：짐을 하나 저한테 주시죠. 제가 들겠습니다.
　　给我一个行李，我帮您提。
B：괜찮습니다. 무겁지 않은 건데요. 사람이 정말 많군요.
　　没关系的，不沉。人可真多!

19

新编旅游韩国语

A: 요즘 여행 성수기고 오늘은 또 주말이라 그렇습니다. 이럴 때 가끔 여권을 분실하는 중국손님들이 있는데 조심하셔야 됩니다.
最近是旅游旺季，今天又是周末才这样。这时偶尔会有中国客人丢失护照，所以您要小心啊。

B: 네, 알겠습니다./好，知道了。

(2) 차안에서（在车上）

A: 과장님 차고 있는 시계를 보세요. 지금 몇 시예요?
科长，看一下您的手表吧，现在几点了？

B: 10시 반인데요./10点半了。

A: 지금 한국은 11시 반입니다. 한국이 중국보다 한 시간 빠르답니다. 한국시간으로 맞추시죠.
现在韩国时间是11点半。韩国时间比中国时间快一个小时。把手表调到韩国时间吧。

B: 아, 정말 감사합니다. 아주 중요한 걸 알려 주셨네요.
好的，非常感谢您告诉我这么重要的事情。

A: 그리고 비상연락용으로 사용할 휴대전화를 하나 드리겠습니다. 전화번호 여기 있습니다.
还有，给您一个紧急联系用的手机，这是电话号码。

B: 감사합니다. 이런 것도 챙겨주시다니…
谢谢您，这种事也让您费心了。

A: 제 휴대전화번호와 사무실 전화번호를 방금 드린 그 휴대전화에 저장해 놓았습니다.
我的手机号码和办公室号码已经存到刚才给您的手机里了。

B: 네, 알겠습니다./知道了。

3 호텔에 도착하여（到达酒店）

A: 호텔에 다 왔습니다./到酒店了。

B: 금방 도착하네요./这么快就到了。

A: 여기가 예약해 놓은 방입니다. 어떻습니까?
这是为您预约的房间，怎么样？

B: 넓고, 깨끗하고 무엇보다 조용해서 마음에 드네요.
宽敞，干净，安静，我很满意。

A: 룸키 여기 있습니다./这是房间钥匙。

B: 감사합니다./谢谢。

A: 그리고 이건 아침식사용 식권 (쿠폰) 입니다. 잠시 저하고 같이 가시죠. 식당을 가르쳐 드리겠습니다.
还有，这是早餐券。一会儿和我一起去吧，我告诉您食堂在哪儿。

B：몇 층이에요?/在几楼？
A：일층 로비옆에 있습니다. 바로 여긴데요, 뷔페식이니까 먼저 식권(쿠폰)을 내고 드시고 싶은 걸 골라 드시면 됩니다.
在一楼大厅的旁边。就是这里，是自助餐，所以先交餐券，然后挑选自己喜欢的食物就可以了。
B：감사합니다./谢谢。
A：앞으로 불편하신 거 있으시면 언제든지 연락 주십시오. 최선을 다해 모시겠습니다.
以后如果有不方便的事情请随时和我联系。我会尽全力为您服务的。
B：말씀만 들어도 감사합니다. 그만 돌아가서 쉬세요.
谢谢您这样说。回去休息吧。
A：상세한 스케줄은 나중에 만나서 다시 의논하도록 하죠.
详细日程下次见面再商议吧。
B：네, 오늘 정말 수고하셨습니다./好，今天辛苦了。
A：별말씀요./哪里哪里。

4 相关句子

여러분 안녕하세요. 한국에 오신 것을 진심으로 환영합니다.
大家好，热烈欢迎大家来到韩国！
저는 국제여행사의 가이드 이영호입니다. 잘 부탁 드립니다.
我是国际旅行社的导游李英浩，请多多关照。
최선을 다해 모시겠습니다.부족한 점이 있더라도 널리 이해해 주시기 바랍니다.
我会尽全力为大家服务的，如果有不周到的地方，还希望大家多多原谅。
잠깐만 기다려 주십시오.인원수와 짐을 다시 확인해 보겠습니다.
请稍等片刻，我再确认一下人数和行李。
우리가 타고 있는 차넘버는 서울가 123456입니다.잘 기억해 두시기 바랍니다./我们乘坐的车牌号是首尔街123456，希望大家能牢牢记住。
개인 행동을 삼가해 주시기 바랍니다./请大家尽量不要擅自行动。

단어（生词）

먼길	远路，远道	룸키	房间钥匙
최선	尽力	식권	餐(饮)券
마중나오다	出来迎接	로비	大厅
피켓	接站牌	뷔페식	自助餐

新编旅游韩国语

눈에 띄다	看见，突出	상세하다	详细
고생	劳苦，辛苦	스케줄	日程，安排
성수기	旺季	인원수	人数
분실	丢失，遗失	차넘버	车牌号
비상연락	紧急联系	개인행동	个人行动
챙기다	准备，收拾整理，摆，照顾	삼가하다	注意，谨慎
저장하다	储藏，储备		

미니상식（小常识）

공항에 마중나온 한국사람이 있을 때 만약 서로 초면이라면 한국인의 전통 예절에 관한 것을 알아두는 게 좋을 것이다.

한국사람이 중요시하는 전통예절 중의 하나가 바로 허리굽혀 절하는 것이다. 아랫사람이 연장자나 직장의 상사를 만났을 때는 반드시 허리 굽혀 절을 하고 안부를 묻기도 하는 등의 방식으로 경의를 표한다. 남자들끼리는 서로 만났을 때 서로 허리 굽혀 절을 하거나 악수를 하는데 이때 아랫사람이 악수하는 오른손 한 손만 내밀면 예의에 어긋난다. 아랫사람은 반드시 왼손을 오른손의 손목이나 팔 아래쪽 위에 올리는 것이 예의다. 여자들끼리는 보통 절을 하거나 목례를 하며 남자와 여자 사이에는 악수를 잘 하지 않는다. 악수를 하더라도 남자가 먼저 손을 내밀면 실례다.

到机场接韩国人时，如果彼此是初次见面，最好了解一些韩国的传统礼节。

韩国人重视的传统礼节之一就是弯腰行礼。晚辈遇到长辈，或遇到单位的上司时，必须弯腰行礼，以这种问候的方式表达敬意。男士之间见面时，互相弯腰行礼或握手即可，但握手时若晚辈只伸出一只右手的话是失礼的。晚辈必须把左手放到右手腕上或手臂下部才是符合礼节的。女士之间通常行礼或行注目礼，男士和女士之间一般不握手。即使握手，若男士先伸出手也是失礼的。

（三）은행（银行）

1 기본회화（基本会话）

A：이 근처에 중국은행 있어요?／这附近有中国银行吗？
B：네, 저 빌딩안에 있어요.／有，在那座大厦里边。
A：달러를 한국돈으로 바꾸려고 하는데요.／我想把美元换成韩币。

上篇 韩国旅游

B：얼마를 바꾸실 거예요?/要换多少钱?
A：수표로 드릴까요, 현금으로 드릴까요?/要支票,还是现金?
B：현금으로 주세요./要现金。

2 상황별 대화 (场景对话)

(1) 환전할 때 (兑换钱时)

A：환전하는 곳이 어디예요?/在哪儿可以换钱?
B：공항1층에 은행이 있습니다./在机场一楼有银行。
C：어서 오세요./欢迎光临。
B：달러를 한국돈으로 바꾸려고 하는데요./我要把美元换成韩币。
C：얼마를 바꾸려고 하시는데요?/要换多少钱?
B：삼백달러요. 환율이 얼마예요?/300美元,汇率是多少?
C：1달러에 980원입니다./1美元折合980韩币。
　　여권을 보여 주시겠어요?/我可以看看您的护照吗?
B：여기 있어요./给您。
C：이 용지에 기입해 주시겠어요?/请您把这个表格填一下好吗?
B：어떻게 작성해요?/怎么填呢?
C：여기에는 금액을 쓰시고, 여기에는 성함을 써 주세요.
　　请在这儿填上钱数,在这儿填上姓名。
B：감사합니다./谢谢。
C：돈을 어떻게 드릴까요?/您想换成什么样的钱?
B：십만원은 수표로 주시고,나머지는 현금으로 주세요.
　　10万元一张的给支票,剩下的给现金吧。
C：여기 있습니다. 잘 세어 보세요./好,给您钱,请点一下。

(2) 예금할 때 (存钱时)

A：통장을 하나 만들고 싶은데요./我想办一张存折。
B：신분증 가지고 오셨어요?/身份证您带来了吗?
A：네, 이게 제 여권입니다./带来了,这是我的护照。
B：보통예금으로 하실 거예요, 아니면 정기예금으로 하실 거예요?
　　您是想存活期的呢,还是存定期的呢?
A：수시로 입출금할 수 있는 게 어떤 예금이에요?
　　能随时取款的是哪种?
B：보통예금입니다./是活期的。
A：그럼 보통예금으로 해 주세요./那给我办一张活期的吧。
B：이 양식에 필요한 사항을 기입해 주세요.
　　请您在这张单子上填写有关事项。
A：어떤 사항을 기입해야 하나요?/都包括哪些事项?

新编旅游韩国语

B: 손님의 영문성함과 여권번호 그리고 비밀번호를 쓰시면 됩니다.
   填写您的英文姓名、护照号，还有密码就可以了。
A: 이렇게 쓰면 됩니까?/这样填写可以吗？
B: 아, 비밀번호를 기입 안 하셨네요./这里，您的密码没有填写。
A: 네? 비밀번호요?/什么？密码吗？
B: 네. 도장 가지고 오셨습니까?/您带来印章了吗？
A: 가져 왔습니다./带来了。
B: 다 기입하셨으면 도장을 주시고 잠깐 기다리세요.
   您把这些都填完后，请把您的印章给我们，然后请您稍等。
A: 카드도 같이 만들 수 있어요?/银行卡也可以一起办理吗？
B: 네, 가능합니다./可以。
A: 그럼 카드도 같이 만들어 주세요./那请您也帮我办一张银行卡吧。
B: 네, 알겠습니다./好的。
A: 다음에 입금할 때 꼭 통장을 가지고 와야 돼요?
   下次存钱的时候必须带着存折一起来吗？
B: 안 가져 오셔도 됩니다. 손님 계좌번호만 알고 계시면 입금할 수 있습니다./不带也可以。到时您只要把账号告诉我们就可以了。
A: 네, 감사합니다./好的，谢谢。
B: 여기 통장하고 카드 나왔습니다./这是您的存折和银行卡。

(3) 출금할 때(은행창구에서) 取钱 (在银行窗口)

A: 어서 오세요./欢迎光临。
B: 돈을 찾으려고 하는데요./我想取钱。
A: 얼마를 찾으실 거예요?/您想取多少？
B: 팔만원요./8万元。
A: 손님, 출금전표에 도장을 안 찍으셨네요.
   顾客，您的取款单上还没有盖章。
B: 아, 네, 깜빡 잊었습니다./啊，是啊，我一下子给忘了。
A: 그리고, 비밀번호도 안 쓰셨네요./还有您的密码还没有填写呢。
B: 아직 습관이 안 되어서 자꾸 실수를 하네요.
   到现在都还没习惯呢，所以经常出错。
   중국에서는 돈을 찾을 때 도장도 사용하지 않을 뿐만 아니라 비밀번호도 쓰지 않아요. 비밀 번호는 입력을 하거든요.
   在中国取钱时不仅可以不用印章，也可以不用填写密码。密码是输入的。
A: 돈을 어떻게 드릴까요?/您想要多大面额的呢？
B: 만원짜리 석 장, 오천 원짜리 넉 장, 나머지는 천 원짜리로 주세요.
   3张1万元的，4张5000元的，剩下的要1000元的就可以了。
A: 네, 잠시만 기다리세요./好的，您稍等。

上篇 韩国旅游

(4) 출금할 때 (현금자동지급기) (用自动取款机取钱)

A: 현금자동지급기가 어디에 있어요?/请问哪儿有自动取款机?

B: 은행입구 왼쪽에 있습니다./银行入口的左边就有。

A: 처음이라서 어떻게 사용하는지 잘 모르는데 좀 도와 주시겠어요?
   这是我第一次用自动取款机，不太会用，您能帮帮我吗?

B: 네, 좋습니다. 먼저 여기에 카드를 넣으세요.
   好的，首先呢，把卡放进这里。

A: 그 다음에는요?/然后呢?

B: 그 다음에 비밀번호를 누르세요./然后按密码。

A: 다 눌렀습니다./按好了。

B: 그 다음에 찾으실 금액을 누르세요. 출금내역을 조회하시려면 여기를 누르세요.
   接下来就要按你要取的金额数了。要打印取款单的话按这里就可以了。

A: 정말 감사합니다./真的太感谢您了。

3 相关句子

중국으로 송금하려고 하는데요./我想往中国汇款。
송금하시려면 5번 창구로 가세요./要汇款请您到5号窗口。
송금하는 데 수수료가 얼마예요?/汇款的费用是多少呢?
금액에 따라 다릅니다./根据您的汇款金额有所不同。
어떤 예금이 이자가 높아요?/哪种存款的利息高一些呢?
정기적금입니다./定期存款。
찾으신 금액이 맞는지 잘 세 보세요./请核对一下是否是您要取的金额。
맞습니다./对了。
돈을 찾을 때 통장과 신분증 외에 또 뭐가 필요해요?
取钱的时候除了存折和身份证，还用其他的什么吗?
도장이 있어야 합니다./要有印章。
비밀번호를 기입하고 사인만 하면 되지 않습니까?
只填写密码然后签字不行吗?
안 됩니다. 한국에서는 도장이 반드시 있어야 합니다.
不行的，在韩国必须要有印章才行。
통장이나 카드를 분실하면 어떻게 해야 돼요?
如果存折 或银行卡丢失了怎么办呢?
빨리 가까운 지점으로 가서 지불정지를 신청하셔야 합니다.
应该赶紧到就近的银行办理挂失手续。

新编旅游韩国语

단어 (生词)

송금	汇款	적금	定期存款
환율	汇率	예금	存款
환전	换钱	출금	取款
달러	美元	수수료	手续费
인민폐	人民币	비밀번호	密码
계좌	户头	원금	本钱
도장	图章	이자	利率
잔돈	零钱	지폐	纸币
수표	支票	동전	硬币
현금	现金	번호표	排号票
짜리	(后缀) 表单价,面值 (钱)		

미니상식 (小常识)

　　한국은행들은 고객에 대한 서비스를 고려하여 유리칸막이를 설치하지 않았다. 따라서 고객은 각종 업무를 처리하기에 아주 편리하다. 한국의 은행들은 온라인이 발달되어 있어서 송금할 때 직접 은행에 갈 필요가 없어 전화나 인터넷을 이용하면 집에서도 얼마든지 송금하고 그 내역을 조회할 수 있다. 전화요금, 전기요금, 수도요금 등도 은행에 납부하면 된다. 토요일과 일요일에는 은행문을 열지 않기 때문에 조금 불편한 점도 있으나 현금자동지급기나 폰뱅킹 등을 이용하면 불편함을 다소 해결할 수 있다.

　　韩国的银行重视服务,服务台没有玻璃与顾客相隔。所以,顾客做各种业务都很方便。韩国银行网上营业很发达,因此汇款时不必直接去银行,在家里通过电话或因特网即可,也能查询明细。还可以在银行缴纳电话费、水电费等。周末虽银行停业,会造成些许不便,但通过自动取款机或电话银行多少可以解决一些问题。

(四) 교통 (交通)

1 기본 회화 (基本会话)

A: 실례지만, 어디에서 버스를 탑니까?/请问在哪儿坐公共汽车?
B: 곧장 앞으로 가세요./一直往前走。
A: 서울역에 가려면 몇 번 버스를 타야합니까?

上篇　韩国旅游

　　　要到首尔火车站应该做几路车?
B：331번을 타세요./坐331路吧。
A：(택시기사)어디로 모실까요?/（出租车司机）您要到哪里?
B：신라호텔로 가 주세요./请到新罗大饭店。

2 상황별 대화 (场景对话)

(1) 버스타기 (乘坐公共汽车)

A：이 버스 서울대공원에 갑니까?/这路车到首尔大公园吗?
B：갑니다. 타세요./到，请上车。
A：여기서 서울대공원까지 얼마죠?/从这儿到首尔大公园多少钱?
B：이천원입니다./2000韩元。
A：요금을 어떻게 내죠?/怎么付款呢?
B：카드를 사용하시든지 현금으로 내시든지 다 가능합니다.
　　刷卡或给现金都可以。
A：서울대공원에 도착하면 알려 주세요./到了首尔大公园请告诉我吧。
B：서울대공원 도착했습니다. 내리세요./首尔大公园到了，请下车。

(2) 지하철타기 (乘坐地铁)

A：말씀 좀……여기서 가장 가까운 지하철역이 어딥니까?
　　请问，离这里最近的地铁站在哪儿?
B：여기에서 725번 버스를 타고 가다가 명동에서 내리시면 지하철역이
　　있습니다./您先坐725路公交车，到明洞下车就有地铁站。
A：몇 정류장 정도 가야 돼요?/大约要坐几站呢?
B：네 정류장 정도 가면 됩니다./大约四站吧。
A：감사합니다./谢谢。
B：별말씀./不客气。
A：(지하철역에서)저 말씀 좀……매표소가 어딥니까?.
　　(在地铁站) 请问，售票处在哪儿?
C：저쪽에 있는 자동판매기를 이용하시면 됩니다.
　　用那边的自动售票机就可以买。
A：63빌딩에 가려면 몇 호선을 타야 돼요?/请问到63大厦该坐几号线?
C：다음역에서 내려 지하철 2호선으로 갈아타세요.
　　下一站下车后换乘地铁2号线就可以了。

(3) 택시타기 (乘坐出租车)

A：어디로 모실까요?/您要去哪里?
B：인사동으로 가 주세요./到仁寺洞。
A：예, 알겠습니다. 손님 안전벨트를 매 주세요.

27

新编旅游韩国语

　　好的,请系一下安全带吧。
B：좀 빨리 가 주세요./请开快一点儿。
A：알겠습니다./好。
　　인사동에 다 왔습니다./仁寺洞到了。
B：미안하지만 저쪽에 좀 세워 주세요./麻烦您,请把车停在那边点吧。
A：네, 3천 500원입니다./好的。一共是3500韩元。
B：여기 있어요./给您。
A：자, 거스름돈입니다./这是找您的零钱。
B：트렁크 좀 열어 주세요./麻烦您帮我开一下后备箱。
A：네, 알겠습니다./好的。

(4) 기차타기（乘坐火车）

A：부산 가는 기차표 한 장 주세요./请给我一张到釜山的火车票。
B：KTX, 새마을호, 무궁화호 중 어느 것을 원하세요?
　　有KTX号、新村号、无穷花号三趟车,您要坐哪趟车呢?
A：어느 게 제일 빨라요?/哪种最快呢?
B：KTX입니다./KTX号。
A：부산까지 시간이 얼마나 걸려요?/到釜山大约要多长时间?
B：약 두 시간 반 걸립니다./大约要两个半小时吧。
A：한 장 주세요. 얼마예요?/那给我一张票吧,多少钱?
B：4만 5천원입니다./45000韩元。
C：개찰이 시작되었으니, 역 안으로 들어가세요./开始检票了,进站吧。
A：어느 홈(플랫폼)에서 타나요?/请问在几号站台上车?
C：3번홈입니다./3号站台。
A：식당차가 있습니까?/列车上有餐车吗?
C：네, 있습니다./有的。
A：열차에 더운 물이 있어요?/列车上有热水吗?
C：없습니다./没有。
A：표를 반환할 수 있나요?/那能退票吗?
C：기차가 출발하기 전에는 가능합니다./在开车之前可以。
A：감사합니다./谢谢。

3 相关句子

이 자리에 사람 있어요?/这个地方有人吗?
첫차는 몇 시에 출발해요?/头班车几点钟出发?
막차는 몇 시에 있어요?/几点钟有末班车?
택시 한 대 불러 주시겠어요?/请帮我叫一辆出租车好吗?
빨간 불이에요. 아직 건너지 마세요./红灯,别过。

上篇　韩国旅游

교통신호를 위반하셨습니다. 면허증 좀 보여 주세요.
你违反了交通规则。请出示一下驾驶证。
흡연석을 드릴까요, 금연석을 드릴까요?/您要吸烟席还是禁烟席？
금연석을 주세요./给我禁烟席。

단어 (生词)

교통수단	交通工具	파란불	绿灯
버스	公共汽车	횡단보도	人行横道
기차	火车	멀미	晕（车，船，飞机等）
지하철	地铁	택시	出租车
비행기	飞机	택시정류장	出租车招手处
고속버스	长途汽车	미터기	计价器，打表
오토바이	摩托车	기본요금	起步价
배	船	할증료	附加费
자전거	自行车	영수증	收据，发票
버스	公共汽车	택시대절	包出租车
주차장	停车场	에어컨	空调
안내소	服务台	히터	暖气
매표소	售票处	거스름돈	（找回的）零钱
차표	车票	잔돈	零钱
운전기사	司机	기차	火车
시간표	时间表	기차역	火车站
요금	费用	예매	预订
노선도	路线图	플랫폼	月台
첫차	头班车	출발역	始发站
막차	末班车	종착역	终点站
정류장	站点	개찰	检票
사거리	十字路口	상행	上行
삼거리	丁字路口	하행	下行
일방통행	单行线	승무원	乘务员
육교	天桥	대합실	候车厅
입구	入口	왕복	往返
출구	出口	편도	单程
지하도	地下通道	연착	迟到
신호등	红绿灯	출발지연	出发推迟
빨간불	红灯		

29

미니상식 (小常识)

한국의 버스는 일반버스(입석버스)와 좌석버스로 나눈다. 물론 좌석버스는 요금이 일반버스에 비해 비싸다. 버스에는 중국처럼 앞부분에 노약자 좌석이 배치되어 있다. 노약자들에게 좌석을 양보해 주는 관습은 중국이나 한국이나 다 비슷하나 중국은 아이들에게도 좌석을 양보하는데 한국에서는 이러한 일이 잘 일어나지 않는다. 걸을 수 있는 아이에게는 좌석을 양보해 주지 않는다.

그리고 서 있는 사람이 무거운 짐을 들고 있으면 앉아 있는 사람이 대신 들어주는 것도 중국과 다른 점이다. 한국에서 버스를 탈 때 만약 누가 자기가 들고 있는 짐을 들어주려고 하면 놀라지 말고 "감사합니다"라고 하고 맡겨 두면 된다. 모르는 사람끼리도 서로 짐을 들어 주기 때문에 경계심을 가질 필요가 없다. 옆에 무거운 물건을 들고 서 있으면 "들어 드릴까요?"라고 물어 보는 게 예의이다.

韩国的公交车可分为一般公交车（站立公交车）和有座的公交车两种。但有座的比一般公交车要贵。在公交车的前部，像中国一样有爱心座位。在给老弱病残者让座这一点上，中韩两国很相似。但在把座位让给小孩这一点上却不同，在中国给小孩让座，在韩国这样的事不常发生。在韩国，通常只要是已经会走路的小孩，就不给他们让座。

韩国和中国的不同之处在于：在韩国如果一个站着的人拿着沉重的行李，坐着的人就会帮他拿行李。在韩国乘公交车时，如果有人要帮你拿行李，你不要感到吃惊，应该边说"谢谢"边把行李交给他拿。即使是素不相识的人，也可以把行李交给他，不必戒备。如果看到旁边有人拿着沉重的行李，出于礼貌，应该问一句"需要我帮你拿一下吗？"

(五) 호텔 (酒店)

1 기본회화 (基本会话)

A: 빈 방 있습니까? / 还有空房吗？
B: 있습니다 / 없습니다. / 还有。/ 没有了。
A: 며칠 묵으실 거예요? / 您打算住几天？
B: 이틀요. / 两天。
A: 신용카드로 계산해도 돼요? / 可以用信用卡结账吗？
B: 네, 됩니다 / 아뇨, 안 됩니다. / 可以。/ 不可以。

上篇 韩国旅游

> **2 상황별 대화 (场景对话)**

(1) 체크인(예약했을 때) 登记入住 （已经预约）

A: 어서 오세요. 예약하셨어요?/欢迎光临，请问您预约了吗?

B: 네, 예약했어요./是的，已经预约了。

A: 성함이 어떻게 되세요?/请问您贵姓?

B: 왕정이에요./我叫王晶。

A: 잠깐만 기다리세요./请稍等。
　 네, 예약이 되어 있네요./啊，找到了您预约的登记。
　 여기에 성함과 여권번호를 좀 쓰시고 사인해 주세요.
　 请您在这里填写您的姓名和护照号，然后签字。

B: 이렇게 쓰면 됩니까?/这样写行吗?

A: 네, 요금은 어떻게 지불하실 거예요? 현금인가요, 카드인가요?
　 好的。您怎样付费呢？用现金，还是银行卡?

B: 카드로 하겠습니다./用银行卡。

A: 손님의 룸키 여기 있습니다. 234호실입니다.
　 客人，这是您房间的钥匙，您的房间是234号。

(2) 체크인(예약하지 않았을 때) 登记入住（未预约）

A: 어서 오세요. 뭘 도와 드릴까요?
　 欢迎光临，请问有什么能为您效劳的吗？

B: 빈방 있습니까?/有空房吗?

A: 싱글룸을 원하세요, 트윈룸을 원하세요?
　 您是想住单人间，还是双人间呢?

B: 싱글룸 주세요. 하루에 얼마예요?/单人间。一天的费用是多少?

A: 팔만원인데요, 아침식사 포함됩니다. 며칠 계실 거예요?
　 8万元，其中包括早饭。您打算住几天呢?

B: 이틀 묵고 모레 아침에 체크아웃하려고 합니다.
　 我打算在这儿住两天，后天上午退房。

A: 요금은 어떻게 지불하시겠습니까? 현금으로 하시겠습니까, 카드로 하시겠습니까?/您怎样付费呢？用现金，还是划卡?

B: 현금으로 하겠습니다./用现金。

A: 네, 손님, 여권 좀 주시겠습니까?/请您出示一下护照好吗?

B: 여기 있습니다./给你。

A: 잠깐만 기다리세요. 손님 방은 1516호실이고 이것은 방열쇠입니다.
　 请稍等。您的房间是1516号，这是您的房间钥匙。

B: 감사합니다./谢谢。

新 编 旅 游 韩 国 语

(3) 아침식사 (早餐)

B：아침식사는 어디에서 합니까?/请问在哪儿吃早饭?
A：1층식당입니다./在一楼的餐厅。
B：몇 시부터 식사할 수 있어요?/从几点开始能用餐?
A：7시부터 9시까지입니다./用餐时间是7点到9点。
B：어떤 음식이 있습니까?/餐厅有什么吃的?
A：한식, 중식, 양식이 있는데 모두 뷔페식입니다.
　　有韩餐、中餐、西餐，而且全都是自助式的。
B：감사합니다./谢谢了。

(4) 모닝콜 요청 (需要叫醒服务)

B：여보세요, 여기 1516호실인데요./您好，这里是1516号房间。
A：뭐 도와 드릴까요?/有什么能为您效劳的吗?
B：내일 아침 모닝콜 좀 부탁드립니다./我想拜托你们在明天早上叫醒我。
A：네, 몇 시에 해 드릴까요?/好的。几点呢?
B：여섯 시 삼십분에요./6点半。
A：네, 알겠습니다./好的，没问题。

(5) 체크아웃할 때 (退房时)

B：체크아웃하겠습니다. 룸키 여기 있습니다.
　　我要退房了。这是房间钥匙。
A：네, 잠깐만 기다리세요. 계산서 여기 있습니다.
　　您请稍等。给您账单。
B：이것은 무슨 비용이에요?/这项费用是怎么回事?
A：그건 손님께서 드신 냉장고 음료수 비용입니다.
　　那是您喝的冰箱里的饮料费用。
B：이건요?/那这项呢?
A：손님께서 이용한 국제전화 비용입니다./这是您打的国际长途的费用。
B：네, 알겠습니다./好的，知道了。
A：합계 25만원입니다. 카드로 계산하시겠어요?
　　一共是25万元。您要划卡结账吗?
B：네./是的。
A：영수증 여기 있습니다. 사인 좀 해 주세요./这是收据，请您在这儿签名。

3 相关句子

세탁서비스가 됩니까?/这儿提供洗衣服务吗?
네, 됩니다./是，可以。
이 셔츠 드라이크리닝 좀 부탁할게요./请干洗这件衬衫。

네, 언제까지 해 드릴까요?/好的，什么时候要呢？
열쇠를 방에 두고 나왔어요. 문 좀 열어 주시겠어요?
/我把钥匙忘在房间里了。请帮我开门好吗？
네, 잠깐만 기다리세요./请稍等。
방에 에어컨 리모콘이 안 보이는데요./房间里没有空调遥控器。
네, 곧 갖다 드리겠습니다./好，马上给您拿来。
샤워하려는데 더운 물이 나오지 않아요./我要冲澡，没有热水。
곧 사람을 보내 드리겠습니다./马上派人去。
오늘 제 방 청소를 하지 말라고 해 주세요./今天请不要打扫我的房间。
네, 알겠습니다./知道了。

단어 (生词)

호텔	酒店，宾馆	식권	餐券
여관	旅馆	엘리베이트	电梯
모텔	汽车旅馆	커피숍	咖啡屋
프론트 데스크	前台	로비	大厅
객실서비스	客房服务	국제전화	国际长途
세탁서비스	洗涤服务	청소	清扫
드라이크리닝	干洗	침대	床
팁	小费	슬리퍼	拖鞋
숙박등록카드	住宿登记卡	사우나	桑拿
객실	客房	미용실	美容室
귀중품보관함	贵重物品保管处	이발관	理发店
짐	行李	비즈니스센터	商务中心
트렁크	箱子	헬스클럽	健身房
할인	打折	나이트클럽	夜总会

미니상식 (小常识)

한국의 호텔방은 두 가지가 있는데 한 가지는 침대식이고 다른 한 가지는 온돌식이다. 최근 중국에서도 아파트를 지을 때 온돌을 설치하는 경우가 많아지고 있는데 온돌이 없는 아파트보다 비싸게 분양되고 있다. 온돌방을 이용해 보지 않은 사람은 한국에 여행 온 김에 한국의 온돌방을 체험해 보는 것도 신선한 느낌을 줄 것이다. 호텔에서 서비스를 받은 뒤에 사례로서 팁을 주는 것은 국제관례이기 때문에 한국에서도 그렇게 하는 것이 좋을 것이다.

新编旅游韩国语

> 韩国的宾馆房间有两种形式。一种是床式，另一种是炕式。近来，中国带有暖炕设施的公寓也多了起来，但价格比一般公寓要贵些。如果一个人以前没睡过炕，到韩国旅游时，顺便体验一下睡炕的感觉，应该会感到很新鲜。在韩国，得到宾馆的服务后，为表达谢意，可以给服务员小费。

(六) 음식점（餐厅）

1 기본회화（基本会话）

A：뭘 드시겠어요?/您想吃点什么呢?
B：우선 메뉴판 좀 보여 주세요./请先给我看看菜单。
A：냅킨 좀 주세요./请给我拿些餐巾纸。
B：네, 잠깐만 기다리세요./好的，您请稍等。
A：오늘은 제가 사겠습니다./今天我请客。
B：감사합니다.다음엔 제가 사겠습니다./谢谢，下次我请客。

2 상황별 대화（场景对话）

(1) 식사 주문하기（点菜）

A：어서 오세요. 이쪽으로 오세요./欢迎光临，您这边请。
B：메뉴판 좀 주세요./请给我看看菜单。
A：뭘 드시겠어요?/您想吃点什么?
B：어떤 음식이 맛있어요?/你们店里什么菜好吃?
A：다 맛있지만 특히 불고기가 맛있어요.
　　每样菜都很好吃，但最拿手的是烤肉。
B：그럼 불고기 삼인 분 주세요./那来三人份的烤肉吧。
A：불고기 드신 후에 뭘로 하시겠어요?
　　吃完烤肉之后，您要再来点别的吗?
B：냉면 주세요./来份冷面吧。
A：물냉면 드릴까요, 비빔냉면 드릴까요?
　　那您是想要汤冷面，还是想要拌冷面呢?
B：물냉면 주세요./来份汤冷面吧。
A：술은 뭘로 하시겠습니까?/那酒水呢?
B：맥주 두 병 주세요./那就来两瓶啤酒吧。
A：네, 잠시만 기다려 주세요./好的，您请稍等。
B：우선 물수건 좀 주세요./麻烦先把湿巾给我。
A：네, 알겠습니다./好的，马上拿来。

上篇 韩国旅游

(2) 한국사람과 식사할 때 (与韩国人一起用餐时)

A: 이 식당 분위기가 참 좋네요. / 这家饭店的就餐环境真是不错啊。
B: 깨끗하고 조용하죠. / 又干净，又安静。
A: 초대해 주셔서 감사합니다. / 谢谢您的邀请。
B: 별말씀요. 우선 한 잔 하시죠. / 别客气。来，先喝一杯。
A: 네, 좋습니다. / 好的。
B: 자, 우리의 우정을 위하여! / 为了我们的友情，干杯!
A: 위하여! / 干杯!
B: 이거 좀 드셔 보세요. / 您尝尝这个。
A: 네, 감사합니다. / 好的，谢谢。
B: 어때요? 입에 맞아요? / 味道怎么样？还合您的口味吗？
A: 네, 맛있네요. / 味道好极了。
B: 한 잔 더 드시죠! / 再来一杯吧!
A: 저는 술을 잘 못합니다. 조금만 주세요.
   我的酒量不是很好，少来点吧。
B: 한국술은 도수가 높지 않아서 좀 많이 마셔도 괜찮을 겁니다.
   韩国酒劲儿不大，多喝点也没关系。
A: 아, 그래요? 다음에 중국에 오시면 꼭 연락 주세요. 그때는 제가 꼭 대접하겠습니다.
   啊，是吗？下次您来中国的时候一定要跟我联系啊。到时我一定尽地主之宜。
B: 감사합니다. / 谢谢。

(3) 식사때의 서비스 요청 (用餐时对服务的要求)

A: 음식을 아까 시켰는데 아직 안 나오네요.
   我们刚才点了菜，可现在还没上呢。
B: 죄송합니다. 곧 갖다 드리겠습니다. / 对不起，马上就好。
A: 이건 제가 주문한 요리가 아니에요. / 这不是我点的菜!
B: 죄송합니다. / 对不起。
A: 너무 맵지 않게 해 주세요. / 别做得太辣。
B: 알겠습니다. / 好的，知道了。
A: 이거 좀 싸 주세요. / 请给我把这个打包。
B: 네, 잠깐만 기다려 주세요. / 您请稍等。
A: 여기 좀 치워 주시고, 물 좀 주세요. / 麻烦您把这里收拾一下，来点水。
B: 네, 곧 갑니다. / 好的，马上过去。
A: 물수건 좀 주시고, 반찬도 좀 더 주세요. / 麻烦拿块湿毛巾，再加点小菜。
B: 네, 알겠습니다. / 好的。

新编旅游韩国语

3 相关句子

자리 있습니까?/还有座位吗?
빈 자리가 없습니다. 조금만 기다려 주세요.
抱歉现在没有空位了，您稍等一会儿吧。
많이 기다려야 합니까?/要等很长时间吗?
약 10분정도 기다리시면 됩니다./大约十分钟就可以了。
식기 전에 드세요.이 음식은 식으면 맛없어요.
趁热吃吧，凉了就不好吃了。
네,감사합니다./好的，谢谢。
화장실 어디에 있어요?/请问洗手间在哪?
저쪽에 있어요./在那边。
디저트 뭘로 드릴까요?/甜点来点儿什么呢?
커피하고 과일이 있어요./我们提供咖啡和水果。
그럼,커피로 주세요./那就要咖啡吧。
다음에는 제가 사겠습니다./下次我买单吧。
여기서 드실 거예요,가져가실 거예요?/在这里吃，还是带走?
여기서 먹을 거예요./在这里吃。
여기 맥주 두 병하고 마른 안주 좀 주세요./来两瓶啤酒和干制下酒菜。

단어 (生词)

한국전통음식	韩国传统菜	양고기	羊肉
비빔밥	拌饭	개고기	狗肉
김밥	紫菜包饭	해산물	海鲜
삼계탕	参鸡汤	잉어	鲤鱼
갈비탕	排骨汤	새우	虾
설렁탕	牛杂碎汤	조기	黄花鱼
매운탕	辣汤	오징어	鱿鱼
된장찌개	大酱汤	낙지	小章鱼
김치찌개	泡菜汤	게	蟹
떡볶이	炒年糕	해삼	海参
잡채	杂菜	전복	鲍鱼
육류	肉类	조개	蛤蜊
쇠고기	牛肉	갈치	带鱼
돼지고기	猪肉	참치	金枪鱼

上篇　韩国旅游

차와 음료수	茶和饮料	그릇	碗
콜라	可乐	컵	杯
사이다	汽水	이쑤시개	牙签
오렌지주스	橙汁	맛	味道
사과주스	苹果汁	싱겁다	淡
요구르트	酸奶	쓰다	苦
우유	牛奶	달다	甜
쌍화차	双花茶	짜다	咸
녹차	绿茶	시다	酸
자스민차	茉莉花茶	맵다	辣
보리차	大麦茶	주류	酒类
레몬차	柠檬茶	맥주	啤酒
식사도구	餐具	소주	烧酒
숟가락	勺子	양주	洋酒
젓가락	筷子	청주	清酒

미니상식（小常识）

中韩吃饭与喝酒的习俗差别

1. 吃饭的习俗

　　한국사람은 식사할 때 국을 중시하기 때문에 반드시 숟가락이 있어야 한다. 숟가락을 사용하기 때문에 밥그릇을 들고 먹지 않고 놓고 먹는다. 만약 젓가락만을 사용하여 밥그릇을 들고 먹으면 예의가 없는 것으로 생각한다. 중국사람은 자기의 젓가락으로 음식을 집어서 다른 사람에게 건네주면서 '맛보세요' 혹은 '이거 맛있어요'라고 하는데 이것은 아주 친근하다는 표시이다. 그러나 한국사람에게는 이런 습관이 없다.

　　韩国人吃饭时喜欢喝汤，因此必须有勺子。因为用勺子，可以把饭碗放在桌子上，不必端着吃。假如光用筷子，就要端着饭碗吃饭，会被认为不礼貌。中国人用自己的筷子夹菜给别人，边说"尝尝"或者"这个好吃"，以表示热情。但韩国人没有这种习惯。

2. 喝酒的习俗差别

　　한국사람들은 술자리에서 자기가 마시던 잔으로 상대방에게 술을 권하는 습관이 있다. 비위생적이지만 한국사람들은 친밀감을 표시하기 위해 그렇게 한다. 그리고 술잔에 술이 아직 남아 있을 때 중국에서는 첨잔을 할 수 있지

37

新编旅游韩国语

만 한국에서는 그렇게 해서는 안 된다. 왜냐하면 한국에서는 제사를 지낼 때만 첨잔을 하기 때문이다. 또한 한국에서 아랫사람이 웃어른과 술을 마실 때 몸을 옆으로 돌려서 마시는 것이 예의이다.

韩国人在酒席上习惯拿自己喝过酒的杯子向对方劝酒。这是为了表示亲密。酒杯里还剩下酒时,在中国还可添酒,但在韩国则不可,因为韩国在举行祭祀时才这样给死者添酒。在韩国,当晚辈与长辈一起喝酒时,晚辈需侧着身喝。

3. 访问习俗差别

중국에서는 손님이 왔을 때 물 한 잔을 대접하는 것이 실례가 아니지만 한국에서는 자기집이나 사무실에 손님이 왔을 때 반드시 커피나 주스, 차를 대접한다. 여름과 같이 더울 때 손님이 특별히 냉수를 원할 때를 제외하고는 한국사람에게 물을 내놓으면 실례가 된다.

在中国,当有客人来访时,用白开水招待也不算失礼,但在韩国有客人到办公室或自己家拜访时,一定要用咖啡、果汁、茶等招待。即使在炎热的夏天,除非客人要求喝凉水,用白开水招待客人是失礼的。

(七) 쇼핑 (购物)

1 기본회화 (基本会话)

A: 뭘 찾으세요? / 您要买点什么?
B: 구경 좀 하겠습니다. / 我先看一会儿。
A: 얼마예요? / 多少钱?
B: 이만원입니다. / 2万块。
A: 좀 싸게 해 주세요. / 便宜点吧。
B: 여긴 정찰제입니다. / 本店是明码标价的。

2 상황별 대화 (场景对话)

(1) 선물사기 (买礼物)

A: 어서 오세요. 뭘 찾으세요? / 欢迎光临,您买点什么?
B: 친구한테 줄 선물을 사려고 하는데요. / 想给朋友买件礼物。
A: 한국의 특산품 인삼차가 어떻습니까? / 韩国的特产人参茶怎么样?
B: 인삼으로 만든 차도 있어요? / 还有用人参制作的茶吗?
A: 네, 건강에도 좋을 뿐 아니라, 가격도 싼 편이에요.
是啊,不仅有益健康,而且物美价廉。

上篇 韩国旅游

B: 얼마예요?/多少钱啊?
A: 팔만원입니다./8万块。
B: 좀 더 싼 거 보여 주세요./请给我看看再便宜点的。
A: 이거 어때요?오만원입니다./这个怎么样? 这是5万块的。
B: 좀 싸게 해 주세요./请再便宜点吧。
A: 손님, 여기는 백화점 아니에요?정찰제입니다.
　　顾客, 这里不是百货商店嘛? 是明码标价。
B: 요즘 세일기간 아니에요?/最近不是在打折吗?
A: 세일기간 이미 지나갔습니다./促销时间已经结束了。
B: 그래요? 그럼 이걸로 하겠습니다.예쁘게 포장해 주세요.
　　是吗? 那就买这个吧。麻烦你帮我包装得漂亮些。
A: 네, 잠시만 기다려 주세요./好的, 您请稍等。

(2) 옷사기 (买衣服)

A: 손님, 어서 오세요. 뭘 찾으세요?/欢迎光临, 您买点什么呢?
B: 저 파란색 티이 셔어츠 좀 보여 주세요./麻烦您把那件蓝色的T恤给我看看。
A: 네, 잠시만요./您稍等。
B: 얼마예요?/这件衣服多少钱?
A: 삼만 칠천원입니다./3万7千块。
B: 다른 색깔 없어요?/还有其他颜色的吗?
A: 이 핑크색 어때요?/这件粉红的怎么样?
B: 입어 봐도 돼요?/可以试穿一下吗?
A: 네, 입어 보세요./可以的, 您穿穿看吧。
B: 조금 작네요. 한 치수 더 큰 거 없어요?
　　有点儿小, 没有比这件大一个尺码的吗?
A: 여기 있어요./您试试这件。
B: 이건 얼마예요?/这件多少钱?
A: 사만원입니다./4万块。
B: 너무 비싸요. 좀 깎아 주세요./太贵了, 便宜点吧。
A: 이미 많이 싸게 해 드린 겁니다./已经很便宜了, 顾客。
B: 이천원만 더 빼 주세요./再便宜两千块钱吧。
A: 그렇게 팔면 제가 손해예요./如果那样我可就要赔本了。
B: 그럼 다른 데 가 보겠습니다./如果不行的话我只好去别家看看了。
A: 잠깐만요. 그럼, 삼만 9천원에 드리죠./等等, 那就3万9千韩元卖您了。

(3) 화장품 사기 (买化妆品)

A: 기초화장품을 하나 사고 싶은데요./我想买基础化妆品。
B: 피부가 어떤 타입이죠?/皮肤是什么类型的?
A: 건성이에요./是干性的。

B：이런 종류가 손님 피부에 맞을 겁니다./这种化妆品对您的皮肤合适。
A：보습효과가 어때요?/保湿效果怎么样？
B：아주 좋아요./非常好。
A：샘플 하나 주실 수 있어요?/能送我一个样品吗？
B：네, 물론입니다. 사용해 보시고 피부에 맞으면 다시 오세요.
　　当然。请先用用, 如果适合您的皮肤再过来吧。
A：이 립스틱 한 번 발라 봐도 괜찮아요?/这个口红能试试吗？
B：네, 요즘 유행하는 색깔인데 한 번 발라 보세요.
　　可以, 是最近流行的颜色, 涂涂看吧。
A：국산품이에요, 수입품이에요?/是国产, 还是进口的？
B：국산품인데요, 품질이 아주 좋습니다./是国产的, 质量非常好。
A：이 색깔로 두 개 주세요./这种颜色的给我两个。
B：네, 잠시만요. 이 샘플은 서비스로 드리는 겁니다.
　　请稍等。这个样品是赠送的。
A：감사합니다./谢谢。

(4) 물리거나 바꾸기 (退还商品)

A：뭘 도와 드릴까요?/您需要帮忙么？
B：이거 다른 걸로 바꾸고 싶은데요./这件商品我想换换。
A：무슨 문제가 있어요?/有什么问题吗？
B：허리 사이즈가 안 맞아요./腰围不太合适。
A：언제 샀어요?/您是什么时候买的？
B：그저께요./前天。
A：영수증 가지고 오셨어요?/发票您带来了吗？
B：네, 가지고 왔어요./带来了。
A：저쪽에 가서 골라 보세요./请您去那边挑选吧。
B：이거보다 한 사이즈 큰 거 없어요?/有没有腰围比这件再大一个尺码的？

5 相关句子

카운터가 어디에 있어요?/请问收银台在哪儿？
저쪽에 있어요./在那边。
엘리베이터 어디에 있어요?/请问电梯在哪儿？
저쪽 코너에 있어요./在那边拐角那儿。
3층에 어떻게 가죠?/请问三层怎么走？
저기에 있는 에스컬레이터를 타세요./乘坐那边的扶梯就可以。
저거 좀 보여 주세요./麻烦把那件拿给我看看。
네, 잠깐만 기다리세요./好的, 您稍等。
카드로 지불해도 돼요?/可以刷卡吗？

上篇 韩国旅游

네,됩니다./可以。
여기 영수증에 사인해 주세요./请您在发票上签字。
네,알겠습니다./好的，知道了。

단어 (生词)

여성용품	女性用品
스카프	丝巾
귀걸이	耳环
브로우치	胸针
목걸이	项链
블라우스	女衬衫
재킷	茄克
벨트	腰带
핸드백	手提包
팔찌	手镯
반지	戒指
치마	裙子
스타킹	长袜
하이힐	高跟鞋
티셔츠	衬衫
청바지	牛仔裤
코트	外套
손수건	手绢
머리핀	发卡
남성용품	男性用品
와이셔츠	白衬衫
넥타이	领带
넥타이핀	领带夹
단추	扣子
상의	上衣
하의	下衣
양복	西服
바지	裤子
구두	皮鞋
모자	帽子
칼라(깃)	衣领
주머니	口袋
시계	手表
장갑	手套
허리띠(벨트)	腰带
담배	香烟
화장품	化妆品
립스틱	口红
립크림	唇膏
마스카라	睫毛膏
매니큐어	指甲油
밀크로션	奶液
스킨로션	爽肤水
아세톤	洗甲水
향수	香水
아이크림	眼霜
아이섀도우	眼影
상품	商品
도매	批发
소매	零售
가격	价钱
할인	打折
세일	打折
바겐세일	大减价
20%할인	打8折
고객	顾客
상표	商标
유명상표	著名商标
유명메이커	知名厂商
카운터	柜台
색깔	颜色
하얀색(흰색)	白色

新编旅游韩国语

검은색	黑色	카메라	照相机
남색	蓝色	디지털카메라	数码相机
갈색	棕色	무비카메라	摄像机
빨간색	红色	컴퓨터	电脑
노란색	黄色	복사기	复印机
자주색	紫色	프린트기	打印机
녹색	绿色	세탁기	洗衣机
카키색	咔叽色	전자계산기	电子计算器
전기전자제품	电子产品	전기면도기	电子剃须刀
라디오	收音机	헤어드라이어	吹风机
텔레비전	电视	전자레인지	电磁炉
에어컨	空调	전기밥솥	电饭锅
냉장고	冰箱		

미니 상식 (小常识)

서울에서 쇼핑하기에 가장 좋은 곳은 아무래도 동대문 시장과 남대문 시장을 꼽을 수 있을 것이다. 값이 쌀 뿐만 아니라 일상생활에 필요한 모든 물건이 망라되어 있다고 해도 과언이 아닐 것이다. 이 두 시장은 국제화되어 있다고 할 수 있을 만큼 많은 외국인들이 찾는 곳인데 요즘은 중국여행객들이 많이 가기 때문에 상인들 중에는 중국어를 할 줄 아는 사람도 점점 늘어나고 있다. 한국어를 공부한 사람이라면 이런 시장에서 가격을 흥정하면서 자기의 한국어를 연습해 보는 것도 좋을 것이다.

이태원은 외국인의 거리라고 할 만큼 서울에서 이국적인 분위기를 풍기는 곳이다. 이곳의 물품들은 가격이 비교적 저렴한 편이라서 외국인들에게 인기가 좋은 편이다.

인사동은 한국의 전통적인 상품들이 많이 있어서 서울의 현대적인 분위기와 다르다는 것을 느낄 수 있다.

在首尔,购物最好的地方要数东大门和南大门市场了。可以毫不夸张地说,那里不仅价格便宜,而且日常生活必需品应有尽有。这两个市场正日趋国际化,因此是许多外国人光顾的地方,最近因为中国的游客很多,懂汉语的卖主越来越多。若是韩语学习者的话,在这样的市场讨价还价的同时还能练习韩国语。

梨泰院被称作外国人一条街,到处弥漫着异国风情。这里的商品价格比较低廉,因此很受外国人欢迎。

仁寺洞有许多韩国传统商品,因此感觉和首尔的现代气息不同。

(八) 병원과 약국 (医院与药房)

1 기본회화 (基本会话)

A: 어디가 불편하세요?/哪儿不舒服?
B: 배가 아파요./肚子有点疼。
A: 접수하는 곳이 어디예요?/请问挂号窗口在哪儿?
B: 일층 로비에 있어요./在一楼大厅里。
A: 진단서 좀 떼 주세요./请您给我一个病历本吧。
B: 네, 잠깐만 기다려 주세요./好的, 请稍等。

2 병원에서의 대화 (在医院的对话)

(1) 접수창구 (挂号窗口)

A: 접수 창구가 어디예요?/请问挂号窗口在哪儿?
B: 바로 저기입니다./就是那边。
A: 여기가 내과 접수하는 곳이예요?/这是内科挂号窗口吗?
C: 네, 맞습니다. 초진이세요?/是的, 是第一次来吗?
A: 네, 오늘이 처음입니다./是的。今天是第一次。
C: 의료보험증 주시겠어요?/您有医疗保险证吗?
A: 저는 중국사람입니다./我是中国人。
C: 아, 그러세요?/啊, 这样啊。

(2) 진찰실에서 (在诊疗室)

A: 어디가 편찮으세요?/您哪里不舒服?
B: 감기에 걸린 것 같아요./我好像是感冒了。
A: 증세가 어떻습니까?/有什么症状?
B: 자꾸 기침이 나고 열도 있어요./经常咳嗽还发烧。
A: 콧물도 납니까?/流鼻涕吗?
B: 네, 콧물도 나고 목도 좀 아파요./是的, 流鼻涕, 而且嗓子还有些疼。
A: 언제부터 이런 증상이 있었습니까?/什么时候开始出现这些症状的?
B: 어제 저녁부터였어요./昨天晚上。
A: 체온을 좀 재어 보겠습니다./来量一下你的体温。
  몇 도예요?/多少度?
B: 38도입니다./38度。
A: 유행성 감기입니다./你得了流感。
B: 심한 편이예요?/严重吗?
A: 아닙니다. 주사를 맞고 약을 드시면 곧 나을 겁니다. 당분간 무리하

新 编 旅 游 韩 国 语

지 마시고 푹 쉬시는 게 좋습니다.
不严重，打打针再吃点儿药就会好的。暂时不要过于劳累，要好好休息休息。

(3) 한방병원에서 (看中医)

A: 여기에 앉으세요. 어디가 편찮으세요?/请坐这儿吧。您哪儿不舒服？
B: 온몸에 힘이 없어요. 식욕도 없고요./感觉浑身无力，也没食欲。
A: 언제부터 이런 증상이 있었죠?/什么时候开始有这种症状的？
B: 어제 저녁부터였어요./从昨天晚上开始的。
A: '아' 하고 입을 벌려 보세요./请张开嘴"啊——"。
B: '아'/啊——
A: 소매를 좀 걷어 주시죠. 맥을 짚어 보겠습니다.
请把袖子挽起来。我来把一下脉。
B: 어떻습니까?/怎么样？
A: 맥박이 고르지 않네요. 당분간 안정을 취하셔야 할 것 같습니다.
脉搏跳动有些不规律。看来短时间内必须好好静养。
B: 요즘 회사일이 바빠서 늘 야근을 했어요. 어떤 때는 밤샘을 할 때도 있었어요.
最近因公司的事情常加夜班，有时还加到深夜。
A: 약을 지어 드릴 테니까 제때 약을 드시고 충분히 휴식을 취하세요.
我给你开点药吧，请按时服药，好好休息一下。
B: 약은 다려서 주시는 거죠?/药是熬好的吧？
A: 네, 그렇습니다. 드시기 좋게 다려서 팩에 넣어 드립니다.
是，是的。为使您服用方便，我们熬完后就给您放到塑料袋里。
B: 약은 언제 찾으러 오면 돼요?/什么时候来取药啊？
A: 처방전에 써 놓았습니다./在处方上写着呢。

3 약국에서 (在药房)

A: 어서 오세요. 어떻게 오셨어요?/欢迎光临，您怎么了？
B: 배가 아프고, 자꾸 설사가 나요./肚子疼，还经常腹泻。
A: 처방전 가지고 오셨어요?/您带处方来了吗？
B: 네, 여기 있어요./给您。
A: 잠깐만 기다리세요. 곧 조제해 드리겠습니다.
请稍等，马上就给您配好。
B: 이 약은 어떻게 복용해요?/这药该怎么服用呢？
A: 하루에 세 번, 식후 30분 후에 드세요./一天三次，饭后三十分钟服用。
B: 한 번에 몇 알 복용해야 돼요?/一次吃几粒？
A: 한 번에 세 알씩 드세요. 그리고 당분간 죽을 드셔야 합니다.

上篇 韩国旅游

一次三粒。还有，暂时只能喝粥。
B: 네, 알겠습니다./好的，知道了。

4 相关句子

소매를 좀 걷어 올리세요./把袖子挽起来。
혈압을 좀 재어 보겠습니다./让我们量一下您的血压。
X레이를 찍고 혈액검사를 받으세요.
/让我们来拍一张X光片，检查一下您的血液。
입원을 해서 수술을 받으셔야 합니다./您必须入院接受手术。
링거를 좀 맞으세요./输液吧。
고혈압이에요./是高血压。
비만증이니까 다이어트를 하셔야겠습니다./您得的是肥胖症，必须减肥了。
체한 것 같습니다./可能是消化不良。
어제 저녁에 토했습니다./昨天晚上吐了。
담배와 술을 끊어야 합니다./必须戒烟戒酒。
발을 삐었어요./脚崴了。
임신입니다./怀孕了。
피임약 있어요?/有避孕药吗？
머리가 좀 어지러워요./头有点晕。
여기가 자꾸 가려워요./这儿经常痒。
언제 퇴원할 수 있어요?/什么时候才能出院呢？

단어 (生词)

병원	医院	피부과	皮肤科
종합병원	综合医院	비뇨기과	泌尿科
개인병원	私人医院	산부인과	妇产科
한방병원	中医院（综合）	소아과	小儿科
한의원	中医院	방사선과	放射科
의사	医生	신경정신과	神经科
간호사	护士	진찰	诊断
구급차	救护车	접수	挂号
앰뷸런스	救护车	응급실	急救室
내과	内科	처방전	处方笺
외과	外科	주사	打针
치과	口腔科	맥박	脉搏
이비인후과	耳鼻喉科	체온	体温
안과	眼科	소변검사	小便检查

新编旅游韩国语

한국어	중국어	한국어	중국어
X레이검사	X光检查	습진	湿诊
CT검사	CT检查	염증	炎症
초음파검사	超声波检查	알레르기	过敏
월경	月经	약이름	药名
재진	复诊	양약	西药
병명	疾病名称	한약	中药
에이즈	艾滋病	파스	对氨水杨酸
당뇨병	糖尿病	진통제	镇痛药
불면증	失眠	해열제	退烧药
식중독	食物中毒	항생제	抗生素
암	癌	아스피린	阿司匹林
두통	头疼	감기약	感冒药
빈혈	贫血	설사약	泻药
복통	腹痛	수면제	安眠药
변비	便秘	피임약	避孕药
맹장염	盲肠炎	약방/약국	药房
골절	骨折	조제	配制
요통	腰疼	알약	药片
마비	麻痹	물약	药水

미니상식 (小常识)

　　한국은 의료보험제도가 아주 발달되어 있는데 보험가입자는 치료비의 30%만 지급하면 되고 나머지는 의료보험공단에서 지급한다. 1998년이후 일년이상 한국에서 거주한 외국인도 의료보험에 가입할 수 있게 되었다.

　　한국에서 규모가 큰 병원은 종합병원이라 부르고 작은 병원은 의원이라 부른다. 그리고 한방의학도 상당히 발달되어 있다. 한방병원의 의사를 한의사라 부르는데 이름있는 대학의 한의과에 들어가기가 그리 쉽지가 않다. 한국에서 가장 유명한 한의과 대학은 경희대학교에 있는데 여기가 입학하려면 이 과에서 가장 높은 점수를 필요로 한다.

　　그리고 성형외과 기술이 발달한 것은 널리 알려진 사실인데 중국의 많은 의사들도 한국에 연수를 가서 성형기술을 배우고 있다.

　　韩国的医疗保险制度比较发达。投保者只需支付治疗费的30%，其余的可由医疗保险单位支付。自1998年以来，在韩国居住一年以上的外国人，也可以参加医疗保险。

　　韩国把规模比较大的医院称为"综合医院"，把规模小的称为"医院"。并且，中医医学也相当发达。中医院的医生称为中医师，不过想进

上篇　韩国旅游

入比较有名大学的中医系却相当不容易。在韩国，中医专业要数庆熙大学的最有名气，必须考到理科的最高分，才能就读庆熙大学的中医专业。众所周知，韩国整容外科技术也很发达，因此很多中国医生去韩国进修学习整容技术。

(九) 우체국 (邮局)

1 기본 회화 (基本会话)

A: 이 편지를 중국에 보내려고 하는데요.
　　我想把这封信寄到中国去。
B: 천원짜리 우표 한 장하고 오십원짜리 우표 한 장을 붙이세요.
　　请贴一张1000元的邮票和一张50元的邮票。
A: 중국까지 시간이 얼마나 걸려요?/往中国寄，得多长时间？
B: 약 일주일쯤 걸립니다./大概得一周。
A: 더 빨리 보내는 방법이 없어요?/有没有办法快点寄到？
B: 더 빨리 보내려면 빠른 우편을 이용하세요./要快点请用快递。

2 상황별 대화 (场景对话)

(1) 편지 부치기 (寄信)

A: 이 편지를 중국으로 부치려고 하는데요./我想把这封信寄往中国。
B: 보통우편으로 하실 겁니까, 아니면 등기로 하실 겁니까?
　　您想寄平信，还是想寄挂号信呢？
A: 보통우편으로 해 주세요./寄平信吧。
B: 편지를 저울 위에 올려 주세요./请您把信件放在秤上吧。
A: 얼마짜리 우표를 붙여야 돼요?/该贴多少钱的邮票呢？
B: 1000원짜리 한 장하고 100원짜리 두 장을 붙이세요.
　　贴一张1000韩元的和两张100韩元的就可以了。
A: 여기에 붙이면 되죠?/在这儿贴可以吗？
B: 네, 그렇습니다./好的。
A: 풀이 어디에 있어요?/请问浆糊在哪儿？
B: 저쪽에 있어요./在那边。
A: 다 붙였어요./贴好了。
B: 편지를 저한테 주세요. 이제 가셔도 좋습니다.
　　把信交给我就可以了，现在您可以走了。

(2) 소포 부치기 (寄包裹)

A: 이 소포를 중국으로 보내려고 하는데요./我想把这个包裹寄往中国。
B: 항공편으로 보내실 거예요, 선편으로 보내실 거예요?
　　您想空邮还是想水运呢?
A: 선편으로 해 주세요.중국까지 얼마나 걸리죠?
　　水运吧, 那到中国需要多长时间呢?
B: 짧으면 이주일, 길면 한 달 정도 걸립니다.
　　快的话一周, 慢的话大约要一个月吧。
A: 그래요? 그럼 항공편으로 해 주세요./是吗? 那还是空邮吧。
B: 안에 뭐가 들어 있습니까?/里面装的是什么?
A: 책하고 편지입니다./书和信。
B: 편지는 따로 부쳐야 합니다./信要另外寄了。
A: 그래요?/是吗?
B: 무게를 달아 보겠습니다./看看重量吧。
　　소포를 저울에 올려 주십시오./请您把邮包放在秤上吧。
A: 얼마예요?/多少钱?
B: 3천 5백원입니다./3500韩元。

3 相关句子

발신인 주소는 어디에 써야 합니까?/在哪儿写寄信人的地址?
봉투 왼쪽 위에 써야 합니다./一般是写在信封左上角。
수신인 주소는 어디에 써야 됩니까?/在哪儿写收信人的地址?
봉투 오른쪽 밑에 써야 됩니다./一般是写在信封右下角。
중량이 초과되어서 요금을 더 내셔야 합니다.
由于超重您必须再缴纳一些费用。
얼마를 더 내야 합니까?/那还要交多少?
우체국에서 편지봉투을 팔아요?/邮局卖信封吗?
팔지 않습니다./不卖。
우편번호는 어디에다 써야 돼요?/邮政编码该写在哪儿呢?
수신인 주소 밑에 쓰면 됩니다./写在收信人地址的下边就可以了。
포장을 이렇게 하시면 안 됩니다./您这样包装不成。
그럼, 다시 해 오겠습니다./那么, 我包好再来吧。

上篇 韩国旅游

단어 (生词)

우체국	邮局	엽서	明信片
보통우편	平信	우체통	邮筒
등기우편	挂号信	사서함	私人专用邮箱
항공우편	航空信	집배원	邮递员
우표	邮票	중량	重量
기념우표	纪念邮票	풀	浆糊
봉투	信封	끈	绳子
수신인(받는 사람)	收信人	가위	剪刀
발신인(보내는 사람)	寄信人	짜리	单价或面额
우편번호	邮编	선편(배편)	水运
주소	地址	항공편	空运

미니상식 (小常识)

한국우체국도 중국우체국처럼 우편업무와 예금업무를 겸하고 있다. 은행처럼 각종 요금 즉 전기, 수도, 전화, 가스요금 등을 납부할 수 있다. 소포를 부칠 때는 반드시 본인이 포장을 해 가지고 가야 한다. 중국에서는 우체국에서 포장을 해 주지만 한국우체국에서는 그렇게 하지 않는다. 그리고 중국에서는 국내로 부칠 때 받는 사람의 주소를 왼쪽 위에 쓰는 것과 달리 한국에서는 편지를 부칠 때 국내로 부치거나 국외로 부치거나를 막론하고 받는 사람의 주소를 봉투 오른쪽 하단에 써야 한다.

与中国的邮局一样，韩国的邮局也兼管邮寄和储蓄业务。在邮局，还可以缴纳水电、电话、煤气等各种费用。寄包裹时，韩国邮局不给打包，本人应包好再去寄。在中国邮寄国内信件时，把收信人地址写在左上角；在韩国则不管是寄往国内还是往国外都必须把收信人地址写在信封右下角。

(十) 전화와 팩스 (电话与传真)

1 기본회화 (基本会话)

A: 사장님 좀 바꿔 주세요. / 请社长接电话。
B: 죄송하지만 지금 자리에 안 계십니다. / 抱歉，现在他不在。
A: 전화 잘못 걸었습니다. / 打错了。
B: 미안합니다. / 对不起。

A: 끊지 말고 잠깐만 기다리세요./请先别挂，稍等一会儿。
B: 네, 감사합니다./谢谢。

2 상황별 대화（场景对话）

(1) 사람찾기1（找人1）

A: 여보세요. 서울 여행사입니까?/您好，请问是首尔旅行社吗?
B: 네, 그렇습니다. 누구를 찾으세요?/是的，请问您找谁?
A: 최재운 씨 좀 부탁 드립니다./请找一下崔载运。
B: 네, 잠깐만 기다리세요./好的，您稍等。

(2) 사람찾기2（找人2）

A: 여보세요. 김기수 부장님 좀 부탁 드립니다.
喂。麻烦您帮忙找一下金基书部长。
B: 전화 잘못 걸었습니다. 여기 그런 사람 없습니다.
您打错了，这里没有您要找的那个人。
A: 거기 인천무역 아닙니까?/您那里不是仁川贸易吗?
B: 아닙니다. 여기는 서울무역입니다./不是, 这里是首尔贸易。
A: 죄송합니다./对不起。

(3) 전하는 말 부탁하기（托人转达）

A: 여보세요. 거기 현대상선이지요?/您好。请问是现代商船公司吧?
B: 네, 그런데요./是的。您有什么事?
A: 이종우 과장님 부탁 드립니다./麻烦找一下李钟友科长。
B: 죄송합니다만, 지금 자리에 안 계시는데요./抱歉，李科长现在不在。
A: 언제쯤 들어오세요?/什么时候回来?
B: 오후 네 시쯤 들어오실 거예요./下午4点会回来。
A: 그럼, 과장님한테 제가 전화했다고 좀 전해 주세요.
那请您转告科长我来过电话。
B: 실례지만, 누구시라고 전해 드릴까요?/抱歉，请问您是?
A: 중국 북경의 심건화라고 전해 주세요.
请您告诉他我是中国北京的沈建华。
B: 네, 알겠습니다. 혹시 급하시면 휴대전화로 연락해 보세요.
好的，如果您着急的话可以打科长的手机联系一下。
A: 최진수 대리는 계세요?/崔镇诛代理在吗?
B: 지금 통화중인데 잠시만 기다려 주시겠어요?
他现在正在通话，请您稍等好吗?
A: 네, 감사합니다./好的，谢谢您了。

(4) 메모 남기기 (留言)

A：여보세요. 부산해운 비서실이죠?/喂，请问是釜山海运秘书室吧?
B：네, 그런데요./是的，您有什么事吗?
A：사장님 계세요?/请问社长在吗?
B：지금 회의중이신데요. 실례지만, 누구세요?
　　社长正在开会。请问，您是哪位?
A：중국 친구 왕위입니다./我是社长的中国朋友王伟。
B：회의가 네 시쯤 끝나니까 그때 쯤 들어오실 거예요.
　　会议大约4点左右结束，大概那个时候会回来。
　　전하실 말씀이라도 있으세요?/您有什么话需要我转达吗?
A：그럼 메모 좀 해 주시겠습니까?/可以帮我记录一下吗?
B：네, 말씀하세요./好的，您说吧。
A：제가 오늘 저녁 서울호텔에 묵는다고 전해 주세요.
　　请帮我转告他我今晚住在首尔酒店。
　　객실은 1218호실이고, 전화번호는 2345-8787입니다.
　　客房号是1218，电话是2345-8787。
B：네, 알겠습니다./好的，我知道了。
A：가능하면 빨리 좀 전화해 달라고 전해 주세요.
　　请转告他尽快给我打电话吧。
B：꼭 전해 드리겠습니다./一定会为您转告的。

(5) 콜렉트콜 전화 (수신자 부담 전화 打对方付费电话时)

A：교환입니다. 뭘 도와드릴까요?/这里是总机，乐意为您效劳。
B：콜렉트콜로 국제전화 한 통 하려고 하는데요.
　　我想通过对方付款方式打一个国际长途电话。
A：어디로 거실 거예요?/请问您要打往哪里呢?
B：중국으로요./打往中国。
A：전화번호가 몇 번입니까?/请问电话号码是多少?
B：86-10-87888668입니다./86-10-87888668。
A：누구에게 거실 겁니까?/请问您是打给谁呢?
B：우리집으로요./往我的家里。
A：그럼, 가족 누구라도 괜찮습니까?/那您家里人谁接电话都可以吗?
B：네, 괜찮습니다./是的，可以。
A：손님의 성함과 전화번호를 좀 말씀해 주십시오.
　　请告诉我您的姓名与电话号码。
B：제 이름은 장도이고 전화번호는 388-2868입니다.
　　我叫张涛，我这里的电话号码是388-2868。
A：끊지 말고 잠시만 기다리십시오./请您先别挂稍等一会儿。
　　연결되었습니다. 말씀하십시오./已经为您接通了，请讲话。

新编旅游韩国语

3 팩스 보내기(发传真)

A: 이 빌딩안에 팩스를 보낼 수 있는 곳이 있어요?
　　请问这栋楼里有可以发传真的地方吗?
B: 네, 1층의 비스니스센터로 가 보세요.
　　有，您去一楼的商务中心看看吧。
C: 어서 오세요./欢迎光临。
B: 중국으로 팩스를 보내려고 하는데요./我想往中国发一封传真。
C: 이 용지에 보내실 내용과 상대방 팩스번호를 써 주세요.
　　请您在这里写下您要发送的内容，以及对方的传真号码。
B: 중국까지 한 장에 얼마지요?/发往中国的话，一份要多少钱呢?
C: 이천원입니다.잠시만 기다려 주세요./2000韩元一份，请您稍等。
B: 보내졌습니까?/已经发出去了吗?
C: 네, 이건 영수증입니다./是的，这是您的收据(发票)。

4 相关句子

잘 못 알아들었어요.다시 한 번 말씀해 주실래요?
抱歉我没有听清，您能再说一遍吗?
좀 천천히 말씀해 주시겠어요?/请您慢点讲。
제 말이 너무 빨라요?/我的语速很快吗?
잘 안 들립니다.좀 더 크게 말씀해 주세요.
抱歉我没有听清，您能再大点声讲吗?
전화 끊지 말고 잠시만 기다리세요./请您先别挂断，稍等一会儿吧。
먼저 끊고 잠시만 기다리세요./请您先挂了再等一会儿吧。
통화중입니다./占线。
복사 한 장 하는 데 얼마예요?/复印一张多少钱?
에이포(A4)용지 한 장 프린트하는 데 얼마예요?/用A4纸打印一张多少钱?
공중전화 어디에 있어요?/请问哪里有公用电话?
저쪽에 공중전화 복스가 보이시죠?/您看到那边的公用电话亭了吗?
카드를 사용해야 하나요?/必须用电话卡吗?
카드를 사용하는 전화기도 있고 동전을 사용하는 전화기도 있어요.
有插卡电话，也有投币电话。

上篇　韩国旅游

단어 (生词)

국제전화	国际电话	(전화를)끊다	挂
국가번호	国家号码	통화중	占线
지역번호	地方号码	영수증	收据，发票
시내전화	市内电话	프린트하다	打印
장거리전화	长途电话	공중전화부스	公用电话亭
구내전화	内部电话，内线	복사	复印
수신자부담전화	对方付款电话	동전	硬币
콜렉트콜	对方付款电话	팩스용지	传真纸
전화비	电话费	상대방	对方
교환	总机	비즈니스센터	商务中心

미니상식 (小常识)

　　한국은 통신산업이 아주 발달해 있다. 그래서 한국에서 장시간 머무는 것이 아니라면 휴대전화를 임대하는 것이 좋다. 한국의 국제공항에는 휴대전화를 임대해 주는 곳이 어디나 다 있다. 신용카드를 사용하거나 현금으로 보증금을 내면 휴대전화를 임대하여 사용할 수 있다. 공중전화를 사용해야 할 경우에는 공중전화카드를 사면 된다. 카드는 2000원, 3000원, 5000원, 만원짜리 등이 있다.

　　동전을 사용하는 전화기도 있으나 그 수가 많지 않다. 한국에서 중국으로 전화를 할 경우 먼저 국가번호 0086을 누르고 지역번호 그리고 상대방 전화번호를 누르면 된다.

　　韩国通讯业很发达。如果不是长时间在韩国逗留的话，租用手机比较划算。在韩国国际机场内的任何一个地方都能租到手机，只需用信用卡或现金支付押金即可。需要使用公用电话时，买公用电话卡就可以了。卡有2000元、3000元、5000元、10000元等面值的。也有投币电话，但为数不多。在韩国如往中国打电话，首先拨国家号码0086，然后再拨区号及对方的号码即可。

新 编 旅 游 韩 国 语

租赁手机费用

(不含10%附加税)

入网费	免费	
日租金 通话费	普通价格	3000韩元/天
	国内通话	100韩币/10秒
	国际通话	各国国际长途电话费（不加收手机使用费）

电话接入号费率比较

(单位：韩币/60秒)

地名	00700	001	002	008
中国内地	1380	1596	1596	1584
中国香港	1098	1578	1578	1548
中国台湾	1230	1560	1452	1518

(十一) 친구 사귀기 (交朋友)

1 기본회화 (基本会话)

A: 만나서 반갑습니다. / 见到你很高兴。
B: 저도 만나서 반갑습니다. / 我也是。
A: 지금 어떤 일을 하세요? / 现在做什么工作?
B: 무역회사에 다니고 있어요. / 我在贸易公司上班。
A: 무슨 띠예요? / 属什么?
B: 양띠예요. / 属羊。

2 인사하기 (寒暄)

(1) 자기소개1 (自我介绍1)

A: 성함이 어떻게 되세요? / 请问您贵姓大名?
B: 이원입니다. / 我叫李媛。
A: 저는 김수동이라고 합니다. / 我叫金秀东。
B: 연세가 어떻게 되세요? / 您今年多大年纪了?
A: 마흔 다섯입니다. / 今年四十五岁了。
B: 지금 어떤 일을 하세요? / 那您现在从事什么工作呢?
A: 무역을 하고 있습니다. / 在做贸易方面的工作。
B: 명함 있으면 한 장 주시겠어요?

可以给我一张您的名片吗?
A: 네, 여기 있습니다./好的,给您。
B: 고향이 어디예요?/您的故乡是?
A: 서안입니다./我的故乡是西安。

(2) 자기소개2 (自我介绍2)
A: 안녕하세요. 저는 이성수라고 합니다./您好,我叫李成洙。
B: 안녕하세요. 저는 왕정이라고 합니다./您好,我叫王晶。
A: 왕정 씨는 학생이에요?/王晶,你是学生吗。
B: 아뇨, 저는 회사에 다니고 있습니다.
　 不是,我已经在公司上班了。
　 성수 씨는요?/那成洙你呢?
A: 저는 학생입니다. 중국어를 전공하고 있습니다.
　 我还是学生,学汉语专业。
B: 올해 몇 살이에요?/你今年多大了?
A: 스물 두 살입니다./22岁。

(3) 자기소개3 (自我介绍3)
A: 띠가 뭐예요?/你属什么的?
B: 용띠입니다. 왕정 씨는 무슨 띠예요?/我属龙,王晶你属什么的?
A: 저는 소띠입니다./我是属牛的。
B: 그럼, 올해 스물 다섯 살입니까?/那今年该是25岁吧。
A: 네, 그렇습니다./是啊。
B: 결혼했어요?/你结婚了吗?
A: 아뇨, 아직 미혼입니다./还没呢,现在还是单身。
B: 남자친구 있어요?/有男朋友了吗?
A: 네, 있습니다./有了。

(4) 자기소개4 (自我介绍4)
A: 처음 뵙겠습니다. 저는 박진수입니다./初次见面,我叫朴镇洙。
B: 저는 양동승이라고 합니다./我叫杨东升。
A: 만나서 반갑습니다./认识你很高兴。
B: 네, 저도 만나뵙게 되어 반갑습니다./认识你我也很高兴。
A: 앞으로 잘 부탁 드리겠습니다./以后请多多关照。
B: 저야말로 잘 부탁 드립니다./请你多多关照我才是呢。
A: 지금 어디에 사세요?/你现在住在哪儿?
B: 연세대 근처에 살아요./住在延世大学附近。
A: 어느 나라에서 오셨어요?/你是从哪个国家来的?
B: 중국에서 왔어요./我来自中国。

A: 오신 지 얼마나 되었어요?/您来这儿多久了?
B: 1년 되었어요./已经一年了。
A: 혼자 오셨어요?/你是一个人来的吗?
B: 가족과 함께 왔어요./和家人一起来的。
A: 가족이 몇 명이에요?/你家里一共几口人?
B: 아버지, 어머니, 남동생 그리고 저 모두 네 명입니다.
父亲、母亲、弟弟,还有我,一共四口人。

3 相关句子

전공이 뭐예요?/专业是什么呢?
경제학입니다./是经济学。
요즘 어떻게 지내세요?/最近过得怎么样?
조금 바빠요./有点忙。
요즘 별일 없으세요?/最近没什么事吧?
네, 덕분에 잘 지내고 있습니다./是,我过得很好,这都是托您的福。
한국어실력이 정말 많이 늘었네요./韩语水平提高了不少。
선생님 덕분입니다./这都多亏了老师的帮助。
오래간만이에요./好久不见了。
네, 정말 오랜만이에요./是,真是好久不见了。
이런 곳에서 만나다니 세상 참 좁네요./在这儿竟会碰上,这个世界真小啊。
그렇네요. 세상 정말 좁네요./是啊。世界真小。
저 사람 알아요?/认识那个人吗?
아뇨, 몰라요(모릅니다). 좀 소개해 주세요./不,不认识。介绍一下吧。
그럼 두 분 인사하세요./那么你们两位认识一下吧。
저 분 아세요?/认识那位吗?
네, 압니다(알아요)./是,认识。
제 말을 알아들었어요?/听懂我说的话了吗?
아뇨, 못 알아들었어요./没有,没听懂。

단어 (生词)

띠	属相	뱀띠	属蛇
쥐띠	属鼠	말띠	属马
소띠	属牛	양띠	属羊
호랑이(범) 띠	属虎	원숭이띠	属猴
토끼띠	属兔	닭띠	属鸡
용띠	属龙	개띠	属狗

上篇　韩国旅游

돼지띠	属猪	고향	故乡
명함	名片	전공	专业，主修
이메일 주소	邮箱地址	올해	今年
무역회사	贸易公司	미혼	未婚
연세	年纪	뵙다	拜访
마흔	四十	부탁	拜托
덕분	多亏，托……福		

미니 상식（小常识）

　　한국사람이 개인적인 질문을 잘 한다는 것은 널리 알려진 일이다. 물론 상대방에 대한 이해를 충분히 하고자 하는 의도에서 개인적인 질문을 하는 것이기 때문에 불쾌하게 생각할 필요없다. 상대방이 나이가 많으면 상대방은 아마 반말을 하려고 할지도 모른다. 한국에서는 지극히 당연한 일이기 때문에 조금도 이상하게 생각할 필요없다.

　　한국사람에게 자기 이름을 이야기할 때 반드시 성과 이름을 다 말해야 한다. 한국에서는 중국처럼 "您贵姓?(성이 뭡니까?)"라고 묻는 법이 없다. 만약 두 사람이 성만 이야기한다면 두 사람의 관계는 정상이 아닐 가능성이 크다.

　　众所周知，韩国人好问私人问题。当然，这是因为想更全面地了解对方才问的，所以不必感到不快。如果对方年纪大的话，他还可能会用非敬语。因为在韩国这是很正常的事，所以不必觉得奇怪。

　　当与韩国人说自己的名字时，务必把姓和名都告诉他。在韩国，不像在中国一样问候"您贵姓？"。如果互相只告知姓氏的话，很可能双方的关系不太融洽。

（十二）관광（观光游览）

1 기본회화（基本会话）

A: 서울역에 어떻게 가야 돼요?/去首尔火车站怎么走？
B: 788번 버스를 타세요./坐788路车吧。
A: 여기서 롯데월드가 멀어요?/乐天世界离这里远吗？
B: 아뇨, 가까워요./不，很近。
A: 입장료가 얼마예요?/门票多少钱？
B: 이천원입니다./2000韩元。

新 编 旅 游 韩 国 语

2 상황별 회화(场景对话)

(1) 여행자료 문의하기(询问资料)

A: 말씀 좀……서울에 가 볼 만한 데가 어떤 곳이 있어요?
   请问，在首尔有哪些值得一游的地方呢？
B: 많죠. 경복궁, 덕수궁, 63빌딩, 인사동, 남산타워 등.
   很多呀，景福宫、德寿宫、63大厦、仁寺洞、南山塔等等。
A: 어디에 가면 시내지도를 살 수 있어요?／在哪儿能买到市内地图呢？
B: 우리 호텔에도 있습니다. 거리의 신문가판대에 가도 있고요.
   本酒店就有啊，街上的报摊也有。
A: 그럼 서울시내 지도 한 부 주세요.／那请给我一份首尔地图吧。
B: 네, 잠시만 기다리세요.／好的，您稍等。
A: 그리고 중국어를 할 수 있는 가이드를 소개해 주실 수 있어요?
   还有，可以给我介绍一位会汉语的导游吗？
B: 네, 한 사람 불러 드리죠.／好的，我给您找一位。
A: 하루 가이드 비용이 얼마예요?／一日导游的费用是多少？
B: 6만원입니다.／6万块吧。

(2) 일일투어(一日游)

A: 서울 1일투어가 있어요?／有首尔一日游的项目吗？
B: 네, 있습니다.／有。
A: 지금 신청해도 오늘 갈 수 있나요?／现在申请的话，今天能去吗？
B: 네, 물론입니다.／当然可以。
A: 관광코스가 어떻게 됩니까?／那都有哪些游览路线？
B: 여기 팜플렛에 나와 있는 대로입니다.／按照这个宣传册记载的。
A: 아침 몇 시에 출발해요?／早上几点出发？
B: 8시에 출발합니다.／8点钟出发。
A: 어디에서 모이죠?／在哪里集合呢？
B: 호텔로비에 계시면 모시러 갑니다.／在酒店的大厅集合。
A: 1일투어 비용에 입장료와 점심식사가 포함됩니까?
   一日游的费用中包括门票及午餐费吗？
B: 네, 포함됩니다.／是的，包括。
A: 중간에 자유시간 주나요?／游览期间有自由活动时间吗？
B: 네, 점심식사 후 한 시간 정도 드립니다.
   有，午饭之后会有一小时的时间让大家自由活动。
A: 몇 시에 돌아옵니까?／那几点钟回来呢？
B: 저녁 7시 전에 돌아옵니다.／晚上7点钟之前就会往回返。

(3) 혼자 배낭 여행시 (自助旅游时)

A: 실례지만, 말씀 좀. 여기에서 KBS까지 멀어요? /
对不起打扰一下，请问从这里到KBS远吗？

B: 별로 안 멀어요. / 不太远。

A: 어떻게 가야 돼요? / 那请问该怎么走呢？

B: 이 길을 따라서 똑바로 가시다가 사거리가 나오면 오른쪽으로 가세요.
沿着这条路一直走，当出现十字路口时右转。

A: 차를 타고 가야 돼요? / 必须坐车去吗？

B: 아뇨, 걸어서 약 15분이면 도착할 수 있어요.
没必要，步行大约15分钟就能到了。

A: 죄송합니다만, 지도를 가지고 다시 한 번 설명해 주실래요?
抱歉，您可以在地图上再向我说明一遍吗？

B: 네, 지금 우리가 지도상의 여기 있는데요.
好的，现在我们在地图的这个位置。

3 相关句子

길을 잃었어요. / 我迷路了。
조금도 걱정하지 마세요. / 一点都不用担心。
미안하지만 사진 좀 찍어 주실래요? / 对不起，麻烦您帮我们照张像好吗？
네, 어디를 누르면 되죠? / 好的，按哪儿啊？
여기를 누르시면 됩니다. / 按这儿就可以了。
자, 웃으세요. 하나, 둘, 셋, 김치! / 看这, 笑一笑，一、二、三，茄子！
셔터 좀 눌러 주시겠어요? / 麻烦您帮我们照张像好吗？
네, 찍습니다. 하나, 둘, 셋, 치즈! / 好的。一、二、三，cheese！
다시 한 번 찍어 주시겠어요? / 您能帮我们再照一次吗？
네, 좋습니다. / 好的。
여기서 사진 찍어도 돼요? / 在这里可以照像吗？
안 됩니다. 여기는 촬영금지구역입니다. / 不可以，这里是禁止拍照的区域。
차를 갈아타야 돼요? / 中途要换乘吗？
아뇨, 갈아탈 필요 없습니다. / 不用，没必要换乘。
공중전화 어디에 있어요? / 请问哪儿有公用电话？
입구가 어디에 있어요? / 请问入口在哪里？
출구가 어디에 있어요? / 出口在哪里？

新编旅游韩国语

단어 (生词)

여행사	旅行社	매표소	售票处
관광단	观光旅游团	물품보관소	物品保管处
단체관광	团体旅游	명승고적	名胜古迹
배낭여행	徒步旅行	박물관	博物馆
시내관광	市内旅游	공원	公园
일정	日程	극장	剧场
코스	路线	미술관	美术馆
관광지도	观光地图	영화관	电影院
시내지도	市内地图	식물원	植物园
현지가이드	现场导游	동물원	动物园
안내책자	导游手册	전람회장	展览会场
여행경비	旅游花销	교외	郊区
입장권	入场券	기념탑	纪念塔
가이드 비용	导游费用	공중전화	公用电话
팁	小费	일일투어	一日游
예약	预约	필름	胶卷
관광안내소	观光服务台	무료	免费

미니상식 (小常识)

　　서울에서 시내관광버스를 타고 시내관광을 하면 저렴한 가격으로 많은 명승지를 구경할 수 있고, 가장 짧은 시간내에 서울시내의 각종 여행지에 대하여 대략적인 이해를 할 수 있다. 서울의 시내관광버스는 영어, 일본어, 중국어로 가이드가 서비스를 하고 있다.

　　在首尔游览的话，最好乘坐市内环游巴士，这样游客花很少的钱就能游览多个景点，在最短的时间内大致了解市内的著名景点。首尔环游巴士还提供英语、日语、汉语导游服务。

(十三) 여행 트러블 (旅行中遇到麻烦时)

1 기본회화 (基本会话)

A: 지하철에 가방을 두고 내렸는데 어떻게 해야 되지요?
　　我把包落在地铁里了，该怎么办呢？

上篇　韩国旅游

B: 빨리 분실물신고센터에 가서 신고하세요./快去挂失处挂失。
A: 가까운 경찰서로 가 주세요./去最近的警察局。
B: 네, 어서 타세요./好，快上车。

2 상황별 대화 (场景对话)

(1) 공항에서 짐을 찾지 못했을 때 (在机场找不到行李时)

A: 수고하십니다. 제 짐을 찾지 못했는데 어떻게 해야 돼요?
　 辛苦了。我找不到行李该怎么办？
B: 저쪽 창구에 가서 물어 보세요./去那边的窗口咨询一下。
A: 실례지만, 한참 기다렸는데 아직 제 짐이 나오지 않는데요.
　 打扰一下，等了好一会儿了，可是我的行李还是没出来。
C: 어느 편을 타셨죠?/您乘坐的是哪趟航班？
A: 지금 막 도착한 중국남방항공 133편인데요.
　 刚到的中国南方航空133次航班。
C: 급하세요?/很着急吗？
A: 네, 빨리 좀 부탁 드릴게요. 거래처 손님과 약속시간이 다 되어 가거
　 든요./是的，拜托您快一点。和客户约的时间就快到了。
C: 여기에 성함과 연락처를 기입해 주세요.
　 请在这里登记姓名和联系方式。
A: 여기가 제가 머물 호텔이고, 이게 제 전화번호입니다.
　 这里是我入住的宾馆，这是我的电话号码。
C: 너무 걱정하지 마세요. 찾는 대로 바로 연락 드리겠습니다.
　 请不要担心。一找到就立刻跟您联系。
A: 감사합니다./谢谢。

(2) 여권을 분실했을 시 (遗失护照时)

A: 어서 오세요. 뭘 도와 드릴까요?/快请进。我能为您做什么？
B: 여권을 잃어버렸어요./我的护照丢了。
A: 언제쯤 잃어버렸어요?/大约什么时候丢的？
B: 한 시간 전쯤에요./大约一小时前。
A: 언제쯤 귀국하실 겁니까?/您打算什么时候回国？
B: 이달말쯤요./大约这个月末。
A: 비자 만료 기간이 언제죠?/签证什么时候到期？
B: 다음달 10일까지입니다./到下个月10号为止。
A: 아직 시간이 있으니까 우선 며칠 기다려 보세요.
　 还有时间，您先等几天看看。
B: 그래도 아무 연락이 없으면 어떻게 하죠?
　 如果还是没有任何消息该怎么办？

61

新编旅游韩国语

A: 그때는 분실증명서를 발급해 드릴 테니까 그 분실 증명서를 가지고 중국대사관에 가서 재발급 받으세요.
到时候给您开遗失证明,您带上遗失证明去中国大使馆再补办一个。
B: 정말 감사합니다./太感谢了。

(3) 돈지갑을 도난당했을 시 (钱包被盗时)

A: 무슨 일로 오셨습니까?/您有什么事吗?
B: 지갑을 도둑 맞았어요./我的钱包被偷了。
A: 언제쯤 도난 당했어요?/大概什么时候被盗的?
B: 정확한 시간은 기억이 나지 않는데요, 오후 한 시쯤인 것 같아요.
我不记得具体的时间了,好像是下午1点左右。
A: 어디에서 잃어버렸어요?/在哪丢的?
B: 788번 버스안에서였던 것 같아요./好像是在788路车上。
A: 지갑안에 뭐가 들어 있나요?/钱包里都放了什么?
B: 현금 약간하고 은행카드가 들어 있어요./有一些现金和银行卡。
A: 여기에 성함하고 연락처를 기입해 주세요.
请在这里登记姓名和联系方式。
B: 이건 제가 머무는 호텔객실 전화번호이고, 이건 제 핸드폰 번호입니다./这是我入住的宾馆电话,这是我的手机号码。
A: 그럼, 호텔로 돌아가셔서 좀 기다려 보세요./那您去宾馆等等吧。
B: 감사합니다./谢谢。

(4) 물건을 택시에 두고 내렸을 시 (把东西落在出租车上时)

A: 어서 오세요. 뭘 도와 드릴까요?/快请进。我能为您做些什么?
B: 파출소에 이런 부탁을 드려도 될지 모르겠는데요.
不知能否麻烦派出所帮这个忙。
A: 괜찮습니다. 말씀하세요.무슨 일이십니까?/没关系,您请说。什么事?
B: 아까 택시에서 급히 내리느라 중요한 서류가방 하나를 택시에 두고 내렸어요./刚才急着从出租车上下来,把很重要的公文包落在车上了。
A: 어떤 택시인지 기억나세요?/还记得是什么样的出租车吗?
B: 다른 건 모르겠고요, 제가 탄 게 모범택시였습니다.
其他的我不清楚,我坐的是"模范"出租车。
A: 시간과 장소를 말씀해 주세요./您说一下时间和地点。
B: 약 30분쯤 전, 국제호텔입구였어요.
大约30分钟前,在国际宾馆入口处。
A: 서류가방안에 뭐가 들어 있습니까?/公文包里都有什么?
B: 회의자료하고 카메라 그리고 전자사전이 들어 있어요.
有会议资料、相机和电子辞典。
A: 우선 성함하고 연락처를 남겨 주세요./先留下姓名和联系方式吧。

上篇　韩国旅游

B: 찾을 수 있겠어요?/能找到吗?
A: 너무 조급해 하지 마십시오. 일단 저희들이 모범택시회사에 연락을 해 보겠습니다./别太担心。我们先和模范出租车公司联系看看。
B: 감사합니다./谢谢。

3 相关句子

기사 아저씨, 빨리 가까운 경찰서로 가 주세요.
司机师傅，麻烦您去最近的警察局。
네, 알겠습니다./好，知道了。
기사 아저씨, 급해요. 빨리 중국대사관으로 가 주세요.
司机师傅，我有急事。请您快点去中国大使馆。
네, 빨리 타세요./好，快上车。
현금카드를 분실했어요./现金卡遗失了。
빨리 은행에 연락해서 지불정지 시키세요./快跟银行联系挂失。
좀 도와 주세요. 사람이 많이 다쳤어요./请帮个忙吧。受伤很严重。
빨리 앰블런스(구급차)를 불러 주세요./快帮我叫一辆救护车。
지갑을 소매치기 당했어요./钱包被盗了。
빨리 가까운 파출소에 신고하세요./快去附近的派出所申报。
노트북컴퓨터를 지하철에 두고 내렸어요./我把笔记本电脑落地铁了。
분실물센터에 한 번 문의해 보세요./去挂失处问问吧。
길을 잃어버렸어요./迷路了。
꼼짝 말고 거기 계세요. 제가 모시러 갈 테니까요.
请在那儿别动。我去接您。

단어 (生词)

분실물신고센터	挂失处	도둑 맞다	被盗
신고하다	申报	도난 당하다	被盗
편	班，次	서류가방	公文包
막	刚刚	모범택시	模范出租车
급하다	着急	회의자료	会议材料
연락처	联系方式	전자사전	电子辞典
머물다	住宿	연락처	联系方式
여권	护照	조급해하다	焦急
귀국하다	回国	현금카드	现金卡
비자	签证	지불정지	挂失
만료기간	到期时间	앰블런스(구급차)	救护车

新编旅游韩国语

분실하다	遗失	소매치기 당하다	遇到扒手
분실증명서	遗失证明	노트북컴퓨터	笔记本电脑
발급하다	发给	문의하다	查询
재발급	再发	꼼짝 말다	一动不动

미니상식（小常识）

BBB는 언어, 문화 봉사단체이다. "BBB운동"은 2002년 한일 월드컵때 외국인들이 한국에서 언어소통이 되지 않아서 생긴 불편함을 해결하기 위해 일군의 자원봉사자들이 시작한 사회봉사운동이다. 현재 외국인이 한국에서 언어소통이 곤란할 경우 1588-5644를 누르면 언제, 어디서든지 세계 17개 국의 언어에 정통한 2400명의 봉사자들이 그들의 휴대전화로 외국인에게 무료로 서비스할 것이다. 사용방법: 먼저 1588-5644를 누르고 다시 국가번호를 누르면 된다. 영어(1), 일어(2), 중국어(3).

BBB (Before Bable Brigade) 是一个语言、文化志愿团体。"BBB运动"是在2002年韩日世界杯足球赛时，为解决外国人在韩国因语言不通所造成的不便，由一些志愿者所发起的社会服务运动。现在，当外国人在韩国遇到语言沟通困难时，拨打1588—5644，无论在何时何地，精通全世界17国语言的2400多志愿者将及时用他们的手机为外国人提供免费服务。*使用方法：先拨打1588—5644，再按语种代码。语种代码为：英语（1），日语（2），汉语（3）。

（十四）귀국（归国）

1 기본회화（基本会话）

A：예약을 변경하려고 하는데요./我想改一下预订的事项。
B：며칠 날짜를 원하세요?/您要几号的？
A：예약을 취소하고 싶은데요./我想取消预订的事项。
B：영문성함을 말씀해 주시겠습니까?/请您告诉我您的英文名好吗?
A：이번에 폐를 많이 끼쳤습니다./这次麻烦您了。
B：무슨 말씀을./没什么。

2 상황별 대화（场景对话）

(1) 예약확인（确认预订事项）

B：여보세요, 아시아나항공이죠?/喂, 是韩亚航空吧？

上篇 韩国旅游

A：네, 그렇습니다./是，是的。
B：예약이 되어 있는지 확인 좀 하려고 하는데요.
　　想确认一下机票是否已经预订好了。
A：성함과 날짜를 말씀해 주세요./请把您的姓名和日期说一下。
B：제 이름은 이선영이고, 4월 10일 출발합니다.
　　我的名字是李善英，4月10号出发。
A：플라이트 넘버는 어떻게 되시죠?/航班号是?
B：KR887편입니다./是KR887。
A：네, 예약되어 있습니다./好了，预订好了。
B：날짜를 변경하고 싶은데요, 가능합니까?/想更改一下机票的日期，可以吗?
A：네, 가능합니다. 언제로 변경하시겠습니까?
　　好的，可以。想改到什么时候?
B：4월 15일로 해 주세요./给我改成4月15号吧。
A：네, 잠깐만 기다리세요./好的，请稍等。

(2) 배웅하는 사람이 있을 시 （有人送别时）

A：바쁘실텐데 나오셨어요?/百忙之中还来送啊。
B：당연히 나와야죠. 이렇게 빨리 가시다니, 정말 섭섭하네요.
　　当然应该送啊。这么快就走了，真有点舍不得。
A：저도 정말 섭섭합니다. 이번에 폐를 많이 끼쳤습니다.
　　我也舍不得。这次麻烦您了。
B：별말씀요. 제가 제대로 대접해 드리지 못해 오히려 죄송한데요.
　　麻烦什么呀，我也没好好招待您，真是对不起您。
A：무슨 말씀을요. 여기저기 구경도 많이 시켜 주시고, 사모님께서 맛있는 음식도 많이 해 주시지 않았습니까?
　　别客气。您不但陪我到处参观，而且您夫人不是还给我做了那么多好吃的嘛?
B：별말씀, 이거 별로 좋은 건 아닌데 받으세요.
　　哪儿的话。这不成敬意，请您收下。
A：아니, 선물을 사셨어요?/啊，您还买礼物了?
B：이명 씨 부모님께 드릴 은수저 두 벌을 샀어요.
　　这是给李明先生您父母买的两套银勺子、筷子。
A：정말 감사합니다./真的很感谢。
B：돌아가시면 부모님께 안부 전해 주세요.
　　回去的话请向您父母转达我的问候吧。
A：꼭 전해 드리겠습니다. 중국에 꼭 한 번 놀러 오세요.
　　一定会替您转达的，以后一定要来中国玩啊。
B：네, 꼭 가겠습니다./好的，一定会去的。
A：그럼, 안녕히 계세요./那么，再见了。

65

B: 안녕히 가세요./再见。

(3) 보딩 수속 (办理登机手续)

B: 탑승수속은 언제 시작합니까?/什么时候开始办登机手续?
A: 지금 하고 있습니다. 여권과 티켓을 보여 주세요.
  现在正在办。请出示一下护照和机票。
B: 여기 있어요./给您。
A: 부치실 짐은 몇 개입니까?/要托运的行李有几件?
B: 2개입니다./有两件。
A: 여기에 짐을 올려 주세요. 죄송하지만 중량초과입니다. 비용을 따로 더 내셔야 합니다.
  请把行李放这儿吧。对不起,超重了。需另外再付费。
B: 그럼 이것은 가지고 타겠습니다. 탑승은 몇 번 게이트입니까?
  那我带着这个坐飞机吧。在几号口登机?
A: 15번 게이트입니다./15号口。
B: 면세점은 어디에 있어요?/免税店在哪儿?
A: 저쪽에 간판이 보이시죠?/看到那边的那个招牌了吧?
B: 술은 몇 병까지 살 수 있어요?/能买几瓶酒啊?
A: 두 병까지 가능합니다./只能买两瓶。
B: 달러로 계산해도 되죠?/用美元结账也可以吧?
A: 달러, 한국돈 다 가능합니다./美元、韩币都可以。

3 相关句子

예약을 취소하려 하는데요./想取消预订。
보딩패스 좀 보여 주세요./请出示一下登机牌。
한 시간 전까지 보딩수속을 해 주세요./请在一小时前办完登机手续。
공항세는 어디에서 냅니까?/在哪儿交机场建设费呢?
결제를 어떻게 하시겠습니까?/您要怎么结算?
현금으로 하겠습니다./用现金吧。
멀미약 있어요?/有晕机药吗?

단어 (生词)

아시아나항공	韩亚航空	면세점	免税店
예약상황	预订情况	선물	礼物
플라이트 넘버	航班号	탑승수속	登机手续
변경하다	变更	게이트	门

上篇　韩国旅游

섭섭하다	依依不舍	중량초과	超重
폐를 끼치다	添麻烦	면세점	免税店
대접하다	招待	간판	招牌
구경	参观	보딩패스	登机牌
은수저	银勺筷	공항세	机场建设费
벌	套	결제	计算，结算
연착	迟到，晚点	멀미약	晕机药
지연	推迟	보딩수속	登机手续

미니상식 (小常识)

한국에서 세관을 통과할 때의 면세범위는 다음과 같다.

*몸에 지니고 가는 옷, 악세서리, 화장품 및 일용품
*담배 200개비 이내
*향수 2온스 이내
*술 한 병 (1000미리리터, 400달러 이내)

在韩国下列物品免关税
*随身携带的自用衣服、首饰、化妆品及日用品
*香烟200支
*香水2盎司以内
*酒类1瓶（不超过1000毫升，价值400美元以内）

四 韩国历史与传统文化
(한국역사 및 전통문화)

(一) 历史 (역사)

1. 史前时代 (선사 시대)
   文化人类学研究发现,70万年前 朝鲜半岛就有人类居住。

2. 古朝鲜 (고조선): BC.2333~BC.108
   据神话传说檀君 (단군) 于公元前2333年建立了朝鲜第一个王国——古朝鲜。

3. 三国时代 (삼국시대): BC. 57~AD. 676
   高句丽 (고구려)、百济 (백제)、新罗 (신라) 建于公元前一世纪。这个时期古代国家的政治体系、宗教 (佛教和儒教)、文化得到发展。

4. 统一新罗时代 (통일신라시대): AD. 676~935
   新罗的统一促进了文化的发展,佛教也在这一时期得到了最大程度的普及。统一新罗因贵族的争权夺力而衰退,935年归属高丽。

5. 高丽王朝 (고려왕조): 918~1392
   高丽建于918年。佛教在这一时期被定为国教,给政治和文化带来巨大的影响。著名文物有高丽青瓷和《高丽大藏经》。14世纪中期以后,高丽开始衰退。

6. 朝鲜王朝 (조선왕조): 1392~1910
   朝鲜王朝建于14世纪末,儒教成为国教,对全社会产生了很大的影响。1443年创制了韩文。由于日本的侵略 (1592年,任辰倭乱) 和外国势力的侵略使朝鲜开始走向衰退。

7. 日本统治时期 (일본통치시기): 1910~1945
   1876年朝鲜王朝被日本强迫门户开放。1910年日本占领朝鲜,直到1945年日本帝

国主义投降，朝鲜半岛得以解放。

8. 大韩民国（대한민국）：1945~至今

1945年日本投降后，朝鲜半岛分为韩国与朝鲜。2000年历史性的南北首脑会谈在朝鲜的首都平壤举行。

（二）宗教（종교）

1. 佛教（불교）

佛教于公元2世纪传入朝鲜半岛，并相继对百济、新罗产生了巨大的影响。被联合国指定为世界文化遗产的佛国寺和石窟庵就是新罗佛教的艺术品。佛教历史悠久，对韩国文化产生了重大影响。至今，韩国国内还保存着大量价值颇高的佛教遗产。

2. 基督教及天主教（기독교와 천주교）

1882年朝鲜王朝同美国建立外交关系后，基督教传入朝鲜。由于基督教与朝鲜社会固有的基本价值观相冲突，早期信徒们曾遭受迫害。但基督教徒积极参加反殖民运动，并且教会也促进了教育的发展，因此逐渐被大众所接受。韩国约有25%的人信仰基督教。天主教最初是被作为西方学问，由朝鲜的李承薰介绍而传入的。1784年他在北京受第一次洗礼，回到朝鲜之后，建造了天主教教堂。当时虽受到残酷的迫害，仍有许多人信仰天主教。到2007年为止天主教在韩国拥有500多万名信徒。

3. 儒教（유교）

韩国将儒家思想定为国教，称为"儒教"。儒教与韩国人的价值观念相结合，对韩国人产生了巨大的影响。儒教曾是朝鲜时代占统治地位的思想，后来逐渐发展成为具有实践意义的实学。儒教在韩国人的意识中根深蒂固，这一点可以从众多的仪礼中得到反映。

（三）风俗习惯（풍속）

1. 家庭生活（가정생활）

韩国的传统家庭通常是三四代共同生活在一起的大家族，这是因为古时候韩国人崇尚家族人丁旺盛。但随着20世纪六七十年代产业化、城市化的飞速发展以及人口控制政策的确立，大家族式的家庭逐渐消失。到1980年，平均每户的子女数减少为1人或2人。但重男轻女的思想至今依然存在，如通常家庭中长子为重、儿子为重。为了破除这种思想，政府通过立法规定男女在遗产继承上享有平等的权利。

如今的韩国年轻人几乎都从大家族的制度下摆脱出来,单独建立自己的小家庭。现在韩国的家庭形态主要是以夫妇为中心的小家庭。

2. 姓名（성명）

韩国人的姓名基本都由三个汉字组成,也有以两个字组成的,但以韩文发音。第一个字是姓,后面的两个字是名字,名字中有一个字通常代表辈分。

韩国的姓大约有300个,然而人口中的绝大部分只以其中的少数几个为姓,最常见的姓有：金（김21%）、李（이14%）、朴（박8%）、崔（최）、郑（정）、姜（강）、赵（조）、尹（윤）、张（장）、林（임）。韩国妇女婚后并不随夫姓,但子女须随父姓。

除非在极亲近的朋友之间,韩国人一般不直呼别人的名字。即使在兄弟姐妹之间,年幼的人也不能直呼年长者的名字。

3. 婚姻（혼인）

婚姻对韩国人来说是人生中的大事。虽然统计显示近代韩国的离婚率激增,但离婚对当事人及双方各自的家人来说仍是一件不幸的事情。韩国现在的婚礼方式同过去有所不同,即身着白色婚纱的新娘和身着西服的新郎在婚礼厅或教堂按西方仪式举办婚礼后,再转到名为"币帛室"的房间,换上华丽的传统婚礼服饰进行传统的结婚典礼。（币帛,可理解为韩国的一种传统,指婚礼时新郎、新娘向男方家长及亲戚长辈行礼的风俗,是新娘首次正式地拜见男方亲属的仪式。）

4. 祭祖,拜祭祖先（제사）

根据韩国人的传统信仰,人们死后仍有灵魂存在。因此,除祖先的忌辰外,每逢春节、中秋等传统节日,子孙们都会通过祭拜来呼唤祖先的亡灵。韩国人相信凭借这种特殊的仪式能和故去的亲人再次相聚,并借此祈祷先祖在天之灵保护自己。

5. 暖炕（온돌）

韩国住宅设计中最具代表性的是有暖炕。暖炕利用设置在厨房或屋外的灶坑烧柴产生的热气,通过房屋下面的管道烘暖整个房间。韩国的暖炕冬暖夏凉,有益于健康。因此在现代化城市的高级建筑物中,依然有利用现代化供暖设备供热的暖炕。

6. 韩国饮食（한국음식）

韩国历史上曾是农业国,自古以来以大米为主食。又因三面环海,海产品也极为丰富。韩国的主要饮食有各种蔬菜、肉类及海鲜等,而泡菜（发酵辣白菜）、海鲜酱（腌鱼类）、大酱（发酵豆制品）等发酵食品则是韩国最具代表性的食品,同时也是具有丰富营养价值的食品。韩国餐桌文化最大的特点就是所有的饭菜一次上桌。根据传统,小菜的数量根据不同档次从少到3碟到为皇帝准备的12碟不等。而餐桌的摆放、布置也随料理的种类不同而有所不同。此外,韩国人喜欢喝汤,因此同中国、日本相比,汤匙在韩国的使用频率更高。

7. 腌泡菜 (김장)

腌泡菜 (김장 Gimjang) 是指韩国冬天腌制泡菜的风俗,历经多年一直保存下来。因在从前冬季3—4个月期间,大部分蔬菜难以种植,故腌制泡菜以备冬用,泡菜腌制一般都在初冬进行。

8. 韩国传统服装 (한국전통복장)

韩服 (한복) 是从古代流传到现代的韩民族的传统服装。韩服的线条曲线与直线之美兼备,尤其是女式韩服的短上衣和长裙上薄下厚,端庄典雅,颜色五彩缤纷,有的甚至还绣上了华丽的刺绣。

如今,大部分韩国人已习惯穿着西服,但是在春节、中秋节等节日,或举行婚礼时,仍有许多人喜爱穿传统的民族服装。最近,穿着实用的休闲韩服也很受欢迎。

9. 韩国传统住房 (한국전통가옥)

传统韩式住宅从三国时期(公元前57年—668年)到朝鲜王朝(1392—1910年)一直没有大的变化。只是在某些方面略加改进,以适应北部寒冷和南部温暖的不同气候。建造传统风格住宅的主要材料是泥土和木头。泥土可将室内同室外的热气隔绝。房顶所用黑色瓦片是用泥土做的。而且韩式住宅的框架一般不用钉子而只靠木桩支撑而成。简单的传统房屋里仅有地板,一间厨房,在一边是卧室,这样形成一个"L"形结构,后来又演变成了"U"形或中间有一个院子的方形结构。上层社会的住宅由几个独立建筑物构成,其中一处供妇女和孩子住,一处供家庭中的男人和他们的客人使用,称作"厢房",还有一处是给佣人们住的。所有这些都在围墙之内。

10. 传统竞技项目 (전통경기종목)

韩国传统竞技项目是摔跤、跳板、秋千。摔跤比赛时两个人蹲下,右手抓住对方的腰绳,左手抓住对方的腿绳,先把对方摔倒即为优胜。秋千和跳板是妇女的比赛项目,秋千和跳板都比弹起的高度,跳板还比空中技巧。今天,秋千和跳板的许多动作已被运用到杂技中,颇受人们欢迎。

11. 国家法定节日 (국정휴일)

(1) 元旦 (신정):阳历1月1日。

新编旅游韩国语

(2) 春节（설,구정）：阴历1月1日。
(3) 三·一节（삼일절）：3月1日。纪念全民奋起反抗日本侵略之日。
(4) 佛诞节（석가탄신일）：阴历4月8日。
(5) 儿童节（어린이날）：5月5日。
(6) 显忠日（현충일）：6月6日。纪念为国牺牲的烈士。
(7) 制宪节（제헌절）：7月17日。颁布宪法之日。
(8) 光复节（광복절）：8月15日。韩国解放之日。
(9) 中秋节（추석）：阴历8月15日。
(10) 开天节（개천절）：10月3日。公元前2333年古朝鲜建立纪念日。
(11) 韩文日（한글날）：10月9日。创制韩文之日。
(12) 圣诞节（성탄절, 크리스마스）：12月25日。

中国旅游

下篇

新编旅游韩国语

一 중국개황（中国概况）

（一）중국에 대한 간략한 소개（中国简介）

1. 국명（国名）
중화인민공화국（中华人民共和国）People's Republic of China

2. 국기（国旗）
오성홍기（五星红旗）, 붉은 색은 혁명을, 황색의 오성은 붉은 대지로부터 밝아오는 광명의 빛을 상징하고 있다. 상단좌측 큰 별은 공산당, 네 개의 작은 별은 노동자를 비롯한 농민, 지식인 등 각 계층의 사람을 대표하며 중국 공산당의 지도하에 각 계층의 사람들이 단결하고 있음을 상징한다.

3. 국장（国徽）
국장 안쪽의 다섯 개 별 밑에 있는 것은 천안문이고 그 주위에 있는 것은 벼와 밀의 이삭（稻麦穗）과 톱니바퀴（齿轮）이다. 이중 벼와 밀의 이삭은 농민을 뜻하고 톱니바퀴는 노동자를 뜻한다.

4. 국가（国歌）
중국 국가의 정식 명칭은 의용군행진곡(义勇军进行曲)이다. 일본 침략하에 있던 중화민족으로 하여금 단결과 항일정신을 고무시키고자 만들어진 영화《풍운의 아들딸(风云儿女)》의 주제곡인데 전한(田汉)이 작사하고 1935년에 섭이(聂耳)가 곡을 붙였다. 1949년 중화인민공화국 정부 수립과 더불어 중국인민 정치협상회의에서 중화인민공화국 임시국가(代国歌)로 선정되었고 1982년 12월 4일 전국인민 대표 대회를 통해 중화인민공화국 정식국가로 의결되었다.

下篇 中国旅游

《义勇军进行曲》	<의용군행진곡>
田汉 词/聂耳 曲	전한 가사/섭이 작곡
起来	일어나라!
不愿做奴隶的人们！	노예되기 원치않는 사람들이여!
把我们的血肉，	우리의 피와 살로 새로운
筑成我们新的长城。	장성을 쌓아가자
中华民族到了最危险的时候，	중화민족 앞에 위기가 닥쳤을 때,
每个人被迫着发出最后的吼声。	사람마다 외치는 최후의 함성
起来！起来！起来！	모두 일어나라!
我们万众一心	우리 모두 한 마음으로,
冒着敌人的炮火前进！冒着敌人的炮火	적의 포화를 뚫고 전진! 적의 포화를 뚫고
前进！前进！前进！进！	전진! 전진! 전진! 진!

5. 위치 및 지형 (位置及地形)

　동북 아시아에 위치한 중국은 아시아 대륙에서 가장 광대한 국가로 북위 약 20~55°, 동경 약 75~135°사이에 위치하고 있다.

　중국은 14개 나라와 육지로 연결되어 있으며 국경선은 2만여 킬로미터에 이르고 있다. 동쪽으로는 조선민주주의인민공화국에, 동북부와 북부, 그리고 서북부쪽으로는 러시아, 몽골, 카자흐스탄, 키르기스스탄, 타지키스탄에, 서부와 서남부는 아프가니스탄, 파키스탄, 인도, 네팔, 부탄에, 남쪽은 베트남, 라오스, 미얀마와 인접해 있다.

　대륙 해안선은 총 길이 1만8천여 킬로미터에 이르는데 발해(渤海), 황해(黃海), 동해(東海), 남해(南海) 등 4대 해역과 접해 있고 대만(台湾)섬은 동쪽의 태평양에 접해 있다. 바다를 에워싸고 5천여 개의 섬이 분포하고 있는데 그중 대만이 가장 큰 섬이다. 섬의 해안선 길이는 1만4천 킬로미터에 이른다.

　중국 대륙은 고기(古期) 조산대 및 안정 육괴(陆块)가 매우 넓게 분포하며 남서부에는 험준한 신기(新期) 조산대 지역이 나타난다. 중국의 지형은 대흥안령 (大兴安岭)단층선을 경계로 동부 저지와 서부 산지 및 고원 지역으로 나뉘는데 서고동저의 지형을 이룬다.서쪽에는 세계의 '지붕'으로 불리우는 티

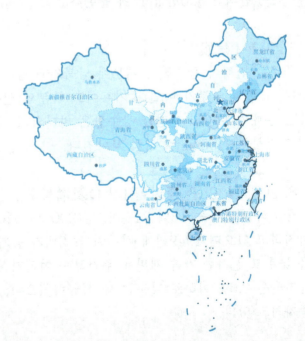

75

베트/청장 고원이 있고 세계에서 가장 높은 에베레스트봉(珠穆朗玛峰)이 이 고원의 히말라야(喜马拉雅) 산맥에 높이 솟아 있다.

서쪽은 산지, 고원 외에 산맥과 분지도 분포되어 있다. 고비사막(戈壁沙漠), 타림분지(塔里木盆地), 중가리아분지(准噶尔盆地) 등이 모두 이쪽에 있다.

동부 저지는 해발 500m 이하의 평야 지역으로 요하(辽河) 유역의 동북평야, 황하 하류의 화북평야, 양쯔강 유역의 화중평야와 주강 유역의 화남평야로 이루어져 있다.

중국의 주요 산맥, 고원 등을 정리하면 다음과 같다.

산맥: 히말라야(喜马拉雅山)산맥, 진령(秦岭)산맥, 장백(长白)산맥, 천산(天山)산맥, 곤륜(昆仑)산맥.

고원: 청장/티베트(青藏)고원, 파미르(帕米尔)고원, 내몽골(内蒙古)고원, 황토(黄土)고원, 운귀(云贵)고원.

평야: 동북(东北)평야, 화북(华北)평야, 화중(华中)평야, 화남(华南)평야.

분지: 타림(塔里木)분지, 중가리아(准噶尔)분지, 차이담(柴达木)분지, 사천(四川)분지.

하천: 양자강(长江), 황하(黄河), 흑룡강(黑龙江), 주강(珠江), 브라마푸트라강(雅鲁藏布江), 경항운하(京杭运河).

호수: 파양호(鄱阳湖), 동정호(洞庭湖), 태호(太湖), 청해호(青海湖).

섬: 대만도(台湾岛), 해남도(海南岛), 남해군도(南海诸岛).

6. 면적 (面积)

중국의 육지면적은 약 960만km², 남북 5,500km, 동서 5,200km에 달한다. 또 영해(领海) 면적은 300만 km²에 달한다.

7. 기후 (气候)

중국은 면적이 광대하기 때문에 남북간과 동서간에 기후차가 매우 현저하게 나타난다. 남부의 일부가 아열대 기후이고 북부의 일부가 냉온대 기후이며 대부분의 지대는 온대기후이다. 연평균 강수량은 바다와의 거리에 따라 동남부가 1500mm이상이고 서북부는 50mm로 점차 낮아진다.

8. 인구 및 인구 증가율 (人口及增长率)

중국의 총인구는 13억 2180만 명(2007년 6월 현재)으로 세계 인구의 약 21%를 차지하고 있으며 1949년에 비하여 약 2배가 증가하였다. 1960년대 이후 결혼 연령을 늦추고 철저한 가족 계획을 추진하는 여러가지 인구억제책을 시행함으로써 인구 증가율을 0.6% 이하로 낮추는 데 성공하였으나, 아직도 연간 1000만 명 정도 이상 증가하고 있다.

9. 민족 (民族)

중국은 다민족 국가이다. 2000년 11월 1일 현재의 제5차 인구 조사 결과에 따르면 한족(汉族)이 약 91.59%로 인구의 절대다수를 차지한다. 나머지 약 8.41%는 55개의 소수민족으로 나뉘는데, 주요 소수민족으로는 만족(满族), 장족(壮族), 티베트족/장족(藏族), 회족(回族), 위구르족(维吾尔族), 몽골족(蒙古族), 조선족(朝鲜族) 등이 있다.

10. 수도 (首都)

북경/베이징(北京)

11. 언어 (语言)

중국의 표준어는 북경어에 기반을 둔 보통화 (普通话)로 인구의 55%가량이 능숙하게 구사할 수 있다. 하지만 워낙 넓은 지역이기 때문에, 각 지방마다 방언이 발달해 있다. 이중 광동어는 문법이나 회화 등이 표준어와는 많이 다르다. 때문에 광동어 영화에 표준어 자막을 넣기도 한다.

55개에 달하는 소수민족 중 티베트족, 위구르족, 몽골족, 조선족, 타이족, 나시족 등은 고유의 언어를 보존하고 있다.

12. 문자 (文字)

공식 문자는 한자(汉字)로서, 세계에서 보기 드문 표의문자 체계를 가지고 있다. 글자의 총수는 약 6만 자 정도인데, 이중 실생활에 주로 쓰이는 글자만도 5 000개에 달한다. 중국 정부는 1950년대 이후 복잡한 한자의 모양을 간단하게 바꾸는 사업을 벌였는데, 이 결과물이 약자(간체자 简体字)다. 최근의 중국 젊은이들은 약자만 배우기 때문에, 정자(번체자 繁体字)는 읽지도 못하는 경우가 허다하다. 현재 한국에서는 정자(번체자 繁体字)를 쓰고 있다.

이외에도 고유의 문자를 가지고 있는 소수민족들이 있다. 이들의 자치지역에서는 한자와 자신들의 문자를 병기한 간판들을 쉽게 볼 수 있다.

13. 화폐 (货币)

원(元). 중국 사람들은 콰이(块)라는 말을 더 선호한다. 1원은 10각(角), 1각은 10분(分)이다. 각 (중국인들은 마오(毛)라고 발음하는 경우가 더 많음)까지는 거스름돈

으로 쓰지만, 동전 분은 실생활에서 거의 쓰이지 않는다.

　동전: 1分, 2分, 5分, 1角, 1元。
　지폐: 1角, 2角, 5角, 1元, 2元, 5元, 10元, 50元, 100元。

14. 전압 (电压)

220V, 50Hz, 한국 가전제품은 별도의 변압장치 없이 사용할 수 있다.

15. 시차 (时差)

중국은 단일 시간대를 쓴다. 한국과의 시차는 1시간, 예를 들어 한국이 12:00라면 중국은 11:00다.

　한편, 중국 서쪽 끝의 신강위구르자치구에서는 공식시간보다 2시간 늦은 신강시간이라는 임의의 시간대를 쓰고 있다. 공식시간과 신강시간은 때때로 혼용되므로, 이 지역에서 약속을 할 때는 어느 시간대인지를 반드시 확인해야 한다.

16. 중국의 행정구역 (中国的行政划分)

4직할시(直辖市)와 23성(省), 5자치구(自治区), 2특별행정구(特别行政区)로 나뉜다.

중국의 행정단위

직급	이름	약칭	도청소재지/행정중심
직할시直辖市	북경/베이징北京	경京	북경/베이징北京
직할시直辖市	천진/톈진天津	진津	천진/톈진天津
직할시直辖市	상해/상하이上海	호/신沪/申	상해/상하이上海
직할시直辖市	중경/충칭重庆	유渝	중경/충칭重庆
성省	길림/지린吉林	길吉	장춘/창춘长春
성省	요녕/랴오닝辽宁	요辽	심양/선양沈阳
성省	흑룡강/헤이룽장黑龙江	흑黑	하얼빈哈尔滨
성省	하북/허베이河北	기冀	석가장/스자좡石家庄
성省	하남/허난河南	예豫	정주/정저우郑州
성省	산동/산둥山东	로鲁	제남/지난济南
성省	산서/산시山西	진晋	태원/타이위안太原
성省	섬서/샨시陕西	섬/진陕/秦	서안/시안西安
성省	간숙/간쑤甘肃	간/롱甘/陇	난주/란저우兰州
성省	청해/칭하이青海	청青	서녕/시닝西宁
성省	안휘/안후이安徽	환皖	합비/허페이合肥
성省	강수/장쑤江苏	소苏	남경/난징南京

下篇　中国旅游

续表

성省	절강/저장浙江	절浙	항주/항저우杭州
성省	강서/장시江西	간赣	남창/난창南昌
성省	호북/호베이湖北	악鄂	무한/우한武汉
성省	호남/호난湖南	상湘	장사/창사长沙
성省	사천/쓰촨四川	천/촉川/蜀	성도/청두成都
성省	귀주/구이저우贵州	귀/검贵/黔	귀양/구이양贵阳
성省	운남/윈난云南	운/전云/滇	곤명/쿤밍昆明
성省	광동/광둥广东	월粤	광주/광저우广州
성省	해남/하이난海南	경琼	해구/하이커우海口
성省	복건/푸젠福建	민闽	복주/푸저우福州
성省	대만/타이만台湾	대台	대북/타이베이台北
자치구自治区	광서장족广西壮族	계桂	남녕/난닝南宁
자치구自治区	내몽골内蒙古	몽蒙	호화호터/후허하오터呼和浩特
자치구自治区	영하회족宁夏回族	영宁	인천/인촨银川
자치구自治区	티베트/서장西藏	장藏	라싸拉萨
자치구自治区	신강위구르新疆维吾尔	신新	우루무치乌鲁木齐
특별행정구特别行政区	홍콩香港	항港	홍콩香港
특별행정구特别行政区	마카오澳门	오澳	마카오澳门

17. 공휴일과 기념일（公休日与纪念日）

1월 1일	원단元旦(신정)
음력 1월 1일	춘절春节(설날)
3월 8일	부녀절妇女节
5월 1일	노동절劳动节
5월 4일	청년절青年节
6월 1일	아동절儿童节
7월 1일	중국공산당 창건일中国共产党创建日
8월 1일	중국인민해방군 창건일中国人民解放军建军节
9월 10일	스승의날教师节
10월 1일	국경절国庆节

新 编 旅 游 韩 国 语

이중 설날과 국경절 기간은 4-7일 정도의 연휴기간으로 전국적 대이동이 일어난다. 그외에 1월1일, 5월1일, 음력 청명절, 단오절, 중추절 등은 하루만 쉰다.

단어 (生词)

대지	大地	강수량	降雨量
광명	光明	가족계획	生育计划
상징하다	象征	억제정책	抑制政策
국장	国徽	자막	字幕
이삭	穗	표의문자	表意文字
톱니바퀴	齿轮	헤아리다	数，弄清
고무시키다	鼓舞	병기하다	并行记载
주제곡	主题曲	간판	招牌
의결되다	讨论通过	통화	货币
고기 조산대	古期造山带	선호하다	喜欢
안정육괴	稳定陆块	동전	硬币
신기 조산대	新期造山带	지폐	纸币
단층선	断层线	플러그	插头
산맥	山脉	멀티 플러그	多功能插头
분지	盆地	시차	时差
평야	平原	공식시간	正式时间
아열대	亚热带	연휴기간	长假
냉온대	寒带和温带		

(二) 정치와 경제 (政治与经济)

1. 중앙정부조직 (中央政府组织)

중국의 중앙정부조직은 국가최고권력기관인 전국인민대표대회(全国人民代表大会)를 정점으로 하고 있고 그 하부조직인 행정·사법·검찰 기구가 중앙에서 지방으로 연결되어 중앙의 통제를 받는 형태를 하고 있다. 전국인민대표대회와 나란한 위치에 전국인민대표대회 상무위원회, 국가주석, 국가중앙군사위원회가 있으며 기타 기관으로 국무원(国务院), 최고인민법원(最高人民法院), 최고인민검찰원(最高人民检察院)이 있다.

전국인민대표대회는 중국의 국가 최고 권력기관으로서 사회주의의 조직 원칙인 민주주의 중앙집권제의 원칙에 따라 입법·의사·집행 기능을 통일적으로 수행하는 기관이다. 전국인민대표대회 상무위원회는 전국인민대표대회 상설기관으로서 전국인민대표대회 폐회기간 중 대부분의 권한을 행사한다.

국무원은 중앙정부로서 중국의 국가최고 권력기관인 전국인민대표대회 결정을 집행하는 최고의 국가행정기관이다.

중국인민정치협상회의(中国人民政治协商会议, 약칭 정협)는 1949년 9월 중국공산당의 제의에 따라 성립됐으며, 중국공산당을 비롯한 여러 계층, 당파(党派)들의 대표들로 구성되어 있다.

1982년 헌법에 의해 신설된 국가 중앙군사위원회(中央军事委员会)는 중국 군부의 최상급 기관이자 국가기구의 주요 구성부분으로서 전국의 군대를 지휘하며 '주석 책임제'를 실시하고 있다. 국가중앙군사위원회 주석은 전국인민대표대회에서 선출한다.

2. 경제 (经济)

중국경제는 중화인민공화국이 수립된 이후, 사회주의 체제로 급격히 전환하면서 많이 발전했다. 특히 1978년 이후 경제개혁을 추진하여 점차 시장경제를 도입하고 농업, 공업, 국방, 과학 기술 부문의 발달을 위한 4대 근대화 정책을 실시하면서부터 각 분야에 걸쳐 더욱 많은 발전을 이룩하였다.

중국은 경제개혁 정책의 일환으로 대외개방을 본격화하면서 교통이 편리하고 우수한 노동력이 풍부한 해안 지역에 외국 자본을 유치하기 위해 경제 특구와 개발구를 설정하여 운영하고 있다.

중국은 경제 특구의 외국 투자 기업에 대해서는 가능한 범위내에서 기업의 투자와 활동의 자유를 보장하고 세제 혜택을 줄 뿐만 아나라 특구 내의 토지를 부분적으로 매매할 수 있게 허용하고 있다. 다년간 해외(海外)로부터 유치한 자금은 2007년말 현재 약7,500억 달러이며 해외와 관련된 기업수는 2007년7월 현재 약61만 개이다.

개혁 개방의 결과로 경제는 고도 성장을 이루게 되었다. 국민총생산은 2006년에 26,452억달러에 달하였으며 당시 세계에서 제 4위를 차지하였다. 또 1인 당 소득은 2006년에 2010달러에 달하였다. 2007년에 국민총생산은 246619억 원에 달하였다.

중국의 무역은 최근에 급속도로 성장하고 있다. 수출은 1986년에 약 109억 달러였으나 2007년에는 약 12,180 억 달러로 증가하였고 수입은 1986년 429억 달러에서 2007년에 약 9558달러로 증가하였다. 수교시의 중한간 무역액은 64억 달러였는데 2007년에 1,598억 달러로 증가하였다.

중국의 외화 보유액은 2007년에 1.53억 달러를 넘어 일본을 제치고 세계 1위를 차지하였다.

그러나 인구 대국인 중국의 1인당 평균 소득은 아직 개발도상국 수준에 머무르고 있어 선진국과 비교할 때 차이가 크다.

또 중국 각 지역의 경제 발전은 차이가 큰 편이다. 경제와 과학기술이 발달한 동부 연해 지역에 공업과 농업, 운수업 그리고 통신 인프라가 발달했으나 서부 지역은 발전속도가 더딘 편이다. 그러나 장기적으로 볼 때 자원이 풍부한 서부의 공업 발전 가능성도 높은 편이다. 중국은 최근 서부 지역 경제 발전을 가속화하기 위해 서부 대개발 프로젝트를 진행하고 있다.

3. 중국의 자원 (中国的资源)

(1) 광물 자원 (矿产资源)

중국은 국토가 넓고 광물 자원이 풍부하다.

중국은 광물 자원의 매장량이 엄청날 뿐만 아니라 거의 모든 광물 자원을 갖추고 있는 몇 개 안 되는 나라 중의 하나이다. 2002년 현재 157종의 광물 자원이 발견되었으며 일부 광물은 중국에만 존재하는 것도 있다.

중국의 주요 에너지 자원은 석탄이다. 석탄 생산량은 세계 1위로 세계 석탄 총생산량의 30퍼센트를 차지하고 있다.

중국은 석유와 천연가스 매장량도 비교적 풍부한 편이다. 그 외에도 풍부한 매장량을 자랑하는 해상 유전이 중국 근해에 분포되어 있다.

중국은 텅스텐(钨), 주석(锡), 안티몬(锑), 아연(锌), 티티늄(钛), 리튬(锂) 등의 매장량이 세계 1위인 것을 비롯하여 다른 비철금속의 매장량도 풍부하고 종류도 다양하다.

(2) 동물 자원 (动物资源)

중국은 동물 자원이 아주 풍부한 나라이다. 그 중 조류(鸟类) 1,175종, 포유류(哺乳类) 414종, 양서류(两栖类) 196종, 파충류(爬行类) 315종, 어류(鱼类) 2천 여 종 등 전 세계 동물 종류의 10퍼센트를 보유하고 있다.

그 중 동북호랑이(东北虎), 금사후(金丝猴), 꽃사슴(梅花鹿), 단정학(丹顶鹤), 판다(大熊猫), 양자강악어(扬子鳄), 중국큰불도마뱀(大鲵), 야생 쌍봉낙타(野生双峰驼) 등은 중국에서만 서식하거나 주요 서식 지역이 중국인 동물들이다. 이 동물들은 진귀한 자연 자원인 동시에 관광 자원이기도 하다.

(3) 식물 자원 (植物资源)

중국은 다양한 지리 환경을 가진 만큼 식물의 종류도 풍부하다. 통계에 따르면 중

국에는 세계 식물 종류의 10분의 1쯤 되는 3만여 종이 자라고 있다.

4. 중국의 교통 (中国交通)

(1) 철도 (铁路)

철도는 중국의 가장 중요한 운송 수단으로 2007년 말 현재 철도 총 길이는 약 8만 킬로미터에 달해 세계 제3위를 기록했다.

특히 청장철도는 청해(青海) 서녕(西宁)에서 떠나 거얼무(格尔木)를 거쳐 티베트 라사까지 가는, 길이 1,956킬로미터의 철도로 세계에서 해발이 가장 높은 곳에 건설한 철도이다. 2006년 7월 1일, 청장철도가 개통되어 운영에 들어갔다.

(2) 도로 (公路)

중화인민공화국이 수립된 후 도로가 전국 곳곳에서 신속하게 건설되었다. 2007년 말 현재 도로 총 길이는 357.3만 킬로미터로 현(县)마다 도로가 통하는 전국적인 도로망을 이루었다.

개혁개방을 한 이후부터는 고속도로를 건설하기 시작해 북경, 상해, 천진, 심양(沈阳), 대련(大连), 무한, 남경(南京), 광주, 심천(深圳) 등 주요 도시를 연결하였으며 2007년 말 현재 대륙의 고속도로의 총 길이는 5.3만 킬로미터에 이르게 되었다.

(3) 항공 (航空)

항공은 이미 중국의 중요한 교통 수단이 되었다. 2000년 말 현재 국내 민항(民航) 노선은 이미 1천 편을 넘어섰다. 항공 편으로 주요 도시가 모두 연결되게 되었으므로 편리하게 이용할 수 있게 되었다. 한편 북경, 상해, 광주, 홍콩 등의 국제 공항을 중심으로 120편이 넘는 국제 노선이 세계 각지로 통하고 있다.

(4) 수운 (水运)

중국 수운은 유구한 역사를 자랑한다. 시간을 거슬러 올라가 보면 상(商) 나라 때 벌써 돛배를 띄웠다는 것을 알 수 있다. 그 뒤 수(隋) 나라 때 대운하가 개통되자 남북을 잇는 수상 운수가 편리해졌다. 명(明)나라 때의 정화(郑和)는 7차례나 먼 바다를 항해하여 인도양을 지나 아프리카 동부 연해에까지 이른 적도 있었다.

중국은 하천이 많고 해안선이 길어서 일찍부터 수운이 발달했다. 양자강은 예로부터 내륙 운수의 대동맥으로 사천(四川) 의빈(宜宾)에서 출발하여 바다에 이르기까지 2,813킬로미터의 주항로는 일년 내내 운항이 가능하다. 중경, 무한, 남경은 이 강연안의 중요한 항구 도시이다. 또한 주강, 송화강, 흑룡강, 회하(淮河) 및 경항(京杭) 운하도 운항이 활발한 편이다.

중국은 해운도 발달했다. 상해, 대련, 진황도(秦皇岛), 천진, 청도(青岛), 영파(宁波), 하문(厦门), 광주 등 많은 항구가 있으며 세계 150여 개의 나라와 지역으로 연결되고 있다.

단어 (生词)

구조	结构	유치하다	引进
폐회기간	闭会期间	세제혜택	税制优惠
전환하다	转变	일인당소득	人均收入
분야	部门	외화보유액	外汇储备
본격화하다	正式化	제치다	放在一边

(三) 중국의 세계문화유산 (中国的世界文化遗产)

세계문화유산이란 유네스코(联合国教科文组织)가 1972년 11월 제17차 정기 총회에서 채택한 '세계문화유산 및 자연유산 보호협약'에 따라 지정한 유산들을 말한다.

중국의 세계문화유산

지역	문화유산	구분
감숙/간쑤성甘肃省	막고굴莫高窟	세계 문화 유산 世界文化遗址
요녕/랴오닝성辽宁省	심양고궁沈阳故宫	세계 문화 유산 世界文化遗址
요녕/랴오닝성辽宁省	초기 청나라 황제의 능 初期清皇陵	세계 문화 유산 世界文化遗址
요녕/랴오닝성, 길림/지린성辽宁省/吉林省	고구려 유적지 高句丽遗址	세계 문화 유산 世界文化遗址
북경/베이징北京	고궁故宫	세계 문화 유산 世界文化遗址
북경/베이징北京	이화원颐和园	세계 문화 유산 世界文化遗址
북경/베이징北京	만리장성万里长城	세계 문화 유산 世界文化遗址
북경/베이징北京	천단공원天坛公园	세계 문화 유산 世界文化遗址

下篇 中国旅游

续表

북경/베이징北京	명 13릉明13陵	세계 문화 유산 世界文化遗址
북경/베이징北京	주구점 북경/베이징 원인 유적지 周口店北京猿人遗址	세계 문화 유산 世界文化遗址
산동/산둥성山东省	태산泰山	세계 자연 및 문화 유산 世界自然及文化遗址
산동/산둥성山东省	공묘와 공부孔庙和孔府	세계 문화 유산 世界文化遗址
섬시/선시성陕西省	병마용兵马俑	세계 문화 유산 世界文化遗址
산시/산서성山西省	평요고성平遥古城	세계 문화 유산 世界文化遗址
사천/쓰촨성四川省	구채구九寨沟	세계 자연 유산 世界自然遗址
사천/쓰촨성四川省	황룡黄龙	세계 자연 유산 世界自然遗址
사천/쓰촨성四川省	아미산과 낙산 대불 峨眉山和乐山大佛	세계 자연 및 문화 유산 世界自然及文化遗址
사천/쓰촨성四川省	도강연都江堰	세계 문화 유산 世界文化遗址
안휘/안후이성安徽省	황산黄山	세계 자연 및 문화 유산 世界自然及文化遗址
안휘/안후이성安徽省	시디와 홍춘의 전통마을 西递—宏村	세계 문화 유산 世界文化遗址
운남/윈난성云南省	여강 고성丽江古城	세계 문화 유산 世界文化遗址
운남/윈난성云南省	삼강합류 자연경관 三江合流景观	세계 자연 유산 世界自然遗址
강소/장쑤성江苏省	소주의 중국 정원 苏州中国园林	세계 문화 유산 世界文化遗址
강소/장쑤성江苏省	명효릉明孝陵	세계 문화 유산 世界文化遗址
강서/장시성江西省	여산庐山	세계 문화 유산 世界文化遗址

新编旅游韩国语

续表

중경/충칭重庆	대족 석각大足石刻	세계 문화 유산 世界文化遗址
서장자치구/티베트 西藏自治区	포달라궁布达拉宫	세계 문화 유산 世界文化遗址
복건/푸젠성福建省	무이산武夷山	세계 자연 및 문화 유산 世界自然及文化遗址
하남/허난성河南省	용문석굴龙门石窟	세계 문화 유산 世界文化遗址
하북/허베이성河北省	피서산장避暑山庄	세계 문화 유산 世界文化遗址
호남/후난성湖南省	장가계의 무릉원 张家界的武陵园	세계 자연 유산 世界自然遗址
호북/후베이성湖北省	무당산의 도교 사원들 武当山道教寺院	세계 문화 유산 世界文化遗址
마카오특별행정구 澳门特别行政区	마카오 역사성 구역 澳门历史城区	세계 문화 유산 世界文化遗址
강소성 기원源于江苏省	곤곡昆曲	인류 구전 및 무형 유산 人类口头遗产和非物质遗产
중국 전 지역跨省区划	고금古琴	인류 구전 및 무형 유산 人类口头遗产和非物质遗产

(四) 긴급 전화번호 (紧急电话号码)

☎ 경찰서 110
☎ 화재신고 119
☎ 구급차 수배 120
☎ 교통사고 신고 122
☎ 전화번호안내 114
☎ 북경 주재 한국대사관 136-0103-0178
☎ 심양 주재 총영사관 138-0400-6338
☎ 청도 주재 총영사관 139-6969-1026
☎ 상해 주재 총영사관 138-1758-0320
☎ 광주 주재 총영사관 139-251-85387
☎ 성도 주재 총영사관 138-0802-5169
☎ 한국 외교통상부 해외안전여행 영사콜센터 00-800-2100-0404

二 중국의 관광 지역 구분
(中国的旅游区划分)

광범한 영토와 유구한 역사를 가지고 있는 중국에는 관광할 수 있는 곳이 참 많은데, 지역별로 구분하면 다음과 같다.

(一) 북경과 주변도시 (北京与周边城市)

이 지역에는 북경시, 천진시, 하북(河北)성, 산동(山东)성, 하남(河南)성, 산서(山西)성, 내몽골자치구가 포함되어 있다.

가장 볼 만 한 명소는 세계 최대의 광장인 천안문광장(天安门广场), 천단(天坛), 지구상에 존재하는 가장 거대한 건축물인 만리장성(万里长城), 명나라 황제 13인과 황후 23인의 고분군으로 북경교외에 50km 떨어져 있는 명13릉 등이 있다. 세계에서 가장 큰 정원인 승덕(承德)의 피서산장(避暑山庄), 원시시대~현대를 아우르는 거대한 문화 금자탑인 태산(泰山), 완벽하게 보존된 명·청대의 고성인 평요(平遥), 대동의 환상적인 목조 건축물인 현공사(悬空寺)와 목탑사(木塔寺), 하남 정주에서 서쪽으로 떨어진 숭산의 중국무술의 본가인 소림사(少林寺) 등이 모두 가볼 만한 곳이다.

(二) 동북지방 (东北地区)

이 지역에는 요녕(辽宁)성, 길림(吉林)성, 흑룡강(黑龙江)성이 있다. 주요 도시로는 심양(沈阳), 단동(丹东), 대련(大连), 장춘(长春), 길림(吉林), 연길(延吉), 하얼빈(哈尔滨), 치치하얼(齐齐哈尔) 등이 있다. 가장 눈길을 끄는 관광 명소에는 북경고궁과 같이 매력적인 만족 건축물인 심양 고궁(故宫), 중국과 조선의 경계인 압록강 철교(鸭绿江断桥), 아시아 최대의 원형

新编旅游韩国语

광장인 대련 성해광장(星海广场), 길림성의 백두산(长白山), 고구려의 빛나는 유산인 집안의 유적군(集安的遗址群), 만주어로 '물고기가 많이 잡힌다'라는 뜻을 가진 송화강 너머에 있는 모래섬인 태양도(太阳岛) 등이 있다.

(三) 상해와 주변 도시 (上海与周边城市)

이 지역에는 상해시, 강소(江苏)성의 주요 도시 남경(南京), 소주(苏州), 양주(扬州), 절강(浙江)성의 주요도시 항주(杭州), 소흥(绍兴), 안휘(安徽)성의 주요 도시 합비(合肥), 황산시(黄山), 강서(江西)성의 주요 도시 남창(南昌), 경덕진(景德镇) 등이 있다.

가장 볼 만 한 명소는 상해 외탄(外滩)의 웅장한 근대 건축군(建筑群) 및 상해의 푸동지구(浦东新区), 물길을 헤쳐 가는, 매혹적인 수로 여행을 하는 느낌을 주는 주장(周庄), 중국 전통 정원의 전형적인 특징을 지니고 있는 소주 강남 정원(江南庭园), 문예부흥 시대로의 여행을 하는 느낌을 주는 항주의 서호(西湖), 중국인이라면 누구나 방문해 보고 싶어하는, 기암괴석이 많은 황산(黄山), 중국 불교의 4대 성지 중 하나인 99개의 봉우리로 이루어진 구화산(九华山), 강서성에 있는 여산(庐山) 등이 있다.

(四) 남부 해안과 주변 도시 (南部海岸与周边城市)

남부 해안에는 복건(福建)성의 주요 도시 복주(福州), 하문(厦门), 광동(广东)성의 주요 도시 광주(广州), 심천(深圳), 호남(湖南)성의 주요 도시 장사(长沙), 악양(岳阳), 호북(湖北)성의 주요 도시 무한(武汉), 해남(海南)성의 주요 도시 해구(海口), 삼야(三亚) 등이 있다.

남부 해안에서 가장 볼 만 한 명소에는 광주의 광효사(光孝寺), 무당산의 도교 사원, 식민지풍의 거리와 해변이 아름다운 하문의 구랑위섬(鼓浪屿), 신선이 사는 신비로운 경관, 호남의 장가계(张家界), 대나무 뗏목을 타고 표류하는 환상적인 무이산(武夷山)의 무이구곡, 중국에서 가장 아름다운 해변인 삼야의 천애해각(天涯海角) 등이 있다.

(五) 남서부 지역과 소수민족 (西南地区与少数民族)

남서부 지역에는 중경(重庆), 사천(四川)성의 주요 도시 청도(成都), 운남(云南)성의 주요 도시 곤명(昆明), 대리(大理), 귀주(贵州)성의 주요 도시 귀양(贵阳), 조흥(肇兴), 광시(广西) 장족자치구의 주요 도시 남녕(南宁), 계림(桂林), 북해(北海) 등이 있다.

남서부 지역의 가장 볼 만 한 명소는 가장 인간적인 고대 건축물인 청도의 도강언(都江堰), 거친 강을 잠재웠던 세계 최고의 미륵불 악산 대불(乐山大佛), 형형색색 물빛의 향연인 구채구(九寨沟)의 계곡들, 낭만적인 소수민족 마을, 여강(丽江)의 고성(古城), 중국속의 동남아시아라 할 수 있는 서쌍반납 열대 우림(西双版纳热带雨林), 천하절경 속의 편안한 휴식 공간 양삭(阳朔), 하늘 아래 가장 아름다운 중국 제일 관광지인 계림(桂林), 높이 74m, 너비 81m에 달하는 아시아 최대의 폭포로 귀주성 제일 관광지인 황과수폭포(黄果树瀑布), 풍우교가 있는 아름다운 동족 마을(侗族村庄) 등이 있다.

(六) 실크로드와 티베트 (丝绸之路和西藏)

이 지역에는 섬서(陕西)성의 주요 도시 시안, 감숙(甘肃)성의 주요 도시 난주(兰州), 돈황(敦煌), 청해(青海)성의 주요 도시 서녕(西宁), 격얼목(格尔木), 신강 위구르자치구의 주요 도시 우루무치(乌鲁木齐), 객십(喀什), 티베트(西藏)의 주요 도시 라싸(拉萨) 등이 있다.

실크로드에서 가장 볼 만 한 명소는 고대중국의 화려함을 보여주는 서안의 법문사 박물관 (法门寺博物馆), 이룰 수 없는 인간의 끝없는 욕망을 나타내고 있는 서안의 병마용 (兵马俑), 실크로드의 관문이자 세계 최고의 불교석굴인 둔황 막고굴(莫高窟), 해발 3,260m에 있는 거대한 호수로 총면적이 4,500km2에 달하는 청해호(青海湖), 서역으로 가는 길인 카슈가르의 일요일 시장(星期日市场), 티베트인들의 강인함을 보여주는 라싸의 바코트(八廓街)와 조캉 사원(大昭寺) 및 포탈라궁 등이 있다.

新编旅游韩国语

三 중국의 추천할 만한 관광 코스
(中国值得推荐的旅游线路)

(一) 청도(青岛)+태산(泰山)+북경(北京)

청도는 중국의 나폴리라는 애칭이 붙어 있는 해변 관광 도시로 구시가(旧市街) 곳곳에서 볼 수 있는 독일풍의 빨간 벽돌집이 인상적인 곳이어서 더욱 매력을 느낄 수 있다.

청도 관광을 마친 후, 중국의 고대문화와 멋을 압축한 일종의 박물관인 태산으로 가는 것이 좋다. 태산부터 북경으로 가는 구간은 기차로 8시간이 필요하다.

북경에 도착한 첫날을 천안문 광장과 고궁, 이화원, 북해를 둘러본다. 이틀째는 만리장성과 명13릉을 둘러 본다. 밤에는 서커스 또는 경극을 볼 수 있다. 시간 여유가 있으면 천단 공원과 왕부정거리를 둘러보는 것도 좋다.

(二) 심양(沈阳)+고구려 유적지(高句丽遗址)+백두산(长白山)

심양은 요녕성의 도청소재지로서 볼 만 한 명소는 심양 고궁과 북릉공원, 동릉 공원 등이 있다.

심양 관광을 마친 후 집안(集安)에 있는 고구려 유적 광개토대왕비, 웅장한 장군총 그리고 압록강을 볼 수 있다.

집안관광을 마친 후 통화로 나와 백두산으로 올라 백두산 관광을 마친 후 용정을 거쳐 조선족자치구의 소재지 연길로 이동하여 관광을 한다.

下篇　中国旅游

(三) 상해(上海)+소주(苏州)+남경(南京)+황산(黄山)

상해는 중국의 발전을 가장 상징적으로 보여 주는 곳. 외탄 일대는 서양의 근대 도시를 방불케 할 정도로 엄청난 석조 건물들이 나름의 자태를 뽐내는 반면 황푸강 건너편의 푸동은 SF영화에서나 볼 수 있을 듯한 미래 도시의 전형적인 모습을 갖추고 있다.

다음으로 방문할 만한 곳은 꿈인지 현실인지 구분할 수조차 없는 풍경을 가진 소주이다. 아시아 전통 정원의 교범이라는 이름으로도 불리는 소주 정원은 유네스코의 세계 문화유산에 등재될 정도로 그 가치를 인정받은 곳이다.

소주관광을 마친 후, 북경, 서안 낙양과 함께 중국 4대 고도인 남경을 둘러본다. 남경의 볼거리는 중산릉, 명궁, 남경대학살 기념관, 부자묘 등이 있다.

다음 목적지인 황산에서는 기암괴석들과 여러 가지 풍경을 구경할 수 있다. 시간이 있으면 황산에서 100km 떨어진 불교 성지이면서 신라의 왕손 김교각(金乔觉)이 머물렀던 구화산도 볼 수 있다.

황산에서 내려와 천도호(千岛湖)를 거쳐 갈 수 있는 가장 좋은 여행코스가 남송의 수도였던 항주에 가는 것이다. 항주 서호는 여행객이라면 반드시 둘러야 하는 핵심 볼거리이다. 항주에서 전통찻집에서 차를 마시는 것은 여행에서 맛보게 되는 또 하나의 기쁨이다.

다시 상해에 돌아 온 후 쇼핑을 하거나 또 대한민국 임시정부 청사를 보는 것도 좋은 방법이다.

(四) 상해(上海)+항주(杭州)+황산(黄山)+장가계(张家界)

상해부터 버스로 네 시간이면 항주에 도착할 수 있다. 항주에서는 쌀과 물고기의 고장으로 불리던 강남 지방의 풍요를 가장 잘 느낄 수 있을 뿐만 아니라 서호 호반을 거닐며 옛 문인들의 자취를 볼 수도 있다.

항주에서 5시간 거리인 황산은 유네스코 세계자연문화유산으로 등재된

이래 해마다 폭발적인 관광객 기록을 경신 중이다.

황산 관광을 마친 후 장사(长沙)로 가는 것도 괜찮은 여행코스다. 장사에서는 한나라 시대의 고분 유물이 있는 호남성 박물관을 반드시 둘러 보자.

호남성의 장가계는 태고의 자연과 원시림이 고스란히 남아 있다. 그 중 장가계 삼림공원,천자산(天子山) 자연보호구 그리고 삭계욕(索溪峪)자연 보호구 등이 유명하다.

(五) 북경(北京)+서안(西安)+라싸(拉萨)

최근에 중국에서 각광 받고 있는 여행코스가 바로 티베트로 가는 길이다.

먼저, 북경에서 천안문 광장—고궁—이화원의 순서로 돌아 본다. 그 후 만리장성의 위용을 보고, 시간 여유가 있으면 북경의 구시가와 올림픽시설로 보아야 한다.

북경 관광을 마친후, 서안으로 가는 서안 고성 내부에 있는 청진대사(清真大寺)와 섬서성 역사박물관(陕西省历史博物馆), 비림박물관(碑林博物馆), 종루(钟楼) 등에서 서안의 매력을 느껴 볼 수 있다. 특히 세계 8대 불가사의 중 하나인 병마용은 1974년 3월 29일 우물 파던 한 농부에 발견되면서 세계적으로 호기심과 관심을 불러일으켜 서안의 최대의 볼거리가 되었다.

그 후 라싸로 간다. 라싸에는 볼거리가 많은데 대표적인 것은 바코르(八廓街), 조캉사원(大昭寺),포탈라궁이 있다.

바코르에는 전통복장을 한 사람들, 오체투지(五体投地)로 바로크를 돌고 있는 열정적인 순례자, 온갖 물건들을 파는 상인들이 있다.

티베트에서 가장 성스러운 사원 포탈라궁이 세속 권력의 핵심이라면, 조캉사원은 종교의 중심이다. 당나라 때 황제의 양딸이던 문성공주(文成公主)가 티베트로 시집을 오게 되었는데 조캉 사원은 바로 문성공주와 송첸감포의 결혼을 축하하기 위해 지어진 건물이고 사원 본존불은 문성공주가 가져온 석가모니상이다.

포탈라궁은 라싸 뿐만 아니라 티베트하면 떠오르는 대표적인 상징물 중 하나로, 돌산 위에 세워진 웅장한 모습은 사람들에게 쉽게 잊혀지지 않는 강렬함을 선사하곤 한다.

포탈라궁 건물의 높이는 무려 115m, 동서 360m, 남북 300m, 총면적이 41km²에 달한다.

下篇　中国旅游

(六) 실크로드 (丝绸之路)

중국은 서한시대에 최초로 실크로드를 개척했다. 실크로드를 따라 비단을 수출했고 실크로드를 통해 불교를 받아들였다.

실크로드의 출발점은 서안이다. 서안은 섬서성의 성도로 낙양(洛阳)과 함께 중국에서 가장 오래된 옛고도 중의 하나. 3000년 도시 역사 중 절반 이상을 제국의 수도로 존재했던 전무후무(前无后无)한 역사를 가지고 있다. 그리고 당나라 때 세계의 모든 사상과 문화는 서안으로 모였고 서안에서 갈라져 다른 곳으로 퍼져 나갔다. 그래서 실크로드 관광을 하려고 할 때 먼저 서안을 보는 것이 좋다.

서안 관광을 마친 후, 모래의 마을(沙州)이라는 낭만적인 이름으로도 불리던 돈황은 불교 석굴의 백미인 막고굴(莫高窟), 사막 속의 작은 샘 월아천(月牙泉) 등으로 인해 전세계의 여행자들이 한 번쯤 여행하고 싶어하는 곳이기 때문에 꼭 가 보아야 한다.

돈황에서는 막고굴과 월아천 뿐만 아니라 돈황고성, 명사산(鸣沙山), 국립지질공원도 볼 수 있다.

돈황을 거쳐 실크로드를 따라 계속 서쪽으로 가면 신강위구르자치구의 우루무치(乌鲁木齐)에 도착하게 된다. 우루무치에서는 신강위구르자치구 박물관을 볼 수 있다. 또 우르무치 부근의 천지(天池)와 남산 목장도 보아야 한다.

(七) 북경(北京)+태원(太原)+대동(大同)+내몽골(內蒙古)

북경근처의 태원에서는 진사(晋祠)와 교가대원(乔家大院)을 봐야 한다. 그 후, 태원에서 가까운, 명나라 초기인 1370년에 만들어진 평요고성(平遥古城)을 보는 게 좋다. 태원에서 대동으로 가는 도중에 중국불교의 4대 성산 중의 하나인 문수(文殊)보살의 성지인 오대산(五台山)을 보는 것도 괜찮은 방법이다.

오대산 관광을 마친 후 바로 대동에 갈 수 있다. 대동에서 볼 만한 명소는 현공사(悬空寺), 목타사(木塔寺), 운강석굴(云岗石窟)등이 있다. 대동 관광을 마친 후 바로 갈 수 있는 곳이 내몽골인데 내몽골자치구의 도청 호화호특시에서는 중국의 4대 미인 중 하나인 왕소군(王昭君)의 무덤, 불교사원인 대소(大召), 석륵도소(席勒图召)를 보는 것이 좋다.

新 编 旅 游 韩 国 语

(八) 계림(桂林)+곤명(昆明)+성도(成都)

이 코스에서는 먼저 계림 산수를 보고 그 다음 바로 연결되는 천하 제일 풍경인 양삭를 보는 게 좋다. 계림 관광을 마친 후 곤명에 간다. 운남에서는 여강(丽江), 소수 민족 마을과 서쌍반나(西双版纳) 열대우림(热带雨林)을 볼 수 있다. 그후 귀주성의 아시아 제일 폭포인 황과수 폭포(黄果树瀑布)를 본다. 마지막에 성도에 있는 도강언(都江堰) 그리고 구채구(九寨沟) 등을 봐야 한다.

단어 (生词)

눈길	视线，目光	서커스	杂技
매력적	有魅力的，吸引人的	교범	范本
기암괴석	奇岩怪石	남경대학살	南京大屠杀
뗏목	筏子	부자묘	夫子庙
표류하다	漂流	청사	大楼
대나무	竹子	제국	帝国
환상적	幻想的	이력	经历
나폴리	拿坡里	성지	圣地
애칭	爱称		

四 중국 관광 명소 (中国旅游景点)

(一) 고궁 (故宫)

(A: 가이드, B: 관광객)

A: 오늘은 제가 퀴즈를 하나 내 볼 테니까 알아맞혀 보세요.
   今天我来给你做个测验吧，请猜猜看。
B: 어서 말씀해 보세요./快说吧。
A: 중국에서 가장 귀중한 문화유산 중의 하나로, 현재 국가 중요 보호문화재로 지정되어 있는 게 무엇입니까?
   作为中国最宝贵文化遗产之一，被定为现存国家重点保护文化遗产的是什么？
B: 이런 문화재는 중국에 여러 개 있는데요.
   这样的文化遗产在中国有很多处。
A: 고궁은 중국에 현존하는 것 중 최대의 목조건축물이 있는 곳입니다.
   但故宫是保留着中国现存最大木结构建筑的地方。
B: 아직 잘 모르겠는데요./我还不大清楚。
A: "명·청 시대의 궁궐"이라는 이름으로 유네스코의 세계유산으로 지정되어 있습니다.
   它被称为"明、清时代的官殿"，也被联合国教科文组织列为世界文化遗产。
B: 혹시 자금성이라고도 하는 고궁 아니에요?
   你说的是不是也被称为紫禁城的故宫呢？
A: 맞아요. 중국에서 가장 완벽하게 보존된 고대건축물이자 최대의 박물관이기도 하죠.
   是的。它是中国保存得最完整的古代建筑，也是最大的博物馆。
B: 박물관이라면 뭘 진열하고 있어요?
   它是博物馆的话，里面陈列了什么呢？
A: 그림, 도자기, 공예품, 보석 등을 전시하고 있답니다.
   陈列了画、瓷器、工艺品、宝石等。
B: 이 고궁은 언제 지은 거죠?/这座官殿是什么时候建的呢？
A: 명나라의 영락제가 1406년부터 1420년까지 14년간에 걸쳐 지은 겁니다./是明朝永乐年间从1406年至1420年历经14年建成的。

新编旅游韩国语

B: 면적이 얼마나 되나요?/面积有多大呢?
A: 동서의 폭이 750m, 남북으로의 길이가 960m, 총면적이 72만㎡ 쯤 됩니다./东西宽750米,南北长960米,总面积约为72万平方米。
B: 이렇게 큰 궁궐에 출입문이 하나뿐이 아니겠죠?
   这么大的官殿,进出的门应该不止一个吧?
A: 물론이죠. 남쪽은 오문,북쪽은 신무문, 서쪽은 서화문,동쪽은 동화문이 있습니다.
   当然了。南边有午门,北边有神武门,西边有西华门,东边有东华门。
B: 지붕 위의 기와 색깔이 좀 특이한 것 같네요.
   屋顶上瓦片的颜色有些特别啊。
A: 네,맞아요. 모두 황색이죠. 과거에는 궁궐에만 황색기와를 쓸 수 있었죠./是啊,都是黄色的。在古代,只有官殿能用黄色的瓦片。
B: 방이 굉장히 많은 것 같은데 모두 몇 개쯤 될까요?
   房间好像很多,一共有多少间呢?
A: 약 9000개쯤 될 겁니다./大约有9000间。
B: 그렇게 많아요?/这么多?
A: 네, 건물이 약 800여 채나 되니까요./是的,因为大约有800多栋建筑。
B: 만약 하룻밤에 한 칸씩 잔다면 시간이 얼마나 걸릴까요?
   如果在每个房间睡一晚大概要花多长时间呢?
A: 아마 20년이 넘게 걸릴 거예요./大概要超过20年吧!
B: 방이 이렇게 많은데 이 안에 거주하는 사람들도 굉장히 많았겠죠?
   房间这么多的话,这里住的人也应该很多吧。
A: 약 9000여 명의 시녀와 1000여 명의 환관이 있었다고 합니다.
   据说大概有9000多名侍女和1000多名宦官。
B: 이 궁궐을 짓는 데 많은 인원이 동원되었겠어요.
   在建造这座官殿的时候一定用了很多人力。
A: 그럼요. 10만여 명의 장인과 백만명의 일꾼이 동원되었다고 해요.
   是的,听说征用了10万多名工匠和上百万民工呢。
B: 황제가 집무하던 곳은 어디예요?
   皇帝朝政的地方在哪儿呢?
A: 바로 외조입니다.고궁은 크게 외조와 내정으로 구분되는데 내정은 황제가 거주하던 곳입니다.
   在外廷。故官大体分为外廷和内廷两部分,内廷是皇帝住的地方。

下篇　中国旅游

B: 그럼 외조부터 가 봐요.
那先去外廷吧!

A: 여기가 바로 외조의 태화전인데요, 그 외에 중화전과 보화전이 있습니다./这就是外廷的太和殿, 此外还有中和殿和保和殿。

B: 태화전은 어떤 곳이에요?/太和殿是做什么的地方?

A: 황제의 즉위나 정령의 반포, 그밖의 주요 국가행사를 거행하던 곳입니다./是皇帝登基或颁布政令, 以及举行国家大典的地方。

B: 중화전은요?/中和殿呢?

A: 중화전은 황제가 쉬거나, 대신들을 만나거나, 태화전으로 가기 전 의관을 갖추던 곳입니다.
中和殿是皇帝休息或会见大臣的地方, 也是去太和殿之前整理衣冠的地方。

B: 보화전은 뭘 하던 곳이죠?/保和殿是做什么的地方呢?

A: 보화전은 황제가 연회를 베풀었던 곳입니다.
保和殿是皇帝举行宴会的地方。

B: 내정은 어디에 있어요?/内廷在哪儿?

A: 보화전의 북쪽에 있습니다. 이 내정은 바로 황제와 그 가족의 일상생활의 터전인 셈이죠.
在保和殿的北边。内廷是皇室日常生活的地方。

B: 저기에 큰 화원이 보이네요./那里有一个很大的花园呢。

A: 네, 바로 어화원입니다. 황제의 정원이죠.
啊, 那就是御花园, 是皇帝的庭院。

B: 정말 아름다운 곳이네요./真漂亮啊。

A: 고궁은 석조의 뜰이 많은데 어화원은 예외적으로 기기묘묘한 모양의 꽃들이 한 데 어우러져 경치가 아주 좋답니다.
故官里大部分是石雕的庭院, 但御花园却例外, 各种奇花异草争奇斗艳, 景色非常优美。

B: 저 성벽위로 사람들이 다니고 있네요./有人在城垣上走呢。

A: 고궁주위에는 도랑이 파여져 있는데 해자라고 하죠.
故官周围挖了一条渠, 叫护城河。

B: 길이가 얼마나 되죠?/有多长呢?

A: 3800m쯤 됩니다. 이 해자와 성벽 사이에 길이 있어 다닐 수 있답니다.
大概3800米。听说护城河和城垣之间有路可以通行。

B: 우리도 한 번 올라가 봐요./那我们也上去看看吧!

新编旅游韩国语

단어（生词）

고궁	故宫	칸	间
퀴즈	智力竞赛，小测试	장인	工匠
현존하다	现存	일꾼	人手
목조건축물	木结构建筑物	거주하다	居住
세계유산	世界遗产	시녀	侍女
자금성	紫禁城	환관	宦官
알아맞히다	猜测	집무하다	执政
완벽하다	完美的	즉위	即位
보존되다	保存	반포	颁布
고대건축물	古代建筑物	국가행사	国家大典，国家重要活动
박물관	博物馆	거행하다	举行
진열하다	陈列	대신	大臣
도자기	瓷器	의관	衣冠
공예품	工艺品	갖추다	整理，整装
보석	宝石	연회	宴会
명나라	明朝	베풀다	举行
영락제	永乐年间	일상생활	日常生活
면적	面积	터전	基地
폭	幅	화원	花园
궁궐	官阙，官殿	정원	庭院
출입문	出入门	기기묘묘하다	奇妙的
지붕	屋顶	어우러지다	搭配
기와	瓦片	경치	景色
특이하다	奇特的，特别的	성벽	城墙
채	栋	도랑	渠
해자	护城河		

(二) 만리장성（长城）

(A: 가이드, B: 관광객)

A: 지구상의 건축물 중에서 달에서 유일하게 육안으로 보인다는 건축물이 뭔지 아세요?
您知道地球上的建筑物当中，唯一在月球上能用肉眼看见的是什么?

下篇　中国旅游

B: 들어 본 것 같은데 잘 생각이 나지 않네요.
　好像听过，可是想不起来。
A: 바로 저기 보이는 만리장성입니다./就是那边的长城。
B: 와, 정말 굉장하군요. 만리장성은 언제 지어졌지요?
　哇, 真壮观啊。万里长城是什么时候建的呢?
A: 지금으로부터 2500년전 즉 기원전 5세기부터 축조하기 시작했지요.
　距今2500年前，即公元前5世纪开始建造的。
B: 언제쯤 완성되었죠?/什么时候竣工的呢?
A: 현재의 성은 대부분 명나라 때 완성된 것입니다.
　现在的城墙大部分是明朝建成的。
B: 길이가 얼마나 돼요?/它有多长?
A: 한국사람들이 만리라고 하는데 사실은 만이천 칠백리쯤 됩니다.
　韩国人叫它万里长城，其实它长约为1万2千700里。
B: 어디서부터 어디까지입니까?/从哪儿到哪儿?
A: 동쪽으로는 하북성의 산해관에서부터 서쪽으로는 감숙성의 가욕관에 이른답니다.
　东起河北省的山海关西至甘肃省的嘉峪关。
B: 그런데 이 성은 왜 만든 거예요?/那为什么要修筑万里长城呢?
A: 외적의 침입을 막기 위해서입니다./是为了防御外敌入侵。
B: 외적의 침입요?/外敌入侵?
A: 네, 당시 흉노족 등 변방민족의 침입이 많았기 때문에 이 성을 만들었습니다.
　是的，当时匈奴等边疆各民族经常入侵，所以才修建了万里长城。
B: 언제부터 쌓기 시작했죠?/什么时候开始砌的?
A: 전국시대 조나라와 연나라 때부터입니다. 그 후 진시황이 증축과 개축을 했죠.
　是从战国时期赵国和燕国时开始的，之后秦始皇又增建和改建了一些。
B: 성가장자리의 철자형(凸字形) 담에 나있는 구멍은 뭐예요?
　在城边凸字形墙上的洞是做什么的?

A: 총안(枪眼)입니다. 적을 감시하거나 공격하기 위한 거죠.
　是垛口，是为了监视或攻击敌人而建的。

新编旅游韩国语

B: 간격이 일정한 돈대(墩台)는 왜 만든 거예요?
那为什么建了有一定间隔的墩台呢？
A: 120m 간격으로 만들었는데요, 아랫층은 군사의 주둔지로 사용하고 윗층은 망을 보거나 전투를 위해 사용했습니다.
间隔120米而建，下层作为军队的驻地，上层是用来瞭望和战斗的。
B: 지금 우리가 와 있는 곳은 만리장성의 어느 부분이죠?
现在我们在万里长城的哪个地方？
A: 팔달령입니다. 북경의 북쪽 약 80km 지점에 있죠. 지금까지 보존상태가 가장 양호한 곳입니다.
在八达岭，距北京北部约80公里，是至今为止保存得最完好的地方。
B: 이 팔달령은 언제쯤 완성되었어요?
八达岭是什么时候建成的？
A: 명나라 때입니다. / 明朝时期。
B: 폭이 얼마나 되죠? / 宽多少？
A: 밑이 6.5m, 위가 5.8m인데, 말 몇 마리가 나란히 달릴 수 있죠.
底宽6.5米，上面宽5.8米，可供几匹马并排奔跑。
B: 그 당시 트럭이나 기중기와 같은 장비가 없었잖아요? 그런데 어떻게 이렇게 무겁고 많은 벽돌을 이 높은 산위에까지 운반해 왔을까요?
当时不是没有卡车或起重机这样的装备吗？那是怎么把这么多这么重的石头搬到高山上来的？
A: 그래서 세계 8대 기적의 하나라고 하지요.
所以说它被称为世界第八大奇迹。
B: 정말 대단합니다. / 真是太伟大了。
A: 만리장성에 가보지 않은 사람은 사나이가 아니다라는 말이 있을 정도니까 우리 빨리 올라가 봅시다.
不是有句话叫"不到长城非好汉"吗？我们快上去吧。
B: 만리장성은 중국사람들뿐만 아니라 외국사람들도 한 번쯤은 꼭 가 보고 싶어하는 곳이지요.
不单单是中国人，外国人也都希望能去一趟万里长城。

단어 (生词)

만리장성	长城	변방민족	边疆民族
육안	肉眼	트럭	卡车
굉장하다	壮观	기중기	起重机
유일하다	唯一	장비	装备
건축물	建筑物	벽돌	砖头

下篇　中国旅游

지어지다	建造	기적	奇迹
기원전	公元前	사나이	男子汉
축조	建造	하북성	河北省
길이	长	산해관	山海关
외적	外敌	감숙성	甘肃省
침입	入侵	가욕관	嘉峪关
흉노	匈奴	망을 보다	瞭望

(三) 병마용 (兵马俑)

(A: 가이드, B: 관광객)

A: 여기가 바로 병마용이 있는, 세계8대 불사사의의 하나인 진시황릉(秦始皇陵)이에요.
   这里就是拥有兵马俑, 被称为世界第八大奇迹的秦始皇陵。

B: 와, 저 병마용 인형들을 보세요. 꼭 살아서 숨쉬는 것 같아요.
   哇, 快看那些兵马俑, 就像活人一样。

A: 저 인형들은 뭘로 만들었는지 알아요?
   你们知道那些兵马俑是用什么做成的吗?

B: 글쎄요./不知道。

A: 바로 진흙으로 만들었는데요, 솜씨가 정말 대단하죠?
   是用泥土做成的, 真的很神奇吧!

B: 네, 정말 대단하네요. 그런데 이 진시황릉은 언제 발견되었어요?
   是啊, 真是太神奇了! 对了, 这个秦始皇陵是什么时候被发现的?

A: 그러니까 1974년 이었어요. 한 농부가 이곳에서 우물을 파다가 우연히 발견했어요.
   是1974年一位农民在这儿挖井时偶然发现的。

B: 진시황은 이 병마용을 왜 만들었나요?
   秦始皇为什么要做兵马俑呢?

A: 병마용이란 병사와 말을 뜻하는 것인데 진시황이 자기의 무덤을 지키게 하기 위해 만든 거예요.
   所谓的兵马俑就是指士兵和马匹, 是秦始皇为了守护自己的陵墓而做成的。

B: 병마용의 형태가 아주 다양해요. 장군, 문관, 마부, 기마병 등.
   兵马俑的形态真是多种多样, 有将军、武官、马夫、骑兵等。

A: 이 병마용은 실제인물을 모델로 삼았대요.
   听说兵马俑是以真实人物为模型做成的。

B: 그래서 저렇게 표정과 동작을 섬세하게 묘사할 수 있었겠군요.
   所以能把表情和动作细致地描绘出来。

新编旅游韩国语

A: 크기도 실물과 똑 같답니다.
听说身高也和真人完全一样。

B: 얼굴생김 하나하나가 다 다른 것 같아요.
好像长相各不相同。

A: 맞아요. 현재 전시되고 있는 6000여 개의 병마용의 모습이 다 달라요.
对啊。现在陈列的6000余个兵马俑相貌都不一样。

B: 입고 있는 옷도 여러 가지예요./穿的衣服也各式各样。

A: 네, 장군과 장교, 일반병사의 복식이 각기 다 다르답니다.
是的, 听说将军俑、军官俑和普通士兵俑的服饰各不相同。

B: 병마용이 왜 8대 불가사의의 하나인지 알 것 같아요.
我好像知道兵马俑为何被列为第八大奇迹了。

A: 아직 놀라긴 이릅니다. 앞으로 더 놀랄 일이 기다리고 있습니다.
现在惊讶尚早吧。以后还有更让人惊讶的等着你呢。

B: 정말 궁금해요. 뜸들이지 말고 빨리 소개해 주세요.
挺好奇的。别停下, 快介绍给我听听。

A: 지금까지 3개의 갱이 발견되었는데요, 지금 우리가 보고 있는 게 규모가 가장 큰 제1호갱입니다.
至今为止已发掘了3个坑, 现在我们看到的这个是规模最大的1号坑。

B: 이렇게 큰 갱이 아직 두 개나 더 있어요?/像这样大的坑还有两个?

A: 네, 1호갱에는 6000여개의 병마용이 전시되고 있는데 흥미로운 것은 실제 전쟁시 사용하는 배열로 군사들을 배치해 놓았다는 겁니다.
是的, 1号坑陈列了6000多个兵马俑, 听说有趣的是他们都是按实际作战采用的队列方式摆放的。

B: 당시 군사학을 연구하는 데 좋은 자료가 되겠군요.
应该能成为研究当时军事学的好资料吧。

A: 그렇습니다. 1호갱이 보병중심이라면 2호갱은 보병, 기병, 전차대, 궁노수들이 각각의 진을 구성하고 있답니다.
是啊。如果说1号坑以步兵为主的话, 2号坑则由步兵、骑兵、战车队、弓弩手等各军阵组成。

B: 3호갱은 어떤 게 발견되었나요?
3号坑里发掘出了什么?

A: 3호갱은 규모가 가장 작습니다. 연구에 의하면 3호갱은 1, 2호갱의 지휘기관 역할을 한 것으로 추정하고 있습니다.
3号坑规模最小。研究推定3号坑是1、2号坑的统帅部。

下篇 中国旅游

B: 뭘 근거로 그렇게 추정하는 거죠?
根据什么证据推定的?

A: 의장용 (仪仗用) 으로 사용되는 창이 발견되었다든지 또는 전차가 채색이 되어 있고 병마용들이 모두 큰 관을 쓰고 있기 때문입니다.
因为发现了作为仪仗用的长枪,而且战车是彩色的,兵马俑都戴着大冠。

B: 그런데 이 진시황릉을 언제부터 만들기 시작했어요?
秦始皇陵是从什么时候开始建的呢?

A: 기원전 246년 13세에 왕으로 즉위한 때부터 만들기 시작했대요.
公元前246年13岁的秦始皇即位时开始建的。

B: 시간이 얼마나 걸렸을까요?/花了多长时间呢?

A: 38년간에 걸쳐 일꾼 70여만 명을 동원하여 만들었다고 해요.
听说历经38年动用了70多万名工匠建成的。

B: 주변 둘레가 얼마나 되나요?/周长有多长呢?

A: 약 25킬로미터나 된답니다. 지금 세계문화유산으로 등록이 되어 있죠.
大约有25公里。现在已经被选为世界文化遗产了。

B: 진시황은 어떤 사람이었나요?/秦始皇是什么人?

A: 기원전 221년에 중국을 통일하여 많은 위대한 사업을 완수했지요.
他在公元前221年统一了中国,取得了许多伟大的成就。

B: 진나라는 얼마동안 지속되었지요?
秦朝延续了多少年呢?

A: 진시황이 죽은 후 불과 3년, 모두 합하여 16년밖에 지속되지 않았어요.
秦始皇死后仅3年就灭亡了,合起来一共只延续了16年。

단어 (生词)

불가사의	不可思议, 奇迹	기마병	骑兵
진시황릉	秦始皇陵	실제인물	真实人物
인형	人俑	모델	模型
진흙	泥土	기원전	公元前
솜씨	手艺	즉위	即位
농부	农民, 农夫	궁노수	弓弩手
우물	井	동원	动员
파다	挖	주변둘레	周长
병사	士兵	세계문화유산	世界文化遗产
무덤	坟墓	등록	录入
지키다	守护	통일	统一

형태	形态	위대하다	伟大
다양하다	多种多样	사업	事业
장군	将军	완수하다	完成，成就
무관	武官	지속되다	延续，持续
마부	马夫	불과	不过

(四) 막고굴 (莫高窟)

(A: 가이드, B: 관광객)

A: 혹시 중국의 3대 석굴 (石窟)을 아세요?
您知道中国的三大石窟吧？

B: 막고굴이 그 중 하나인 것만은 분명한 것 같은데 나머지 두 개는 뭐죠?
好像莫高窟只是其中之一吧，其余的两处是哪儿？

A: 낙양 용문 (龙门) 석굴, 대동 운강 (云岗) 석굴인데 그중 막고굴이 가장 유명합니다.
另外两处是洛阳龙门石窟、大同云岗石窟。这其中要数莫高窟最有名。

B: 왜 그렇죠?/为什么这么说？

A: 규모면이나 예술적인 면에서 막고굴은 타의 추종을 불허한답니다.
不管是从规模上还是从艺术上来说，哪个都比不上莫高窟。

B: 실크로드 중 가장 볼거리가 많은 곳이 돈황 (敦煌) 이라고 하던데 바로 막고굴과 관계가 있는 거예요?
据说丝绸之路途中敦煌拥有的观光景点最多，那也是因为有莫高窟吧？

A: 그렇습니다./是的。

B: 불교도 이곳을 통해 중국으로 전해졌다고 들었는데요.
据说佛教也是通过这个地方传到中国的。

A: 맞습니다. 돈황은 불교뿐만 아니라 동서양의 경제, 문화교류에도 큰 역할을 한 곳이죠.
对，敦煌不仅在佛教传播方面，而且在东西方经济，文化交流等方面也发挥了重要的作用。

B: 막고굴은 어떤 계기로 만들기 시작했어요?/莫高窟始建于什么年代？

A: 그러니까 366년 낙준이라는 승려가 사방으로 빛나는 금빛을 보고 석굴사원을 조성하기 시작했다고 합니다.
据说在公元366年，僧人乐僔路经此山，忽见四周金光闪耀，之后开始修建石窟寺院。

B: 이렇게 많은 석굴이 짧은 시간내에 만들어진 것 같지는 않은데요.
但在如此短的时间内建成这么多的石窟好像不大可能啊？

下篇　中国旅游

A: 그렇습니다. 전진(前秦) 시대부터 시작하여 원(元) 나라에 이르기까지 1000여 년에 걸쳐 완성되었죠.
是啊，是从前秦时代开始，历经1000多年到元朝才完成的。

B: 제가 보니까 도저히 사람의 힘으로 만들어진 것 같지가 않아요.
在我看来，好像只靠人力是无法完成的啊。

A: 그렇게 생각하는 것도 당연할 겁니다. 한창 전성기때의 막고굴은 길이가 1618미터, 동굴수가 735개였다고 하니 믿어지지 않을 거예요.
那样想是理所当然的，据说莫高窟在鼎盛时期长达1618米，洞穴735个，让人难以置信。

B: 현재 남아 있는 석굴의 수는 몇 개쯤 돼요?
如今现存的洞穴有多少个？

A: 석굴의 수는 모두 492개, 불상이 약 1400개, 벽화가 4만 5000쯤 됩니다.
石窟总共为492个，佛像大约有1400个，壁画45000幅左右。

B: 언제쯤 발견되었어요?／大约是什么时候被发现的？

A: 1900년대 초였습니다. 그때 5000여 점의 문서가 발견되어 세상을 깜짝 놀라게 했답니다.
是在20世纪初被发现的。那时发现了5000多卷文书，震惊了整个世界。

B: 이곳의 벽화가 유명하다고 들었는데요.／听说这儿的壁画很有名。

A: 네, 이곳에 있는 45000점의 벽화는 세계에서 규모가 제일 큰 예술보고라고 할 수 있습니다. 그래서 1987년에 세계문화유산으로 지정되었죠.
是的，这个地方现存的45000幅壁画被称为世界上规模最大的艺术宝库。因此在1987年被指定为世界文化遗产。

B: 막고굴의 벽화는 어떤 특징이 있어요?／莫高窟的壁画有什么特征？

A: 여기의 벽화는 각 시대의 양식을 나타내고 있기 때문에 미술사상 아주 귀중한 자료죠.
这儿的壁画展示了各个时代的面孔，所以在美术史上也是很贵重的资料。

新编旅游韩国语

B: 어느 시대부터 어느 시대까지의 벽화예요?
是从哪个时代到哪个时代的壁画？
A: 5세기 북위(北魏)부터 13세기 원나라에 이르기까지입니다.
始于5世纪的北魏到13世纪的元朝。
B: 벽화의 주된 내용이 뭐예요?/壁画的主要内容是什么？
A: 불교경전의 광범위한 내용이 주제입니다.
是以佛教经典的广泛内容为主题的。
B: 좀 구체적으로 설명해 주세요./请您详细说明一下吧。
A: 실크로드를 통과하는 순례자, 상인, 군인 등은 자신과 일행의 성공적인 여정을 위해 이 석굴을 찾아 간절히 기도하기도 하고 벽화를 그리기도 하였을 것입니다.
当时往返于丝绸之路的巡礼者、商人、军人等为了祈求自己旅途的顺利找到了这儿的石窟，虔诚地进行祈祷，并画了一些壁画。
B: 그중에 석굴을 만든 사람도 있었겠네요.
那其中也有修建石窟的人吧。
A: 그랬을 겁니다. 서역으로부터 중원으로 들어올 때는 사막의 공포로부터 벗어났다는 안도와 감사의 기도를 올리고 때로는 많은 돈을 희사하여 석굴의 중건을 돕기도 했을 겁니다.
应该有。从西域开始，进入中原时，他们为了摆脱对沙漠的恐惧心理，就做平安和感谢的祈祷，有时还会施舍许多的钱，这也有助于石窟的重建。
B: 듣고보니 벽화에는 한결같이 어떤 종교적 고행이 느껴지네요.
听了这些以后，我感到壁画里也有某种宗教修行的意味啊。
A: 막고굴을 이야기할 때 빼놓을 수 없는 한국사람이 한 사람 있죠?
如果提到莫高窟，就不能不提到一个韩国人吧？
B: 아, 역사시간에 배웠어요. 바로 혜초(慧超) 스님이죠?
啊，对，历史课上学过啊，那就是僧人慧超吧？
A: 신라인 혜초(慧超)는 인도의 불교 성지를 돌아본 후 돌아올 때 현재의 카시미르와 아프가니스탄 지역을 경유해 돈황의 막고굴에 이르렀습니다.
新罗时期，慧超从印度佛教圣地返回时，途径现在的克什米尔和阿富汗，到了敦煌莫高窟。
B: 생각납니다. 혜초는 막고굴에서 자신이 서역에서 경험한 모든 것을 '왕오천축국전(往五天竺国传)'에 남겨 놓았다고 배웠습니다.
想起来了。我学过，慧超在莫高窟把自己在西域的所有经历写成了《往五天竺国传》一书。

下篇 中国旅游

단어 (生词)

석굴	石窟	순례자	巡礼者
추종	附和	일행	一行
볼거리	参观的东西	여정	旅程
계기	契机	간절히	虔诚地
불허하다	不许	중원	中原
문화교류	文化交流	사막	沙漠
승려	僧侣	공포	恐怖
사방	四方	벗어나다	摆脱
금빛	金光	희사하다	乐捐
걸치다	花费	중건	重建
보고	宝库	한결같이	始终
양식	式样	고행	苦行, 修行
미술사	美术史	빼놓다	漏掉
광범위하다	宽泛	성지	圣地
경전	经典	경유하다	经由, 途径
서역	西域	카시미르	克什米尔
관문	关门	아프가니스탄	阿富汗

(五) 항주 (杭州)

(A: 가이드, B: 관광객)

A: 항주하면 뭐가 제일 먼저 머리에 떠올라요?
说到杭州你最先想到的是什么？

B: 역시 "하늘에는 천당이, 땅에는 소주와 항주가 있다"는 말이 생각나요./还是会想到"上有天堂，下有苏杭"这句话。

A: 지금 항주는 절강성의 도청소재지이기도 하지요.
现在杭州还是浙江省的省会吧。

B: 남송시대에는 수도의 역할을 한 것으로 배웠는데요.
以前也学过杭州还是南宋时期的首都呢。

A: 맞아요. 항주는 중국 7대 전통 도시 중의 하나로 역사가 2200년이나 된답니다.
是的。杭州作为中国七大古都之一，现已有2200年历史了。

新编旅游韩国语

B: 네, 춘추전국시대 월나라의 수도이기도 했죠. 와신상담의 사자성어가 이 항주와 관련이 있죠?
嗯。杭州还曾经是春秋战国时期越国的首都。卧薪尝胆这个成语也和杭州有关吧。

A: 그렇습니다. 월나라 왕 구천과 경국지색의 미녀 서시의 이야기가 전해 내려 오고 있죠.
是的。越王勾践和倾国倾城的美女西施之间的故事一直流传至今。

B: 항주의 날씨가 늘 이렇게 따뜻해요?/杭州的气候一向这么暖和吗?

A: 연평균 기온이 15~17도 정도입니다. 1월 평균기온은 3~5도, 7월 평균기온은 27~29도 정도입니다.
年平均气温是15—17度。1月的平均气温是3—5度,7月的平均气温是27—29度。

B: 항주의 특산물이 뭐죠?/杭州的特产是什么?

A: 견직물과 용정차가 유명하죠./丝织品和龙井茶很有名。

B: 어디부터 갈 거예요?/从哪儿开始观赏呢?

A: 서호부터 가 보기로 하죠./先沿着西湖走走吧。

B: 호수가 굉장히 크네요./湖真的非常大啊!

A: 네, 남북 길이가 3.3킬로미터, 동서 길이가 2.8킬로미터 정도 됩니다.
是。南北长3.3公里,东西长2.8公里左右。

B: 호수 전체가 하나예요?/湖水是一个整体吗?

A: 아뇨. 소제 방파제를 큰 기점으로 5개의 호수로 나누어진답니다.
不是,以苏堤防护堤为大支点将其分为5个部分。

B: 서호 10경이 아름답다고 들었는데요./听说西湖十景很美。

A: 네, 그 중에 가장 대표적인 것이 소제춘요(苏堤春晓)와 화항관어(花港观鱼)입니다./是的,其中具有代表性的景色就是苏堤春晓和花港观鱼。

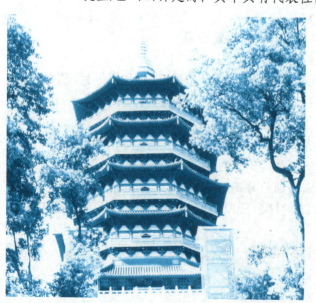

B: 소제춘요는 봄하고 관련이 있는 것 같군요.
苏堤春晓似乎跟春天有关联。

A: 네, 맞아요. 소제춘요는 소동파가 항주에 지사로 부임했을 때 쌓은 둑입니다.
是的,苏堤春晓的苏堤指的是苏东坡在杭州任知州的时候建造的堤坝。

B: 화항관어에는 고기가 있겠네요.
花港观鱼应该有很多的鱼吧!

下篇　中国旅游

A：그렇습니다. 붉은 잉어가 떼를 지어 노는 곳인 홍어치, 수많은 모란이 피어 있는 모란원(牡丹园)이 유명하답니다.
是的。红鲤鱼成群结队嬉戏的红鱼池以及牡丹盛开的牡丹园都很有名气。

B：이 호수는 달이 뜨면 참 운치가 있겠어요.
当月亮升起的时候, 湖水应该别有韵味吧。

A：네, 그래요. 밝은 달이 호수에 비칠 때 정말 운치가 있어서 사람들이 많이 와요. 그래서 평호추월이라 부르죠.
是的。明月倒映在湖水中的时候真是别有韵味, 大家都被吸引至此。所以就称之为平湖秋月。

B：다음에는 어디로 갈 거예요?/下面我们要去哪儿呢？

A：육화탑이에요./去六和塔。

B：언제 지어진 거죠?/是什么时候建造的？

A：오월국(吴越国) 전홍숙(钱弘淑) 때인 970년에 지어진 탑이니 그 연륜이 천년을 훌쩍 뛰어넘습니다.
是970年吴越国钱弘淑时代建造的塔, 距今已有千年以上的历史了。

B：육화의 뜻이 뭐예요?/"六合"是什么意思？

A：원래 불교에서의 규약인 "육합(六合)" 즉 "천지사방(天地四方)"의 의미입니다.
原来是指佛教教义中的"六合"即"天地四方"的意思。

B：이 탑을 왜 세운 거예요?/为什么建造了这个塔？

A：북송 개보(开宝) 3년(970년)에 오월왕(吴越王)이 전당강이 범람하는 것을 막고자 하는 기도를 반영하여 세웠습니다.
六和塔是北宋开宝3年（970年）吴越王为祈求阻止钱塘江泛滥而兴建的。

B：범람하는 이유가 뭐죠?/为什么钱塘江会泛滥呢？

A：이 육화탑 앞의 전당강은 병목처럼 급작스럽게 좁아져서 바닷물의 역류 현상이 자주 일어납니다.
六和塔前的钱塘江会突然在这里变得像瓶颈一样窄, 所以经常会有海水的逆流现象。

B：언제 역류현상이 일어나요?/什么时候会有逆流现象？

A：음력 8월 18일 전후입니다./阴历八月十八日前后。
이를 전강관호(钱江观湖)라고 하며 이날에는 많은 사람들이 장관을 보기 위해 모여든다고 합니다.
人们将之称为钱江观湖, 在这一天人们会为了一睹这一壮观景象聚集于此。

109

新编旅游韩国语

단어 (生词)

떠오르다	浮想	절경	最美的景色
도청소재지	省会	잉어	鲤鱼
수도	首都	모란	牡丹
역할	角色	운치	韵味
춘추전국시대	春秋战国时期	규약	规章
와신상담	卧薪尝胆	범람하다	泛滥
경국지색	倾国之貌	반영하다	反映
연평균기온	年平均气温	병목	瓶颈
월평균기온	月平均气温	급작스럽다	仓促，突然
특산물	特产	좁아지다	变窄
견직물	丝织品	연륜	年龄
방파제	防护堤	훌쩍	一下子
기점	支点	역류현상	逆流
지사	知州（中国古代官名）	장관	壮观
부임	赴任	모여들다	汇聚
사시사철	一年四季		

(六) 소주 (苏州)

(A: 가이드, B: 관광객)

A: '물의 도시' 또는 '동방의 베니스', '운하로 유명한 곳' 하면 생각나는 곳이 어디예요?
一提到"水上都市"以及"东方威尼斯"、"因运河而闻名的地方"，就会想起来的地方是哪里呢？

B: 생각이 안 나는데요. / 想不起来。

A: 바로 소주입니다. / 就是苏州。

B: 물이 많으니까 물고기도 많이 잡힐 것 같네요. / 因为水多鱼美吧。

A: 그렇습니다. 물고기가 많이 잡힐 뿐 아니라 쌀, 명주, 차가 많이 나기 때문에 '어미지향(鱼米之乡)'이라고도 불린답니다.
是的。不仅有很多鱼，还盛产稻米、丝绸、茶等，因此还被称为"鱼米之乡"。

下篇 中国旅游

B: 여기에 오니까 항주에 갔을 때처럼 "하늘에는 천당이 있고 땅에는 소주와 항주가 있다(上有天堂,下有苏杭)."라는 말이 생각나요.
来到这里就像去杭州的时候一样想起"上有天堂,下有苏杭"这句话。

A: 네, 그만큼 아름답고 환상적인 분위기를 가진 곳입니다.
是啊,的确是名副其实的美丽,还带有几分幻想的情趣。

B: 이 소주는 역사가 얼마나 되나요?/苏州有多少年历史了?

A: 약 2500년의 역사를 지닌 곳입니다./大约有2500年历史了。

B: 기원전이네요./是公元前啊。

A: 네, 기원전 514년에 이 도시가 처음 생겼죠.
对呀,公元前514年这座都市就出现了。

B: 역사가 긴 걸 보면 어떤 내력이 있을 것 같네요.
从历史悠久这点来看,似乎有某些来历。

A: 맞아요. 오왕(吴王) 부차(夫差)의 아버지 합려와 복수심에 불탄 오자서가 이 도시를 세웠답니다.
对呀。听说是吴王夫差的父亲阖闾和满怀着报仇心的伍子胥兴建了这座城市。

B: 어디부터 가보는 게 좋아요?/从哪儿开始看好呢?

A: 먼저 졸정원부터 가도록 하죠./先从拙政园开始吧。

B: 졸정원요?/拙政园?

A: 네, 소주에서 가장 크고 아름다운 정원이죠.
是啊,是苏州最大最美丽的园林。

B: 얼마나 큰데요?/有多大?

A: 약5만 평방미터나 된답니다. 그리고,북경의 이화원(颐和园), 승덕(承德)의 피서산장(避暑山庄), 소주의 유원(留园)과 함께 중국의 4대 정원으로 꼽히는 곳이기도 하죠.
大约有5万平方米。而且和北京颐和园、承德避暑山庄、苏州留园一起被选为中国的四大园林呢。

B: 졸정원이란 정원의 이름인데 왜 庭자를 사용하지 않고 政자를 사용했어요? 어떤 내력이 있을 것 같은데요.
取名为拙政园,为何不用"정(庭)"字,而用"정(政)"呢?似乎也有一些来历。

111

新编旅游韩国语

A: 졸정원이란 이름은 서진(西晋)시대의 반악(潘岳)이라는 사람이 쓴 글 가운데서 따온 것입니다./拙政园的名字取自晋代潘岳所作的诗赋。

B: 어떤 내용인가요?/是什么内容？

A: "채소밭에 물주고 채소를 가꾸는 것도 보잘 것 없는 사람의 위정이다"라는 글입니다.
诗赋中写到："给田园浇水、种菜也是卑微的人在为政"。

B: 졸정원은 호수가 많은 면적을 차지하고 있는 것 같군요.
拙政园里湖水似乎占据了很大面积。

A: 맞습니다. 중국정원의 3대 특징인 나무, 물, 암석 가운데 물의 이미지를 극대화시킨 것이 특징입니다.
是的。把中国园林的三大特点树、水、岩石中水的意境表现得淋漓尽致。

B: 누각과 화랑들이 물가에 배치되어 있는 것 같네요. 마치 수면에 비친 건물도 감상하라는 뜻이 있는 것 같아요.
亭台、楼阁和游廊仿佛都排列在水边，似乎有意让游客观赏倒映在水中的建筑。

A: 네, 호수면적이 이전에 비해 많이 줄어들었지만 아직도 호수가 소주 전체 면적의 절반 이상을 차지하고 있답니다.
是的，湖水面积和以前相比虽然减小了很多，但还是占据了苏州面积的一半以上。

B: 어디서부터 봐야 하죠?/从哪儿开始看好呢？

A: 졸정원은 동원, 중원, 서원의 세 부분으로 나뉘는데 그 정수(精髓)는 중원에 집중되어 있으니까 중원부터 보기로 하겠습니다.
拙政园分东园、中园和西园，精华都集中在中园，我们就从它开始。

B: 여기에 오니까 시야가 탁 트이는 느낌이 드네요.
来到这里，觉得眼前一下子豁然开朗了。

A: 네, 이게 바로 중원에 있는 원향당(远香堂)의 특징입니다. 사방으로 트인 창을 통해 다양한 각도로 정원을 감상할 수 있게 한 거죠.
是的，这就是中园远香堂的特色。透向四周敞开的窗户可以让人们多角度地欣赏庭院。

B: 이름에 향자가 있는 걸 보면 어떤 꽃향기와 관계가 있는 것 같은데요.
名字里含有"香"字，好像和花香有什么关系吧。

A: 그렇습니다. 보시다시피 연꽃이 많이 피어 있지 않습니까? 연꽃향기가 멀리까지 간다고 해서 이런 이름이 붙었습니다.
是啊。正如您所见，很多荷花都盛开了吧？这儿因为荷花的幽香弥漫到很远的地方而得名。

B: 이 원향당 주위에는 건물들이 어떻게 배치되어 있어요?
远香堂周围都有哪些建筑？

112

下篇 中国旅游

A: 우선 북서쪽으로 견산루(见山楼)에 가 보겠습니다.
先去看看西北边的见山楼吧。

B: 와, 여기에 서니까 주위가 한눈에 다 들어오네요.
哇，站在这里周围的美景真是尽收眼底啊。

A: 네, 가까운 곳에는 물고기를, 중간쯤에는 연꽃을, 먼곳으로는 그림같은 풍경을 구경할 수 있는 곳이죠.
是的，在这里，站在近处你可以观赏鱼，中间可以观赏荷花，远处可以观赏到如画的风景。

B: 저쪽에는 마치 꽃밭이 들어서 있는 것 같네요.
那边就好像进了花园一样。

A: 바로 비파원(枇杷园)입니다. 해당(海棠), 파초(芭蕉) 등이 빽빽히 들어서 있습니다./那儿就是枇杷园。种满了海棠、芭蕉等。

B: 서원(西园)에는 볼 만한 게 어떤 게 있어요?
西园有哪些值得一看的地方呢?

A: 서원 북쪽의 삼육원앙관(卅六鸳鸯馆)이에요. 본래 36쌍의 원앙을 길렀기 때문에 이런 이름이 붙었습니다.
西园北边的卅六鸳鸯馆。因为从前养了36对鸳鸯而得名。

B: 참, 재미있네요./真有意思。

A: 그리고, 지붕을 아치 모양으로 만들어 소리가 메아리 쳐지도록 만들었습니다./而且屋顶做成拱形，达到产生回音的效果。

B: 한 번 시험해 볼까요? 야호! 정말이네요. 서원은 못이 많으니까 다리도 많겠네요.
要不要试试? 哇, 真的哦! 西园的池塘多, 桥也一定很多吧。

A: 그렇습니다. 졸정원을 감상할 때 흔히 놓치기 쉬운데 호수와 정자 사이의 다리를 감상하는 것도 아주 중요하지요.
是的。观赏拙政园时往往容易错过，要知道观赏湖水和亭台间的小桥也很重要。

B: 다리가 어떤 특징이 있나요?/小桥有什么特点?

A: 중국정원의 대부분의 다리가 직선이거나 아치형(拱形)인데 졸정원의 다리들은 5~6번 정도 꺾여 있는 게 특징입니다.
中国园林大部分桥都是直线或拱形的，而拙政园的桥都有五六次曲折。

B: 동원(东园)은 어떤 특징이 있어요?/东园有什么特点?

A: 천천정(天泉亭)이 있습니다./有天泉亭。

B: 옛날에 우물이 있었던 모양이죠?/好像以前有井吧?

A: 네, 그렇습니다. 물이 달고 한 번도 마른 적이 없어서 하늘의 샘(天泉)이라 부르게 된 거죠./是的。井水清澈，从未干枯，因此称之为天泉。
위로 들린 처마가 인상적이고 사방으로 뚫린 유리창을 통하여 보이는 풍경이 참 아름답습니다.
向上翘起的屋檐引人注目，通过四面相通的玻璃窗看到的风景十分美丽。

新编旅游韩国语

단어 (生词)

운하	运河	극대화	淋漓尽致
동방	东方	누각	楼阁
베니스	威尼斯	화랑	游廊
명주	丝绸	배치되다	安排, 布置
환상적	幻想的	시야	眼界
분위기	气氛	정수	精髓, 精华
내력	来历	탁 트이다	豁然开朗
복수심	复仇心	한눈에 들어오다	尽收眼底
불타다	燃烧	빽빽히	密密麻麻地
정원	庭院	원앙	鸳鸯
평방미터	平方米	아치모양	拱形
채소밭	田园, 菜园	메아리 치다	回音
위정	为政	놓치다	错过
암석	岩石	꺾이다	弯折
이미지	意境	처마	屋檐
유리창	玻璃窗		

(七) 계림 (桂林)

(A: 가이드, B: 관광객)

A: 계림에 오니까 맨 먼저 "계림의 경치는 천하 제일이다." 라는 말이 생각나네요. / 一来到桂林就想到了那句话: "桂林山水甲天下。"

B: 맞아요. 계림은 중국 최고 절경 중의 하나죠.
没错。桂林是中国最佳景点之一。

A: 저기 보이는 기암절벽들이 정말 멋있죠?
那边的奇岩绝壁很壮观吧?

B: 저 기암절벽들은 어떻게 만들어진 거죠?
那些奇岩绝壁是怎么形成的呢?

A: 석회암이 긴 세월을 거쳐 물에 침식되어 생긴 것입니다.
石灰岩长时间被水侵蚀形成的。

B: 지형이 아주 특이해요. / 地形真的非常奇特。

A: 이러한 지형을 카르스트지형이라고 하죠.
我们将这种地形称为喀斯特地形。

下篇 中国旅游

B: 면적이 얼마나 될까요?/面积有大多?
A: 약 8천 평방 킬로미터나 됩니다./大约八千平方公里。
B: 굉장하네요./太雄伟了!
A: 특히 계림으로부터 이강하류의 양삭 사이에 집중되어 있답니다.
  尤其集中在从桂林到漓江下游阳朔之间。
B: 그럼 여기서부터 배타고 유람하는 거예요?
  那么从这里开始乘船游览吗?
A: 그렇습니다. 이 여행이 계림여행의 백미라고 할 수 있습니다.
  是的。这可以称为桂林旅行当中最佳的线路。
B: 여기에 오니까 마치 화가가 그린 산수화속에 들어와 있는 것 같아요.
  来到这儿真的就像是进入了画家描绘的山水画中一样。
A: 네, 기암절벽과 파란 하늘과 강이 한데 어우러져 신비한 분위기를 연출하고 있지요.
  是呀, 奇岩绝壁和碧海蓝天融为一体, 营造了神秘的氛围。
B: 저쪽 산들은 마치 동물들이 모여 있는 것 같군요.
  那边的群山好像是动物们聚集在一起的样子。
A: 바로 구우령입니다. 소와 말이 모여 있는 것 같다고 해서 지은 이름입니다.
  那就是九牛岭。据说是因为像是牛和马聚集在一起而得名的。
B: 저기 저 바위도 특이한 모습을 하고 있네요.
  那边的那个石头也是很奇特啊!
A: 네, 저건 망부석인데요,부부의 안타까운 사연을 가지고 있죠.
  是啊, 那个是望夫石, 包含着夫妇之间惜宛的姻缘。
B: 저 산 보세요. 여러 가지 색깔을 띄고 있네요.
  请看那坐山, 有好几种颜色呢。
A: 선명한 색실로 자수를 놓은 것 같다고 해서 수산이라고 합니다.
  据说是因为像是用鲜艳的彩线绣成的刺绣品而被称为"绣山"。
B: 안개까지 끼어 있으니까 꼭 동화속에 들어와 있는 것 같아요.
  烟雾笼罩着, 就像进入了童话世界一样。
A: 다음 코스는 첩채산입니다.
  下个线路是叠彩山。

115

B: 산의 이름하고 산의 형상이 무슨 관계가 있는 것 같군요.
山的名字和样子似乎有什么联系呀!

A: 네, 맞아요, 마치 색깔있는 비단을 겹겹이 쌓아놓은 모양이어서 이러한 이름을 붙였다고 합니다.
是的, 很正确。因为好像是色彩绚丽的绸缎层层堆积的样子而得名。

B: 저기 박물관이 있다고 하네요./听说那里有一座博物馆。

A: 네, 세계희귀 나비들을 전시해 놓은 곳입니다.
是的, 是展示世界稀有蝴蝶的地方。

B: 정상 곳곳에 글자가 새겨져 있군요./山顶上各个地方刻着字。

A: 바로 당나라 시인들이 새겨 놓은 것이랍니다.
据说那就是唐朝诗人们刻的东西。

B: 다음 코스는 어디예요?/下个路线是哪里?

A: 독수봉입니다./是独秀峰。

B: 이 이름에도 무슨 뜻이 있는 것 같은데요.
这个名字里似乎也蕴含着某种意思。

A: 네, 우선 주위의 지형과 비교해 보세요. 평지에서 솟아오른 지형이어서 더 높아 보이죠.
是的, 首先请与周围的地形比较一下。因为是从平地突起的地形, 所以看上去更高吧。

B: 정말 그렇네요./真是那样啊!

A: 이름 그대로 홀로 서 있는, 빼어난 자태를 보여주는 봉우리죠.
山如其名, 突显了它挺拔傲然的姿态。

B: 볼 만한 게 뭐가 있나요?/有什么值得参观的吗?

A: 산기슭에 독서암이라는 동굴이 있는데요. 남북조시대의 문인인 안연지가 책을 읽던 곳으로 전해지고 있답니다.
在山脚有一个叫做读书岩的石窟。据传说是南北朝时期文人颜延之读书的地方。

B: 정상에 서니까 시가지가 한눈에 다 들어오네요.
站在山顶, 城市的风光尽收眼底。

A: 이번엔 복파산으로 갑시다./下面让我们一起去伏波山吧。

B: 복파산은 왜 이런 이름을 붙였는지 상상이 잘 안 가네요.
想象不出来伏波山为什么会被赋予这个名字?

A: 바로 후한시대 전설적인 장군 마복파의 이름을 딴 것입니다.
这座山是取自后汉时期传说中的将军马伏波的名字。

B: 그 장군과 이 산의 이름과 무슨 관계가 있나요?
那位将军和这座山的名字有什么关系呢?

A: 정벌을 위해 남으로 향할 때 쉬었던 곳이라 해서 이런 이름이 생겼답니다.
据说是将军一路向南征伐途中休息的地方, 因此就起了这个名字。

下篇　中国旅游

B: 저기에 큰 솥과 종이 있네요./在那边有一口大锅和一个大钟呢。

A: 종은 무게가 2.5톤쯤 되고요, 솥은 천여 명의 군사가 먹을 수 있을 만큼의 밥을 지을 수 있었다고 합니다.
钟的重量是2.5吨左右。传说用这口锅做饭，可以够上千名士兵吃的。

B: 그 당시 군대의 규모가 대단했군요./当时军队的规模真的很了不起啊!

단어 (生词)

절경	绝景	쌓아놓다	堆积
산수화	山水画	박물관	博物馆
기암절벽	奇峰怪石, 奇岩绝壁	희귀나비	稀有蝴蝶
어우러지다	相融合	새겨놓다	雕刻
신비하다	神秘	평지	平地
분위기	氛围, 气氛	솟아오르다	耸立
연출	演出, 营造	자태	姿态
석회암	石灰岩	봉우리	山峰
침식되다	侵蚀	산기슭	山脚
특이하다	奇特	동굴	洞穴
지형	地形	정상	山顶
카르스트	喀斯特	한눈에 들어오다	尽收眼底
평방	平方	이름을 따다	由……而得名
집중되다	集中	정벌	征伐
코스	路线	솥	锅
면적	面积	종	钟
형상	形象	무게	重量
비단	绸缎	톤	吨
겹겹이	一层层	군대	军队
빼어나다	突出		

(八) 여강 고성 (丽江古城)

(A: 가이드, B: 관광객)

A: 오늘 제가 여러분을 모시고 갈 곳은 소수민족이 절반 이상의 인구를 차지하고 있는 곳입니다.
今天我陪诸位去的地方是少数民族人口占一半以上的地方。

B: 어떤 소수민족이 많아요?/哪个少数民族比较多啊?

新编旅游韩国语

A: 나시족인데요, 전체의 약 60%를 차지하고 있답니다.
纳西族，大概占了60%。

B: 여기에 오니까 분위기가 아주 다르네요.
来到这来，感觉真的很不一样呢！

A: 고풍스럽죠?/很古色古香吧?

B: 이 여강고성 (丽江古城)은 언제 지어진 거죠?
这个丽江古城是什么时候建的啊?

A: 송나라 때 지은 겁니다. 지금 세계문화유산으로 지정된 곳이죠.
宋朝时建的。现在这里已经被指定为世界文化遗产了。

B: 전체 모습이 정말 한 폭의 그림같아요./丽江的全貌真像是一幅画啊。

A: 네, 건축풍경이 소박하면서도 우아하죠.
是啊，建筑风格质朴却不乏优雅。

B: 마을 가운데로 물이 흐르고 있네요./村子中还有河水在流呢。

A: 온천수랍니다. 이 지역의 어디든지 볼 수 있어요.
据说是温泉水。在这个地方哪儿都可以看到。

B: 저기 보세요. 도로에 깔린 돌이 색깔이 있어요.
请看那边。铺在道路上的石头还有颜色呢。

A: 네, 이런 분위기가 집집마다 심은 나무와 어울려 아름다운 그림이 되어 있죠.
嗯，这样的景致和每家每户种植的树木相互辉映，构成了一幅美丽的图画。

B: 인공적으로 꾸민 것 같지 않고 주위의 자연과 조화를 잘 이루고 있어요./不像是人工修饰的，和周围的自然景观非常协调。

A: 그래서 건축가들이 찬사를 아끼지 않고 있죠. '동방의 베니스'라는 평이 나 있을 정도니까요.
所以建筑家们一直对此赞不绝口。甚至评价丽江为"东方的威尼斯"呢。

1 黑龙潭公园

A: 여기에서는 나시족의 건축문양을 볼 수 있어요.
在这里可以欣赏到纳西族的建筑风格。

B: 네, 아주 특이하네요./啊，非常奇特呢!

下篇　中国旅游

A: 저기 호수와 산이 보이죠?/看到那边的湖水和山了吧。
B: 호수와 산이 어우러진 모습이 그야말로 절경입니다.
　　湖水和山和谐辉映的样子真的是绝景啊。
A: 저 산이 옥룡설산인데 날씨가 맑을 때는 저렇게 뚜렷하게 잘 보인답니다.
　　那座山是玉龙雪山。据说天气晴朗的时候，看上去十分清晰。
B: 여기에 전통공연이 있다고 들었는데요./听说这里有传统节目演出。
A: 네, 바로 나시족의 전통공연인데 수준도 괜찮고, 무료예요.
　　恩. 就是纳西族的传统演出，水平很高而且还是免费的。
B: 그럼 꼭 봐야겠네요./那一定得去看看了。

2 虎跳峡

B: 이름이 재미있네요./名字很有意思呢。
A: 네, 바로 옛날 호랑이들이 강중심에 있는 돌을 뛰어 건너갔다고 해서 이렇게 부른답니다.
　　是的，传说从前老虎曾经跃过江中心的石头，由此得名虎跳峡。
B: 세계 트레킹 마니아들이 많이 온다고 하던데요.
　　我还听说有很多世界徒步旅游迷慕名而来。
A: 네, 맞아요. 왜냐하면, 강은 물길이 웅장해 아름답고 강주변의 산들의 능선이 멀리 펼쳐진 설산과 조화를 이루어 오래 걸어도 지루하지 않기 때문이죠.
　　是的，因为江水很壮观，也很美丽，而且江边的群山轮廓和远处的雪山十分和谐，走再久也不会觉得腻。
B: 그럼 우리도 하루만에 마칠 수 있는 코스로 한 번 걸어봐요.
　　那么我们也定一条一日游路线游览一下吧。

3 玉龙雪山

B: 저기 산봉우리에 눈이 보이네요./在那座山的山顶可以看到雪呢。
A: 네, 만년설입니다./是啊。是万年不化的雪。
B: 아주 신비롭네요./好神秘啊。
A: 그리고 여기는 식물왕국이라 불릴 만큼 수많은 식물들이 서식하고 있어요./而且这里有很多的植物，堪称植物王国。
B: 케이블카가 있네요./还有缆车啊。
A: 네, 케이블카를 타고 정상에 가면 빙하를 볼 수 있답니다.
　　对啊，乘坐缆车到达山顶的话还可以看到冰川。
B: 빙하요?/冰川？
A: 네, 스키 타는 곳도 있답니다./是的，据说还有滑雪的地方。

新编旅游韩国语

B：많이 걸었더니 다리도 아프고 배도 고픈데 오늘은 그만 내려가요.
走了很长时间，腿也疼，肚子也饿了，今天就下山吧。

A：알겠습니다.금강산도 식후경이라고…사방가 (四方街) 로 모시겠습니다.
知道了。俗话说："人是铁，饭是钢。"我陪你们到四方街吧。

B：사방가요?/四方街?

A：네, 거기의 돌솥밥 (砂锅米饭) 이나 쌀국수가 아주 맛있어요.
对, 那边的砂锅米饭、米线非常好吃。

B：군침이 도네요.빨리 가 봅시다./好馋呢，快去看看吧。

단어（生词）

고풍스럽다	古色古香	베니스	威尼斯
소박하다	简朴，质朴	건축문양	建筑式样，建筑风格
우아하다	优雅	절경	绝景
분위기	气氛，氛围	무료	免费
인공적	人工的	트레킹	徒步旅游
조화	和谐	마니아	迷，狂热者
찬사	称赞	쌀국수	米线

（九）장강삼협（长江三峡）

(A: 가이드, B: 관광객)

A：중국하면 생각나는 강이 두 개 있죠?
只要一提到中国马上就会想到两条河流吧?

B：네, 바로 양자강과 황하죠./对, 那就是长江和黄河。

A：양자강하면 생각나는 게 뭐예요?/如果提到长江的话，你会想到什么?

B：양자강은 중국에서 제일 긴 강이죠./长江是中国最长的江。

A：그렇습니다. 양자강은 중국에서뿐만 아니라 아시아에서 가장 긴 강입니다./是的。长江不仅在中国最长，在亚洲也是最长的。

B：길이가 얼마나 되죠?/全长多少?

A：총 길이 6,300km, 700개의 지류가 흘러들고 있습니다.
全长6300公里，700条支流。

B：양자강에는 삼협이 있다고 하던데 왜 삼협이라 부르죠?
据说长江上有三峡，那为什么称之为"三峡"呢?

下篇　中国旅游

A: 삼협은 의창에서부터 중경까지 서능협, 무협 그리고 구당협으로 이뤄진 계곡 구간을 의미합니다.
　　三峡是指从宜昌到重庆, 由西陵峡、巫峡以及瞿塘峡组成的峡谷。

B: 어디부터 갈 거예요?
　　我们从哪儿开始?

A: 구당협부터 보기로 하죠.
　　从瞿塘峡开始游览吧。

B: 저쪽 산위에 자주색 건물이 보이네요.
　　看到那边山上紫色的建筑了吧。

A: 네, 저게 바로 백제성인데, 구당협이 시작되는 곳이죠.
　　是的, 那就是白帝城, 瞿塘峡开始的地方。

B: 백제성이라면 이백의 시에 나오는 그 백제성이에요?
　　所谓的白帝城, 是李白诗中的白帝城吗?

A: 네, 맞아요. / 嗯, 对。

B: 삼국지에 보니까 유비가 바로 여기서 죽었다고 되어 있던데요.
　　看《三国志》得知, 刘备就是在这里去世的。

A: 그렇습니다. 여기서 유비가 숨을 거두기 전에 제갈공명에게 아들 유선을 보살펴 달라고 부탁을 한 곳이기도 하죠.
　　是的。这里也是刘备临终前把儿子刘禅托付给诸葛亮的地方。

B: 이 협곡의 양쪽의 절벽의 경사가 아주 심하네요.
　　这个峡谷两边的绝壁好险峻啊。

A: 네. 이 구당협은 다른 곳에 비해 협곡이 좁고 양안의 절벽이 가파르기로 유명한 곳입니다.
　　是的。瞿塘峡与其他地方相比峡谷狭窄, 且两岸绝壁陡峭, 因此而闻名。

B: 저기 마주 보고 있는 두 산의 색깔이 다른 것 같네요.
　　那边对峙的两座山好像颜色不同哦。

A: 잘 보셨네요. 그래서 이름을 하나는 적갑산, 하나는 백염산이라 부른답니다.
　　看得真准。所以一座名叫赤甲山, 另一座名叫白盐山。

B: 다음에 갈 곳은 어디예요?/接下来要去哪儿?

A: 무협입니다./巫峡。

B: 여기는 마치 산이 병풍처럼 늘어서 있네요.
　　这里的山犹如屏风林立。

121

新编旅游韩国语

A: 네, 산이 끝이 안 보이죠.
是啊，看不到山的尽头吧。

B: 배를 타고 마치 깊은 산속으로 들어가는 느낌이 드네요.
坐船会感觉好像进了幽深的山谷中一般。

A: 양쪽으로 즐비한 기이한 돌들을 구경하는 것은 한 폭의 산수화라도 보는 것 같죠?/在两岸林立的奇山异石中游览就像在看一幅山水画吧?

B: 여기 봉우리가 몇 개쯤 돼요?/这里大概有多少座山峰?

A: 12개인데요, 그 중 선녀봉이 가장 아름답습니다.
12座，其中仙女峰最美。

B: 다음 구경할 코스는 어디예요?/接下来要游览的地方是哪儿?

A: 서릉협입니다. 삼협 중 가장 아름다운 곳이죠.
西陵峡。三峡中最美的地方。

B: 이곳은 산들이 아주 높고 험하군요./这里的山很高很险。

A: 물살도 아주 세답니다./水势湍急。

B: 와, 저 댐 좀 보세요. 엄청나게 크네요.
哇，看那边的大坝，真大啊。

A: 저게 바로 세계에서 가장 큰 삼협댐이랍니다.
那就是世界上最大的三峡大坝。

B: 높이가 얼마나 됩니까?/有多高?

A: 2003년 1차 물막이가 끝났을 때 수위가 135미터까지 올라갔는데 댐이 완성되는 2009년까지 185m까지 올라간다고 보면 됩니다.
2003年一期截流工程后，水位上升至135米，到2009年大坝完成后水位将上升至185米。

B: 좀 더 오래 봤으면 좋겠는데 좀 아쉽네요.
要能再多看会儿就好了，有点可惜。

A: 시간이 나면 우리 소삼협을 구경하기로 해요.
有时间的话我们看一下小三峡。

B: '소삼협' 요?/ "小三峡"?

A: 네, 삼협의 경치를 축소시켜 놓은 듯하다해서 이름이 소삼협이며, 용문협、파무협、적취협의 3개 협곡으로 구성돼 있답니다.
是的，仿佛把三峡的景观缩小了，由此得名小三峡，由龙门峡、巴雾峡、滴翠峡三个峡谷组成。

B: 그러니까 삼협의 동생이군요./所以是三峡的弟弟啊。

A: 중국에서는 소삼협에 대해 '삼협은 아니나 삼협을 능가한다'고 한답니다. 그만큼 아름다운 곳입니다.
在中国，称小三峡"不是三峡，胜似三峡"，的确是个美丽的地方。

B: 어떤 사람은 원숭이도 봤다고 하던데 정말이에요?
有人说看到过猴子，真的吗?

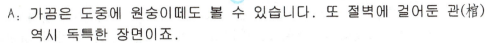

下篇 中国旅游

A: 가끔은 도중에 원숭이떼도 볼 수 있습니다. 또 절벽에 걸어둔 관(棺) 역시 독특한 장면이죠.
偶尔途中也能看到猴子，而且绝壁上的悬棺也是独特的景观哦。

B: 꼭 가 봤으면 좋겠어요./一定要去看看。

단어 (生词)

지류	支流	즐비하다	林立，鳞次栉比
자주색	紫色	기이하다	奇特的
삼국지	三国志	산수화	山水画
숨을 거두다	停止呼吸	봉우리	山峰
보살피다	照顾	물살	水势
절벽	绝壁	수위	水位
경사	倾斜	물막이	截流工程
협곡	峡谷	능가하다	凌驾，超过
가파르다	陡峭	축소시키다	使缩小
병풍	屏风	관	棺材
굽이굽이	弯弯曲曲	독특하다	独特

(十) 황산 (黄山)

(A: 가이드, B: 관광객)

A: 이런 말 들어보셨어요? 오악에 오르니 모든 산이 눈아래 보이고 황산에 오르니 오악조차 눈에 차지 않는다.
听说过这样的话吧？"五岳归来不看山，黄山归来不看岳。"

B: 그게 무슨 뜻이에요?/那是什么意思？

A: 그만큼 황산이 유명하다는 뜻이죠./就是说"黄山十分有名"。

B: 그럼, 이렇게 유명한 산을 어떻게 구경해야 좋겠어요?
那，这么有名的山应该怎么游览才好呢？

A: 황산에 오르는 코스는 크게 두 가지가 있는데 바로 전산 코스와 후산 코스입니다./游黄山一般分两条线路，一条是走前山，一条是走后山。

B: 좀 자세히 설명해 주세요./请详细说明一下吧。

A: 전산코스는 자광각에서 정상인 연화봉으로 가는 거고요, 후산코스는 운곡사에서 백아령을 거쳐 연화봉을 우회하는 코스입니다.
前山路线是从慈光阁到山顶莲花峰的路线，后山路线是从云谷寺经过白鹅岭迂回到达莲花峰的路线。

123

新编旅游韩国语

B: 그럼, 먼저 어느 코스로 갈 거예요?/那么，首先走哪条线路呢？
A: 후산코스로 갈 거예요. 왜냐하면 오늘 초보자가 많아서 비교적 경사가 급하지 않은 완만한 후산코스가 안전하기 때문이에요.
要走后山线路。因为今天初次来旅游的人非常多，所以走不太陡的，坡相对比较缓的后山路线较安全。
B: 케이블카를 타니까 금방이네요./坐缆车很快就到了。
A: 여기 백아령부터는 운해가 보이기 시작합니다.
从这儿白鹅岭开始就能看到云海。
B: 우와, 정말 산봉우리가 구름에 떠 있는 것 같네요.
哇，山峰真的就像从云层中升起来似的。
A: 이런 운해를 가장 보기 좋은 시기는 11월부터 5월까지랍니다.
观看这种云海的最佳时期是11月至5月。
B: 운해를 볼 수 있는 곳이 여기뿐만이 아니겠죠?
能看云海的地方不只这儿吧？
A: 물론입니다. 자석봉,도화봉에서는 남해를, 입승정, 일도령에서는 동해를, 백운거에서는 서해를, 서적봉록, 부용령에서는 북해를 감상할 수 있죠.
当然。在紫石峰、桃花峰可观南海，在入胜亭、一道岭可望东海，在白云居可看西海，在书箱峰麓、芙蓉岭可赏北海。
B: 이런 곳에서 일출이나 일몰을 보는 것도 멋있겠어요.
从这儿看日出、日落也很壮观吧？
A: 네, 맞습니다. 일출은 서광정, 청량대, 사자봉, 단하봉, 연화봉, 천도봉 등에서 보면 아주 멋있죠.
是的。如果从曙光亭、清凉台、狮子峰、丹霞峰、莲花峰、天道峰等地看日出的话非常壮观。
B: 일몰은 어디에서 보는 게 좋아요?/日落在哪儿看好啊？
A: 일몰은 서해 배운정, 단하봉 꼭대기, 비래봉, 석주봉, 연화봉 등이 아주 아름답죠. 자, 여기가 북해입니다.
从西海排云亭、丹霞峰山顶、飞来峰、石笋峰、莲花峰等看日落都很美丽。看，这儿就是北海。
B: 저기에 아주 특이한 바위가 있어요.
那边有块很奇特的岩石。
A: 저게 바로 비래석입니다./那就是飞来石。

下篇　中国旅游

B: 이름에 어떤 유래가 있을 것 같은데요./名字好像有什么来历吧。
A: 네, 맞아요. 손오공이 먹다 버린 복숭아가 떨어져 바위가 되었다는 전설이 있죠./对, 传说是孙悟空吃剩下的桃子扔掉后变成的岩石。
B: 전설이 참 재미있네요./传说真的很有意思啊。
A: 여기가 연화봉입니다. 황산에서 최고로 높은 봉우리죠. 옥병루에서 보면 연꽃같이 생겼기 때문에 연화봉이라 부른답니다.
　这儿是莲花峰, 是黄山上最高的山峰, 如果从玉屏楼看的话, 形状就像荷花一样, 所以叫做莲花蜂。
B: 여기 계단이 아주 가파르네요./这儿台阶很陡啊。
A: 네, 조심하세요. 옥병루에 다 왔습니다./是啊, 小心点儿, 玉屏楼到了。
B: 아, 저 소나무가 바로 영객송 아니에요?
　啊, 那棵松树就是迎客松吧?
A: 네, 맞아요. 해발 1600미터에 서서 우리는 맞이하고 있죠.
　对, 它耸立在1600米的地方, 就像迎接我们一样。
B: 사진으로 그렇게 많이 보았는데도 이렇게 직접 와서 보니까 느낌이 새롭네요.
　虽然从照片上看到许多次, 但是这么身临其境来看感觉真是很新鲜啊。
A: 수령이 이미 800년이나 되었답니다./树龄已经800多年了。
B: 저기 사람들이 사진을 많이 찍고 있는 곳이 송객송이죠?
　那边许多人拍照的地方是送客松吧?
A: 우리도 빨리 찍어요./我们也快点照吧。
B: 다음 코스는 어디예요?/下面去哪儿?
A: 다음은 연인의 계곡으로 가겠습니다./下面要去情人谷。
B: 연인의 계곡요?/情人谷?
A: 네, 바로 영화 '와호장룡'을 촬영한 계곡인데요, 비취곡이라 부르죠.
　是的, 就是拍电影《卧虎藏龙》的溪谷, 也叫做翡翠谷。
B: 비취곡을 보고 난 뒤에는요?/看完翡翠谷后呢?
A: 마지막 코스인 천도봉으로 갈 겁니다./最后一站是天都峰。
B: 천도봉은 황산에서 가장 힘한 코스라고 들었는데요.
　听说去天都峰是黄山上最陡峭的路线。
A: 네, 새도 발 뻗을 곳이 없고 원숭이도 올라가길 두려워한다라는 옛말이 있을 정도랍니다.
　是的, 以前有这样的话, 说这是个连鸟也不敢栖息, 猴子也害怕爬的地方。

125

新编旅游韩国语

단어 (生词)

오악	五岳	손오공	孙悟空
정상	顶上，山顶	복숭아	桃子
거치다	经过	전설	传说
우회하다	迂回	봉우리	山峰
초보	初步	연꽃	莲花
완만하다	缓慢	계단	台阶
운해	云海	가파르다	缓慢
일출	日出	해발	海拔
일몰	日落	맞이하다	迎接
하산	下山	발을 뻗다	伸出脚
바위	岩石	유래	由来

(十一) 장가계 (张家界)

(A: 가이드, B: 관광객)

A: 제가 오늘은 여러분을 산속의 바다로 안내하겠습니다.
今天我领大家去看山中的大海。
B: 농담이시죠?/您在开玩笑吧?
A: 하하, 아닙니다./哈哈, 不是。
B: 그럼 빨리 가봐요./那快去看看吧。
A: 이곳 장가계는 약 3억 8천만년 전에 망망한 바다였습니다.
3亿8千万年前张家界曾经是茫茫的大海。
B: 이렇게 높은 곳이 바다였다고요? 믿어지지가 않는데요.
你是说这么高的地方曾经是大海? 简直难以置信。
A: 지구의 지각운동으로 해저가 육지로 솟아올라 이런 절경이 형성된 것이랍니다.
由于地球的地壳运动, 海底升为陆地, 所以才会形成这样的绝景。
B: 도저히 상상이 가지 않는데요!/真是无法想象啊!
A: 그리고 이 장가계는 중국 최초의 국가삼림공원입니다.
还有, 张家界是中国最早的国家森林公园,
B: 언제 국가삼림공원으로 지정되었어요?
是什么时候被指定为国家森林公园的呢?

下篇 中国旅游

A: 1982년인데요, 크게 황석채(黄石寨),금편계(金鞭溪),원가계(袁家界) 지역 세 부분으로 나눕니다.
是1982年，大体分为黄石寨、金鞭溪、袁家界三个部分。

B: 이렇게 아름다운데 당연히 세계자연유산에 포함되었겠죠?
这么漂亮理所当然被列为世界自然遗产吧?

A: 물론입니다. 원시상태에 가까운 아열대 경치와 생물생태 환경을 지니고 있어서1992년에는 세계자연유산에 포함되었답니다.
那当然。由于它具有接近于原始状态的亚热带景色和生态环境，所以在1992年被列入世界自然遗产。

B: 장가계는 어떤 사람들이 살고 있나요?/张家界住着什么人呢?

A: 20개의 소수민족이 살고 있는데요,/这里居住着20个少数民族。

B: 그렇게 많아요?/这么多?

A: 네, 총 인구의 69%가 토가족(土家族), 백족(白族), 묘족(苗族) 등의 소수민족으로 구성되어 있답니다.
是的，据说这里总人口的69%是由土家族、白族、苗族等少数民族组成。

B: 여기가 황석채(黄石寨)입니까?/这里是黄石寨吗?

A: 네, 그렇습니다. 오래 전부터 황석채에 올라보지 않으면 장가계를 잘 못 온 것이다라는 말이 있을 정도로 유명한 곳이죠.
是的，这里非常有名。很久以前就有一句话说到："不到黄石寨就不算真的来过张家界"。

B: 왜요?/为什么?

A: 장가계에서 가장 웅장한 곳이거든요. 장가계 삼림공원에서 봉우리가 가장 높습니다.
因为这是张家界最壮观的地方，也是张家界森林公园中的最高峰。

B: 돌기둥들이 마치 칼을 땅에 꽂아 놓은 것 같이 우뚝우뚝 솟아 있는 모습이 정말 장관이에요
这些石柱就像是插在地上的刀一样耸立着，这景观真是太壮观了。

A: 이런 지형때문에 수천 년간 사람이 발길이 닿지 않아 신비로운 풍경을 간직할 수 있었던 거죠.
正是因为这种地形，数千年间从没有人踏足过此地，所以才能保持着如此神秘的风景。

新编旅游韩国语

B: 와, 저 높은 곳에 엘리베이터가 있어요./哇，那个高处有电梯！
A: 저기가 원가계(袁家界)입니다. 엘리베이터 높이가 313미터나 된답니다. 요즘 한국사람들에게 가장 인기있는 구간이랍니다.
那儿就是袁家界。电梯高达313米，听说是最近最受韩国人青睐的景点。
B: 저기 다리 좀 보세요./快看那座桥。
A: 저게 바로 천하제일교(天下第一桥)랍니다. 높이가 350미터나 된답니다./那就是天下第一桥, 高达350米。
B: 사람이 만든 것 같지 않네요./不像是人工修建的桥啊。
A: 맞아요. 사람의 손을 거치지 않은 천연암석입니다.
是的，未经人工雕饰的天然岩石。
B: 정말 신기하네요. 다음 코스는 어디예요?
真是太神奇了。下一站的行程是哪里啊？
A: 금편계(金鞭溪)입니다. 울창한 삼림이 일품이죠.
金鞭溪。那儿郁郁葱葱的森林堪称第一啊。
B: 원시림속을 걸으니까 공기가 정말 좋네요.
走在原始森林里，空气真是新鲜啊！
A: 이 곡을 따라 걸으면서 맑은 공기를 마실 수 있다는 것만해도 장가계에 오신 보람을 느끼실 겁니다.
沿着小溪，边走边呼吸新鲜的空气，仅凭这一点也感到不虚此行啊！
B: 마치 별천지에 와 있는 느낌이에요./真像是来到了世外桃源啊！
A: 다음엔 천자산(天子山) 풍경구(风景区)로 가 보겠습니다.
接下来要去的是天子山风景区。
B: 와, 여기는 봉우리가 정말 많군요./哇, 这里的山峰好多啊！
A: 맞습니다. 장가계에서 봉우리가 가장 많은 곳입니다.
是的, 这是张家界山峰最多的地方。
B: 정말 멋있어요./真是太美了！
A: 천자산 풍경구는 점장대(点将台)에서 내려다보는 모습을 최고로 치니까 올라가 보시죠.
从点将台上俯视天子山风景区是最美的，我们上去吧！
B: 야, 저건 꼭 붓이 거꾸로 땅에 박혀 있는 것 같아요.
呀，那座山像是毛笔被倒过来插在地上一样。
A: 네, 바로 전쟁에서 패한 황제가 내동이친 붓이 지금의 바위가 되었다고 해서 어필봉(御笔峰)이라고 부르죠.
据说是战败的皇帝扔掉的笔变成了现在的岩石，所以被称为御笔峰。
B: 정말 그럴 듯해요./像是真的一样。
A: 여기는 삭계욕풍경구(索峪区风景区)입니다./这里是索峪区风景区。
B: 십리화랑(十里画廊)이라 쓰여져 있네요./这里写着"十里画廊"呢。

128

下篇　中国旅游

A: 우리도 모노레일을 타고 가면서 구경해 봐요.
　　我们也坐着单轨列车边走边看吧!
B: 기기묘묘한 봉우리들이 정말 장관이에요.
　　奇峰怪石真是太壮观了。
A: 저쪽에 보이는 세 봉우리가 바로 삼자매봉(三姊妹峰) 입니다.
　　那边我们看到的三座山峰就是三姊妹峰。
B: 정말 여기 장가계의 산봉우리들은 보면 볼수록 신기하네요.
　　张家界的山峰真是越看越觉得神奇啊!

단어 (生词)

망망하다	苍茫的	아열대	亚热带
지각운동	地壳运动	웅장하다	壮观, 雄伟
해저	海底	돌판	石块
솟아오르다	升起, 上升	아찔하다	眩晕, 昏眩
절경	绝景	모노레일	单轨列车
원시상태	原始状态	기기묘묘하다	奇妙

(十二) 구채구 (九寨沟)

(A: 가이드, B: 관광객)

A: 오늘은 제가 여러분을 신선이 사는 곳으로 안내하겠습니다.
　　今天我要给大家介绍一下神仙居住的地方。
B: 뜸들이지 말고 빨리 말씀해 주세요./别吊胃口了, 快点说吧。
A: 거기는 환상적인 호수와 희귀한 동물들이 있어서 동화의 세계와 같은데 바로 구채구입니다.
　　那边就是九寨沟, 因为拥有绚丽的湖水和珍稀动物, 走进去就像童话世界一样。
　　처음 발견되었을 때 신선들이 사는 곳이 있다라는 소문이 나돌았다고 하던데요.
　　九寨沟刚开始被发现时, 因为传说是神仙居住的地方而出名。
B: 그렇습니다. 오색영롱한 물빛과 수면에 비치는 환상적인 풍경을 보면 그런 소문이 과장된 것이 아니라는 것을 알 수 있습니다.
　　是啊。看那五彩斑斓的水色和倒映在水中的景色相映成趣, 让人感觉如在梦境中, 令人叹为观止, 感觉到传闻丝毫也不夸张。

新编旅游韩国语

이렇게 아름다운 곳이니까 당연히 세계자연유산에 지정이 되었겠죠?
这个地方如此美丽，肯定会被指定为世界自然遗产吧？

A: 맞습니다./对啊。
B: 구채구란 이름의 유래가 뭐죠?
九寨沟的名字是怎么由来的？

A: 네, 골짜기 안에 티베트사람이 사는 마을이 9개 있어서 이렇게 부른답니다.
据说是因沟中有九个藏族村寨而得名。
B: 빨리 가보고 싶네요./真想赶快去看看。
A: 구채구는 크게 일즉구(日则沟), 즉사와구(则渣洼沟), 수정구(树正沟)라 불리는 세 개의 계곡으로 나눌 수 있습니다.
九寨沟大致可以分为日则沟、则查洼沟、树正沟三个大沟。
B: 계곡마다 어떤 특징이 있죠?/每个沟有什么特点啊？

1. 일즉구(日则沟)

A: 일즉구부터 보면서 이야기하기로 하죠./从日则沟开始边看边说吧。
B: 야, 저기 호수를 보세요.색깔이 여러 가지예요.
哇, 看那边的湖水，色彩斑斓。
A: 네, 바로 오화해(五花海)입니다. 구채구의 자랑거리로서 한 호수의 빛깔이 담황색, 검푸른색, 짙은 남색 등의 여러 색을 띠죠.
是啊，那就是五花海。作为"九寨沟的一绝"，整个湖面泛着晶莹色泽，一个湖就有湛蓝、墨绿、翠黄等多种颜色。
B: 여기가 마치 현실세계가 아닌 가상의 세계 같아요.
这里像是在梦境中，不像是现实中啊。
A: 이런 신비로운 풍경으로 인해 "구채정화(九寨精华) 불리우기도 합니다. 오화해는 구채구 중에서 가장 아름다운 경치 중의 하나죠.
五花海也因拥有这种神秘的景观，被誉为"九寨精华"。五花海是九寨沟诸景点中最精彩一个。
B: 저쪽에 폭포가 있는데 모양이 특이해요./那边瀑布的景象很奇特啊。
A: 진주탄 폭포(珍珠滩瀑布)입니다./是珍珠滩瀑布。
B: 왜 하필 진주라는 이름이 붙었어요?/为什么偏偏带有珍珠二字呢？
A: 폭포를 보면서 사람들이 하얀색 진주 알갱이들을 떠올리는 것 같아요.
大概因为一看到瀑布人们就会想到白色珍珠粒的缘故吧。

下篇 中国旅游

2. 즉사와구 (则渣洼沟)

B: 이렇게 높은 곳에 호수가 있다니 정말 놀랍네요.
   这么高的地方也有湖水，真的令人吃惊。

A: 네, 그러실 겁니다. 해발이 무려 3200미터나 되니까요.
   是的，的确如此。因为海拔足有3200米高吧。

B: 저 못을 보세요. 마치 물감을 물에 뿌려 놓은 것 같네요.
   请看那个池塘。仿佛洒了染料似的。

A: 여기가 바로 관광 최대 하이라이트 중의 하나인 오채지(五彩池)입니다./这就是游览中最精彩的部分之一——五彩池。

B: 수면위로 드리워진 나뭇가지와 물감을 탄 듯한 물의 색깔이 절묘한 조화를 이루고 있네요.
   树枝垂在水面上，水如同用染料混合一般，二者的色彩浑然天成。

A: 그렇습니다. 특히 단풍에 물든 산의 색깔과 푸른 호수의 대비가 압권이죠.
   是啊。尤其是红叶尽染的群山和碧蓝的湖水相互映照，堪称经典。

B: 정말 잊을 수 없을 것 같아요./简直让人无法忘怀。

3. 수정구 (树正沟)

B: 여기는 구채구 입구에서 가장 가까운 곳이죠?
   这里是离九寨沟最近的地方吧？

A: 네, 맞아요. 저기가 수정궁(水晶宫)입니다.
   对，是的。那儿就是水晶宫。

B: 물이 맑아 주변 산의 풍경이 그대로 물에 비치네요.
   湖水清澈，岸边的群山美景倒映在水中，把周边群山的景色都倒映在水中了。

A: 그렇죠? 마치 물속에 다른 산이 있는 것처럼 보이죠.
   是啊。看起来就像水中另有一座山似的。

B: 여기 풍경은 모두가 신비롭기 그지 없네요.
   这儿的所有风景都是神奇无比啊。

A: 자, 여기는 이 정도로 보고 조금 멀리 가야 되니까 서두릅시다.
   好，这儿的观光就到此结束吧，还应该再往远看看，快点吧。

4. 황룡 (黄龙)

A: 여기가 바로 유네스코가 지정한 세계자연유산인 황룡(黄龙)입니다.
   这儿就是联合国教科文组织指定的世界自然遗产——黄龙。

B: 말로만 듣던 곳을 오니까 정말 가슴이 설레네요.
   以前只是听说而已，来后一看真让人心潮澎湃。

A: 황룡(黃龙)은 2000년에는 '세계생물권보호구'와 '녹색환경지구21'에 선정되었고, 또한, 같은 해에 중국에서 처음으로 AAAAA급 풍경특구로 지정받기도 했습니다.
   黄龙在2000年入选为"世界生物圈保护区"和"绿色环球21"，并且，同年被评为中国首批AAAA级景区。

B: 계곡이 마치 계단식논처럼 되어 있네요./溪谷就像梯田一样啊。

A: 네, 그게 바로 황룡계곡의 가장 큰 특징입니다. 완만하게 경사진 석회암의 연못이 이루어내는 지형이 그야말로 환상적이죠.
   是啊，这就是黄龙溪谷最大的特色。由坡度比较缓的花岗岩莲池所构成，真的就像在梦幻中一样。

B: 전체적으로 이 연못의 물이 에메랄드빛인 것 같으면서도 보는 각도에 따라 색깔이 달라요.
   整体来看荷花池中的水就像祖母绿，视角不同，颜色也不一样。

A: 네, 그래요. 특히 여기 오채지는 황룡계곡여행의 하이라이트라고 할 수 있죠./是的。特别是这儿的五彩池，是黄龙溪谷的精彩之处啊。

B: 정말 그렇네요. 설산과 숲 그리고 에메랄드 물빛의 대비가 보여주는 풍경은 어떤 화가도 그려내지 못 할 것 같아요.
   果真如此啊。雪山、树丛和祖母绿的水色，相映成趣的美景是哪一个画家也画不出来的啊。

A: 마치 태고의 신비를 보는 것 같죠./就好像在观览太古的神秘吧。

단어 (生词)

신선	神仙	하이라이트	精彩
뜸들이다	暂隔，暂缓	수면	水面
동화	童话	드리워지다	向下垂
오색영롱하다	五彩斑斓	절묘하다	绝妙
환상적	梦幻般的	대비	对比
희귀하다	稀贵	압권	压轴
유래	由来	설레다	激动
골짜기	山谷	녹색환경	绿色环境
소문이 나돌다	传闻	계단식	台阶式
과장되다	名过其实	완만하게	缓慢，舒缓
자랑거리	骄傲	경사지다	倾斜
담황색	淡黄色	석회암	石灰岩

下篇　中国旅游

검푸른색	深蓝色	지형	地形
가상	假想	그야말로	的确
진주	珍珠	각도	角度
알갱이	粒	설산	雪山
해발	海拔	물빛	水的颜色
물감	染料	태고	太古
뿌려놓다	洒上		

(十三) 백두산 (长白山)

(A: 가이드, B: 관광객)

A: 여기를 왜 백두산이라 부르는지 알아요?/您知道这儿为何被称为"长白山"吗?

B: 네, 산위에 사시사철 눈이 쌓여 있고 많은 암석들이 흰색을 띠고 있기 때문이죠.
嗯, 是因为山上常年都有积雪, 岩石大多呈白色吧。

A: 아주 잘 알고 있네요./很了解嘛。

B: 백두산이 원래 활화산이라는 것도 알고 있는데요.
我还知道长白山原来是活火山呢。

A: 가이드해도 되겠어요./可以做导游了。

B: 이 정도야 상식 아니에요?/就这些不过算常识了?

A: 이 화산은 260여 년과 365년 전에 폭발한 적이 있습니다.
火山在260多年前和365年前喷发过两次。

B: 우리가 여행하는 지금은 폭발하지 않겠죠?
我们游玩的这会儿不会火山喷发吧?

A: 자, 여기서부터는 임해라고 부릅니다.
好, 从这里开始我们称之为"林海"。

B: 숲의 바다란 뜻인가요?/是"森林的海洋"的意思吗?

A: 그렇습니다. 빽빽한 삼림으로 둘러싸여 있고 고목들이 하늘을 찌를 듯이 서있죠.
正是。四周被密林所包围, 古树林立, 直入云霄。

B: 어떤 나무들이 많아요?/什么树多?

A: 높이에 따라 달라요. 해발 천미터 이상에는 홍송이 많고 천미터 이하에는 낙엽송 등이 많습니다.
高度不同, 树种也有所不同, 海拔一千米以上红松居多, 一千米以下落叶松居多。

B: 저기 계란을 파는 곳이 있네요./那儿还有卖鸡蛋的地方呢。

新编旅游韩国语

A: 온천물에 삶은 거랍니다./据说是用温泉水煮的。
B: 온천물에요? 믿어지지가 않는데요./用温泉水？真不敢相信。
A: 백문이 불여일견이라고 직접 사 먹어보면 알 거 아니에요?
 百闻不如一见，亲自买来尝尝不就知道了吗？
B: 저쪽에 폭포가 보여요./那边能看到瀑布。
A: 네, 바로 장백폭포입니다. 용이 하늘로 날아오르는 것 같다하여 비룡 폭포라고도 하죠. 송화강의 근원이 되는 곳이기도 합니다.
 是的，那就是长白瀑布。犹如巨龙飞上天空，因此也称之为"飞龙瀑布"。它也是松花江的源头。
B: 이름그대로 정말 거대한 폭포의 모습이 용이 날아오르는 모습 같아요.
 果然名副其实，宏伟的瀑布的确如同巨龙飞上天空。
A: 백두산의 겨울은 굉장히 추운데 이 폭포는 물결이 세차서 얼지 않는답니다.
 据说长白山的冬天极其寒冷，但这瀑布因为水流湍急而不结冰。
B: 그때 정말 이 폭포의 진면목을 볼 수 있겠네요.
 那时就真能见到瀑布的原貌了。
A: 곳곳에 김이 나오는 곳이 보이죠?/看见到处冒着热气的地方了吧?
B: 네, 온천인가요?/嗯，是温泉吗?
A: 그렇습니다. 수온이 82도 가까이나 되는 곳도 있답니다.
 是的。据说有的地方水温接近82度。
B: 정말 계란이 익겠네요./那就真能把鸡蛋煮熟了。
A: 이 백두산 온천에는 다량의 무기질과 황화수소를 함유하고 있어 피부병과 관절염에 효과가 있다고 합니다.
 据说长白山温泉含有丰富的无机物和硫化氢，对医治皮肤病和关节炎很有效。
B: 저는 피부가 안 좋아서 목욕 한 번 해 보았으면 좋겠는데…
 我的皮肤不好，要是能泡个温泉就好了……
A: 걱정 마세요. 마침 우리가 머무는 숙소가 온천 부근이라서 얼마든지 김이 펄펄 나는 온천물에 목욕을 즐길 수 있답니다.
 不用担心。据说我们住宿的地方刚好就在温泉附近，可以在热气腾腾的温泉水中痛快地泡个澡。

下篇　中国旅游

B: 오늘은 천지를 볼 수 있을까요?/今天能看到天池吗?
A: 가봐야 알 수 있습니다. 날씨 변화가 너무 심하니까요.
　　去了才知道。因为天气变化太无常了。
B: 전에 어떤 사람이 천지를 보는 것은 하늘의 별따기라고 했어요.
　　曾经听人说看天池犹如天上摘星那么难。
A: 다 왔어요./我们到了。
B: 와, 저기 보세요. 마치 하늘과 물이 잇닿아 있는 것 같아요.
　　哇, 看那儿。仿佛水天相连。
A: 천지를 볼 수 있다니, 오늘은 정말 운이 좋은가 봐요.
　　能看到天池, 看来今天真是运气不错啊。
B: 파란 수면위에 안개가 스쳐가는 모습이 너무 신비스러워요.
　　蓝蓝的水面上拂过一阵雾气, 这景致太神奇了。
A: 사실 이 천지는 다양한 세계기록을 보유하고 있는 것으로 유명합니다.
　　其实天池以拥有多项世界纪录而闻名。
B: 어떤 기록요?/什么纪录?
A: 그 중 으뜸은 물의 혼탁도가 제로에 가까울 정도로 맑다는 것입니다.
　　其中首推湖水清澈, 浑浊度接近于零。
B: 듣고 보니 정말 물이 맑은 것 같네요./看来水真是很清啊。
A: 자, 제가 사진 찍어드릴게요./来, 我给你们照张相。
B: 가끔 이 천지에서 괴물을 보았다는 소식이 들리던데, 사실이에요?
　　曾听说有人在天池偶尔看到过怪物, 是真的吗?
A: 여러 사람이 사진을 찍어서 괴물이라고 주장했으나 아직 확실하게 밝혀진 것은 없습니다./一些人拍照称它是怪物, 但至今还没有证实。
B: 다음 코스는 어디예요?/下一条路线是哪儿?
A: 소천지와 '들꽃천국'입니다./小天池和"野花的天堂"。
B: 백두산에 들꽃이 많이 피는 곳이 있다고 들었는데, 소천지는 어떤 곳이에요?/听说长白山上有的地方开满了野花, 那小天池是什么地方?
A: 둘레 260미터의 아담한 호수인데요, 주위숲이 정말 아름답습니다.
　　是周长260米的清澈的湖水, 周围的树林真的很美。
B: '들꽃천국'은 어디에 있어요?/"野花的天堂"在哪儿?
A: 네, 바로 천지 서쪽 아래의 고산지대인데요, 7월인 지금쯤 정말 '들꽃천국'이 되어 있을 겁니다.
　　就在天池西边下面的高山地带, 像现在7月份这个时候, "野花的天堂"可能就形成了。
B: 빨리 가보고 싶어요./真想快去看看。

新编旅游韩国语

단어 (生词)

사시사철	一年四季	진면목	真面目
암석	岩石	김	热气，蒸汽
활화산	活火山	수온	水温
가이드하다	导游	다량	大量
상식	常识	무기질	无机物
폭발하다	喷发	황화수소	硫化氢
빽빽하다	浓郁的	피부병	皮肤病
삼림	森林	관절염	关节炎
고목	古木，古树	펄펄	咕嘟，沸腾
찌르다	刺，插	잇닿다	相连
해발	海拔	수면	水面
홍송	红松	안개	雾
낙엽송	落叶松	스쳐가다	拂过，掠过
온천물	温泉水	신비스럽다	神秘
삶다	煮	다양하다	多种多样，五花八门
백문이 불여일견	百闻不如一见	세계기록	世界纪录
하늘의 별따기	天上摘星（非常难办）	보유하다	拥有，占有
폭포	瀑布	괴물	怪物
근원	根源，源头	둘레	周围，周长
거대하다	巨大	아담하다	淡雅
날아오르다	飞起来	들꽃	野花
고산지대	高山地带		

(十四) 상해임시정부청사 (上海临时政府旧址)

(A: 한국 가이드, B: 관광객)

A: 저기가 바로 임시정부의 옛터입니다. / 那边就是临时政府的旧址。
B: 여기에 오니까 왠지 마음이 무거워지는군요.
　　来到这儿，不知道为什么，心情变得沉重起来。
A: 저도 그래요. 가이드로서 매번 여기를 안내할 때마다 발걸음이 무거워지는 걸 느껴요.
　　我也是。作为导游，每次介绍这里的时候我的脚步就会变得沉重起来。

下篇　中国旅游

B：임시정부청사라해서 저는 규모가 꽤 클 거라고 생각했는데 …
　　原以为临时政府规模会很大……

A：당시 일제에 쫓기던 애국지사들이 남의 눈에 띄게 크게 할 수 없었을 거예요.
　　当时的爱国志士被日本帝国主义所驱赶，他们不可能把临时政府建造得很大很显眼。

B：당시 상해에 한국임시정부가 들어서기까지 한국상황이 어떠했었나요?
　　在上海，临时政府建立以前韩国国内的情况怎么样？

A：1919년 3·1운동 이후 국내외에서는 6개 지역 이상에서 임시정부가 만들어졌습니다.
　　1919年三·一运动后，国内外至少成立了6个临时政府。

B：6개씩이나요? 모두 어떤 지역이었어요?/6个? 都在什么地方?

A：상해에 수립된 대한민국임시정부(1919. 4. 13), 대한국민의회정부 (1919. 3. 17, 러시아령), 천도교 중심의 대한민간정부(1919. 4. 1, 서울), 조선민국임시정부(1919. 4. 9, 서울), 신한민국임시정부 (1919. 4. 17, 평안도), 한성임시정부(1919. 4. 23, 서울·인천), 그리고 동삼성(东三省：중국의 동북)의 고려임시공화국 등입니다.
　　有在上海成立的大韩民国临时政府（1919.4.13），大韩国民议会政府（1919.3.17，俄罗斯），天道教为中心的大韩民间政府（1919.4.1，首尔），朝鲜民国临时政府（1919.4.9，仁川），新韩民国临时政府（1919.4.1，平安道），汉城临时政府（1919.4.23，首尔·仁川），以及东三省（中国东北）的高丽临时共和国等。

B：이들중 어느 지역의 정부가 실질적이었어요?
　　这其中哪个地方的政府是实质性的？

A：바로 여기 상해의 임시정부입니다. 상해·러시아령·서울의 3개 지역에서 성립된 임시정부가 헌법·의회·정강·강령 등을 갖추고 있었는데 이 3개의 실질적인 정부는 상해에 집결, 1919년 9월 15일 통합임시정부를 구성하고 1945년까지 각종 광복정책을 펴나갔습니다.
　　就是这里的上海临时政府。上海、俄罗斯、首尔这三个地方成立的临时政府具有宪法、议会、施政纲领等，这三个实质性的政府集中到上海，1919年9月15日组成统一临时政府，直到1945年为止实行了各种光复政策。

B：임시정부의 기구는 어떻게 되어 있었나요?
　　临时政府的机构有哪些组成？

A：먼저 이동녕의 주도로 임시의정원을 구성하고 여기서 임시헌장 10개조를 제정·공포한 뒤 이승만을 비롯한 국무총리와 6부의 행정부, 국무원을 구성했습니다. 이어 1919년 4월 13일 의정원과 사법부의 3권분립을 제도적으로 보장하는 민주정부를 출범시켰습니다.
　　首先在李东宁的领导下组建了临时议会，同时制定、颁布了有10项内容的《临时宪章》，以李承晚为首组建了设有国务总理和6个行政部的国务

院。随后，1919年4月13日，为保障议会和司法部的三权分立制，民主政府正式成立。

B: 외교적으로는 어떤 활동을 하고 있었어요?/外交方面有哪些活动？

A: 당시 임시정부는 외교정책을 수행하기 위해 1941년 11월 주미외교위원부를 워싱턴에 설치하고 구미방면의 외교활동을 전개해나갔는데, 위원장에는 이승만을 임명하여 대구미(对欧美) 외교정책을 수행하도록 했습니다
당时临时政府为了执行外交政策，于1941年11月在华盛顿设立了驻美外交委员部，开展对欧美方面的外交活动，任命李承晚为委员长，执行对欧美的外交政策。

B: 듣고 보니 이 정도의 임시정부를 수립한 것도 쉽지가 않았겠네요.
看来成立这样的临时政府也不容易啊。

A: 정말 그렇습니다./的确如此。

B: 임시정부가 있는 여기 위치가 어디쯤이에요?/临时政府具体位置在哪儿？

A: 상해 회해중로(淮海中路)의 마당로(马当路)입니다.
是上海淮海中路的马当路。

B: 이국 만리타향에서 독립의 꿈을 키우던 애국지사들이 활동하던 모습을 좀 더 구체적으로 보고 싶은데요.
我想更具体地了解一下当时怀着独立梦想的爱国志士们，在万里之遥的异国他乡为独立运动而奋斗的精神面貌。

A: 안으로 들어가 봐요.우선 표를 사야 돼요.
请往里面走，不过应该先买票。

B: 저기에 무슨 영화를 상영하고 있는 것 같은데요.
那边好像正在放映什么电影？

A: 임시정부의 연혁에 대한 영상물을 잠시 보여 주는 거예요.
那边正在放映关于临时政府历史沿革的影像资料。

B: 전체구조가 어떻게 되어 있어요?/临时政府的房间结构是怎样的？

A: 1층에 회의실이 있고 그 뒤로 주방이 있습니다. 2층에는 집무실 등이 있고 3층에는 요인 숙소와 전시관이 있습니다.
1楼是会议室，后面是厨房。2楼是办公室等房间。3楼是政府要员的住处和展览馆。

B: 아무리 망명정부라 해도 한 나라의 정부 청사치고는 너무 초라해 보입니다.
虽说临时政府是流亡政府，但作为一个国家的政府办公楼，看起来实在太简陋了。

A: 네, 그렇긴 하지만 당시의 급박한 상황을 감안한다면 이런 청사를 마련한 것만 해도 다행이죠.
是的，但考虑到当时形势严峻，能有这样的办公楼已经算是幸运的了。

B: 듣고 보니 또 그렇네요./听起来确实挺有道理的。

下篇 中国旅游

A: 상해임시정부 청사는 아편전쟁의 결과 상해가 개방된 이후 프랑스 조계(租界)지역으로 관리되었습니다.
因鸦片战争导致上海被迫开放以后，上海韩国临时政府办公楼成为法租界的管辖地区。

B: 정말 평탄한 운명이 아니었군요!/临时政府真是命运多舛！

A: 윤봉길 의사(义士)가 폭탄을 던지기 전까지 활동이 자유로웠다가 그 후 다른 곳으로 옮기게 되었습니다.
尹奉吉义士扔炸弹事件之前，临时政府的活动还是自由的，但之后就搬到别的地方了。

B: 일본의 감시가 심했겠군요./日本的监视真严啊。

A: 맞아요./是的。

B: 그 당시 중국의 반응은 어땠나요?/那么，当时中国的反应如何？

A: 이 사건으로 인해 중국 정부는 우리 임정에 원조를 하기 시작했고 많은 군자금을 지원해 주었답니다.
说是由于这件事，中国政府开始对临时政府实行援助，支援了大量军用资金。

B: 당시에 임시정부가 여러 곳으로 옮겨 다녔겠군요.
看来当时临时政府转移了很多地方。

A: 네, 그렇습니다. 우선 임시정부 27년을 3기로 구분해 볼 수 있는데요.
是的。首先，临时政府27年可以分为3个阶段。

B: 어떤 기준으로 3기로 나누죠?/根据什么标准来分？

A: 임시정부를 수립한 장소와 시기에 따른 것입니다.
根据临时政府成立的地点和时间。

B: 그럼 여기 상해임시정부는 언제부터 언제까지 활동했나요?
那么这里的上海临时政府是什么时候开始到什么时候进行活动的？

A: 바로 제1기인 1919년부터 1932년까지입니다. 임시정부는 이 기간 동안 7번이나 청사를 옮겼답니다.
第一阶段从1919年到1932年。临时政府在这段时间迁址7次。

B: 정말 힘들었겠네요./真是不容易啊。

A: 네, 맞아요. 이 시기는 3단계 임시정부 중에서 가장 업적이 많았던 반면 시련과 역경이 겹쳤던 때입니다.
是啊。这个时期是临时政府的3个阶段中成就最多的，从另一个角度来说，也是经受考验和处于逆境的时期。

B: 중요한 업적으로 어떤 게 있나요?/重要的成就都有那些？

A: 내정·교통·군사·외교·교육·문화·재정·사법 등 모든 분야에 걸쳐 뿌리를 내렸답니다.
据说在内政、交通、军事、外交、文化、财政、司法等各个方面，打下了基础。

新编旅游韩国语

B: 제2기 임시정부는 어디에서 활동했나요?
第2阶段的临时政府在哪里活动?

A: 제2기는 이동시대라 할 수 있습니다./第2阶段可以称之为"迁徙时代"。

B: 왜 그렇게 불러요?/为什么这样说呢?

A: 임시정부는 1932년 5월 이후 1940년까지 8년 동안 항주(杭州)·소주(苏州)·남경(南京)·장사(长沙)·광주(广州)·계림(桂林) 등 10여 곳을 전전하며 남서쪽으로 이동하게 되었기 때문입니다.
因为临时政府从1932年5月到1940年8年期间,开始向西南方向转移,先后到过杭州、苏州、南京、长沙、广州、桂林等10多个地方。

B: 왜 그렇게 자주 이동했나요?/为什么如此频繁地迁址?

A: 윤봉길의 의거를 계기로 포악해진 일제의 탄압·미행·수색 등을 피해야했기 때문입니다.
因为要避免遭受日本帝国主义以尹奉吉烈士的义举为由实施更加残暴的镇压、跟踪和搜查等。

B: 이 시기의 중요한 업적은 무엇인가요?/这一时期重要的成就是什么?

A: 윤봉길의 의거로 중국정부로부터 물심양면으로의 실질적 지원을 받게 되었고, 한국 독립에 대한 여론을 중국뿐만 아니라 대외적으로도 환기시킬 수 있었습니다.
因为尹奉吉烈士的义举得到了中国政府在精神和物质上的支援,还加强了对中国以及外界关于韩国独立的舆论。

B: 제3기 정부는 언제, 어디에서 활동했어요?
第3阶段的政府在何时何地活动?

A: 1940년부터 1945년까지 중경에 정착을 했습니다. 국군으로서 광복군을 창설하였으며, 주석 김구의 진두지휘하에 1945년 11월 귀국할 때까지 활동을 했답니다.
从1940年到1945年迁到重庆。据说创建了光复军作为国家军队,在金九主席的统率指挥下一直从事活动,直到1945年11月金九回国时。

B: 그럼 여기 상해청사는 제1기에 해당되겠군요.
那这里的上海临时政府就是第1阶段的临时政府了吧。

A: 네, 27년의 역사 중 13년 동안 이곳을 청사로 사용했답니다.
是的,27年的历史中,临时政府在这里工作了13年的时间。

B: 새롭게 꾸민 흔적이 보이네요./可以看出来新装修的痕迹呀。

A: 1992년부터 새롭게 단장되었답니다./说是从1992年开始重新整修的。

B: 단장을 했다지만 주위의 건물들에 비해 너무 낡아 보이는데요.
虽然进行了整修,但和周围的建筑物比起来也显得太陈旧了。

A: 중국 정부에서 철거할 계획까지 세웠으나 중국과 수교 후 우리나라의 요청으로 그대로 남게 되었습니다.
中国政府原本制订了拆除的计划,中韩建交后,在韩国的请求下,得以保存下来。

B: 요즘 한국사람들이 많이 오나요?/现在韩国人来的很多吗?
A: 물론입니다. 하루에도 수많은 한국인 관광객들이 찾고 있습니다. 현재 건물은 여러 개의 임시정부 청사 중 한국 국민들의 마음속에 살아 있는 "성지"이기도 하니까요.
　　当然。每天都有很多韩国游客来这里参观。因为这里也是在诸多临时政府遗址中永存于韩国人民心中的一个"圣地"。

단어 (生词)

옛터	旧址	망명정부	流亡政府
출범시키다	出台,成立	초라하다	简陋,不像样
제정하다	制定	급박하다	急迫
공포하다	颁布	아편전쟁	鸦片战争
무거워지다	变得沉重	조계지역	租界
임시정부청사	临时政府旧址,办公楼	평탄하다	平坦,顺利
		의사	烈士,义士
규모	规模	감시	监视
일제	日本帝国主义	원조	援助
만리타향	异国他乡	군자금	军备资金
독립	独立	흔적	痕迹
애국지사	爱国者,爱国志士	단장	修饰,装修,整修
상영하다	上映	철거하다	拆毁
연혁	沿革	수교	建交
영상물	影像资料	보존하다	保存
집무실	办公室	성지	圣地
전시관	展览馆		

141

五 북경 올림픽과 상해 엑스포 (北京奥运会与上海世博会)

(一) 2008년 북경 올림픽 (北京奥运会)

1. 북경올림픽의 의의 (北京奥运会的意义)

북경에서의 올림픽 개최는 세계인구의 1/5을 차지하는 국가에서 개최된다는 점, 13억 인구의 세계 체육계로의 편입과 그에 대한 올림픽 정신의 보급이라는 점, 세계 체육사의 한 획을 긋는 행사라는 점에서 세계의 주목을 끌기에 충분하다. 그러나 이러한 일반적인 의의 외에도 21세기 강대국으로 부상중인 중국에서 개최된다는 점이 더욱 관심의 대상이 되고 있다. 북경은 중국을 상징하는 오랜 고도이며, 현 중국의 행정과 정치의 중심지인 수도이다. 그리고 현대 올림픽은 국가적 행사이며 국제적 경연장이라는 점에서, 북경 올림픽은 북경 자체의 발전 뿐만 아니라 중국 전체의 발전에 지대한 영향을 초래할 것으로 보인다.

2. 개요 (概要)

(1) 개막식 (开幕式): 2008년 8월 8일 오후 8시 8분 8초 (중국인은 8의 발음이 "돈을 번다"라는 의미의 "发(fa)"의 음이 비슷하다하여 숫자 8를 유난히 좋

142

아한다.)
- (2) 기간(期间): 2008년 8월 8일 ~ 8월 24일
- (3) 참가국수(参加国数): 205국 (예상, 사상 최다)
- (4) 참가 선수(参加选手): 약 1만 500명
- (5) 대회 슬로건(奥运会口号): 하나의 세계, 하나의 꿈 "一个世界, 一个梦想"
- (6) 성화 봉송 구간 (火炬接力区间): 13만 7000km (중국 국내의 31개 성, 자치구, 직할시 등 113개 도시, 에베레스트에도 오르고, 실크로드도 횡단함)
- (7) 봉송 주자 (接力人数): 1만 5000 여 명
- (8) 봉송 기간(接力期间): 130일
- (9) 성화봉(火炬): 붉은 색과 밝은 은색을 기본 색상으로 전통 두루마리 족자와 구름을 형상화한 이미지로 "행운의 구름 (Lucky Cloud) 이라는 명칭이 붙여 짐. 알루미늄과 마그네슘 합금으로 만들었으며, 길이는 72cm, 무게는 약 1kg".
- (10) 마스코트(吉祥物): 푸와(福娃)

　　북경 올림픽 마스코트인 푸와(福娃)는 5개 인형의 이름이 BèiBei (贝贝 물고기), Jīngjing (晶晶 판다), Huānhuan (欢欢 성화), Yíngying (迎迎 티벳 영양), Nīni (妮妮 제비)인데 이것을 죽 연결하면 "北京欢迎你 (Bei jing huan ying ni) 북경 시는 여러분을 환영합니다"라는 의미가 된다.
- (11) 경기 종목(比赛项目): 28개 (금메달, 303개)
- (12) 메인 경기장(主体育场): "냐오 차오(鸟巢, Bird's nest)" 새 둥지라는 애칭을 가진 주경기장은 4만 200t의 강철 구조로 총 공사비는 약 2800억 원을 투입하였으며 2008년 3월에 완공하여 총 수용인원은 9만여 명에 달한다. 이번 올림픽의 총 시설 투자액은 약 33조원에 달한다.

新 编 旅 游 韩 国 语

3. 경기종목 (比赛项目)
(1) 하계올림픽 (夏季奥运会)

육상	田径	인상	抓举
투창	标枪	용상	挺举
장거리달리기	长跑	사격	射击
단거리달리기	短跑	권총사격	手枪射击
장대높이뛰기	撑竿跳	소총사격	步枪射击
릴레이	接力	클레이사격	飞碟射击
경보	竞走	러닝게임타깃경기	移动靶射击
투포환	铅球	체조	体操
높이뛰기	跳高	이단평행봉	高低杠
중거리달리기	中跑	안마	鞍马
해머던지기	链球	철봉	单杠
허들	跨栏	링	吊环
마라톤	马拉松	평균대	平衡木
멀리뛰기	跳远	평행봉	双杠
삼단멀리뛰기	三级跳远	도마	跳马
장애물경기	障碍赛	리듬체조	艺术体操
원반	铁饼	펜싱	击剑
수영	游泳	플뢰레	花剑
개인혼영	个人混合泳	에페	重剑
버터프라이	蝶泳	사브르	佩剑
배영	仰泳	다이빙	跳水
자유형	自由泳	플랫폼 다이빙	跳台跳水
싱크로나이즈	花样游泳	스프링보드 다이빙	跳板跳水
계영	接力游泳		
역도	举重	러닝다이빙	跑动跳水

구기	球类	기타종목	其他项目
축구	足球	승마	马术
농구	篮球	조정	赛艇
배구	排球	양궁	射箭
핸드볼	手球	요트	帆船
수구	水球	권투	拳击
테니스	网球	트렘플린	蹦床
야구	棒球	레슬링	摔跤

下篇　中国旅游

소프트볼	垒球	카누	皮划艇
비치발리볼	沙滩排球	싸이클	自行车
배드민턴	羽毛球	태권도	跆拳道
탁구	乒乓球	철인삼종	铁人三项
필드하키	曲棍球	근대오종	现代五项

(2) 동계올림픽 冬季奥运会

스키	滑雪	스케이팅	滑冰
노르딕	北欧两项	아이스댄싱	冰上舞蹈
활강	滑降	피겨스케이팅	花样滑冰
회전	回转	스피드스케이팅	速度滑冰
대회전	大回转	쇼트트랙	短道速滑
스키점프	跳台滑雪	아이스하키	冰球
알파인스키	高山滑雪	봅슬레이	有舵雪橇
크로스컨트리	越野滑雪	컬링	冰上溜石
프리스타일 스키	自由滑雪	바이애슬론	现代冬季两项

(3) 패럴림픽 (장애인 올림픽) 残疾人奥运会

① 패럴림픽(Paralympic)은 국제 스포츠 경기이다. 많은 언론에서 장애인 올림픽으로 부른다. 매 4년마다 올림픽이 끝나고 난 후 올림픽을 개최한 도시에서 열린다.

② 패럴림픽 종목 -20개 종목(북경올림픽부터 요트 추가)

양궁	射箭	보치아	硬地滚球
육상	田径	골볼	盲人门球
사이클	自行车	역도	举重
펜싱	轮椅击剑	휠체어농구	轮椅篮球
축구	足球(七人制足球, 五人制足球)	승마	马术
		세일링	帆船
유도	盲人柔道	사격	射击
배구	坐式排球	수영	游泳
휠체어럭비	轮椅橄榄球	탁구	乒乓球
요트	赛艇	휠체어테니스	轮椅网球

新编旅游韩국语

4. 메달 (奖牌): 금메달 (金牌), 은메달 (银牌), 동메달 (铜牌)

단어 (生词)

개최	举办	족자	卷轴
체육계	体育界	형상화	形象化
편입	加入, 编入	이미지	形象
보급	普及	알루미늄	铝
체육사	体育史	마그네슘	镁
획을 긋다	画上了一笔	부상중	崛起中, 上升中
주목	注目, 注意	둥지	巢
대상	对象	애칭	昵称, 爱称
상징하다	象征	강철	钢铁
고도	高度	공사비	工程费用
행정	行政	투입	投入
경연장	比赛场地, 竞技场	수용인원	所用人员
지대하다	极大	시설	设施
초래하다	产生, 导致	투자액	投资额
유난히	特别地		

(二) 상해 엑스포 (上海世博会)

상해 엑스포는 개발도상국에서는 처음 열리는 박람회이다. 왜냐하면 1970 일본 오사카 엑스포는 일본이 개도국으로서 개최한 것이 아니었고, 1993한국 대전 엑스포는 인정 박람회이기에 그러하다. 따라서 중국이 개발도상국으로서 처음 세계 박람회를 개최한다는 데에 그 의미가 크다고 할 수 있다.

1. 테마 (主题)

'더 나은 삶을 위한 도시 (城市, 让生活更美好)'는 상해 엑스포의 주제로서, 이는 1933년 미국 시카고 국제박람회에서 처음으로 주제를 설정한 이후로 '도시'를 주제로 한 것은 처음이다. 이 주제는 새로운 시각에서 인류문명의 진보와 도시발전의 관계를 생각하였으며, 현대 사회 생활에서 많은 사람들이 관심을 갖는 이슈를 택하였다. 이는 인류가 추구하는 영원한 주제로서 독창성이 있다고 판단하여 정한 주제로 상해의 도시특징을 중심으로 구현하려 한다. 특히 중국적 개념의 도시란 주제는 기존 농촌중심의 사회구조에서의 탈피에 대한 상징적인 의미와 더불어 개혁개방의 상징으로서의 의미를 갖는다.

2. 부주제 (副主题)
도시를 중심으로 한 주요 테마와 함께 아래의 5개의 부주제를 함께 구현해 나갈 예정임.
① 도시 다원화된 문화의 융합 (城市多元文化的融合)
② 도시 경제의 번영 (城市经济的繁荣)
③ 도시 과학기술의 혁신 (城市科技的创新)
④ 도시 지역의 재건설 (城市社区的重塑)
⑤ 도시와 농촌의 상호교류 (城市和农村的互动)

3. 마스코트 (吉祥物) : 하이바오 (海宝)
3인 가족, 당신, 나 그리고 다른 사람, 세계, 엑스포, 우리 주변의 이러한 따뜻한 원소들이 모두 하나의 부호와 하나의 심볼 (symbol)에 조합되어 있는데 이것이 바로 2010년 상해 엑스포의 마스코트이다. (디자인의 윗 부분은 중국 한자 '世'이고, 아래 부분은 '2010'이다)

4. 엑스포 기간 (期间): 184일간(2010년 5월1일~10월31일)

5. 회장 부지 (场地)
상해 엑스포는 엑스포 역사상 최초로 시 중심을 부지로 확정했으며 부지양변에는 상해시를 관통하는 황푸강이 자리 잡고 있다. 상해 엑스포 면적은 총 5.28 km²로, 동쪽지구 3.93km², 서쪽지구 1.35km²이다. 이는 상해시 전체 면적의 1%에 해당하는데 엑스포 역사상 최대 면적이라는 기록을 세울 전망이다. 중국관은 A zone 동측에 위치해 있는데, 면적은 6.5hm²이다. 한국관의 부지도 A zone(아시아 국가관)에 확정됐었다.
엑스포 조직위는 2005년 아이치 엑스포에서 한국관이 '최우수 국가관'으로 선정돼 'Nature's Wisdom Awards'금상을 받은 바 있다며, 한국관의 우수성을 확인하며, 상해 엑스포에서도 '한류'와 한국문화의 우수성이 엑스포 주제인 '더 나은 삶을 위한 도시(城市, 让生活更美好)'의 테마를 잘 구현해 줄 것을 요청했다.

6. 숫자로 보는 상해 엑스포 (与上海世博会有关的数字)

(1) 국가 및 기구 참가 예정 (预定参加的国家与机构)
- 2007년 9월 13일 현재 165개 국가 및 기구가 참가하기로 확정.

(2) 기업관 (企业馆): 서쪽지역인 D Zone

엑스포 주제 구현, 전시 내용, 전시 설계, 업무실무조직단 등을 고려해 16개 기업을 선정, 이 가운데 엑스포 글로벌 파트너에게 우선권을 부여할 전망임.

(3) 미래 도시 시험관 (未来城市试验馆): 서쪽지역인 E Zone
총 면적 12hm², 세계 각지역의 10여 개 도시가 종합적인 도시 생활구역을 전시해, 참관객에게 편안하고, 안전한 생활 도시를 체험하게 할 전망임.

(4) 녹지 (绿地)
- 물과 녹지가 어우러진 생태녹지 시스템으로, 상해 엑스포의 주요 특징 중의 하나임.
- 엑스포 부지 내 녹지는 92만 ㎡.
- 엑스포 공원은 푸동의 총 29hm²의 대형녹지를 형성할 예정으로 네덜란드의 NITA사가 설계함.

(5) 상업 서비스 시설 (商业服务设备)
15만 ㎡의 서비스 시설, 식당, 쇼핑, 통신, 은행 등 각종 상업 서비스 시설이 건설되며, 이밖에 2만 ㎡의 위락시설 건설 예정.

7. 엑스포와 경제 특수 기대 (世博会及对经济发展的展望)

(1) 상해 엑스포는 황푸강 종합 개발 계획과 연계 추진해, 향후 상해를 세계 비즈니스 메카로서의 기반을 확충하고자 함. 2010년 1인당 GDP 1만 달러 달성을 목표로 2008년 북경 하계올림픽 이상의 경제 효과 예상.

(2) 엑스포 직접 투자액은 30억 달러, 황푸강 종합개발계획 투자액은 120억 달러의 규모로 향후 상해 엑스포 특수를 겨냥한 각종 비즈니스 기회가 형성될 것으로 전망이다. 황푸강 개발 계획은 황푸강 남북으로 20km, 총 면적 1330hm² (400만 평, 한국 여의도의 4배)를 조성해 국제경제, 금융, 무역, 항공운송 중심지로 육성하는 내용임.

(3) 상해 엑스포 조직위는 IT를 활용한 각종 인프라 사업에 한국기업의 참여를 요청했으며, 한류에 대해 중국인이 관심이 많기 때문에 한류를 활용한 엑스포 마

下篇　中国旅游

케팅이 가능할 것이라고 밝힘.

단어 (生词)

개발도상국	发展中国家	기존	现存，既存
박람회	博览会	부지	场地
오사카	大阪	관통하다	贯穿
대전	大田	기록을 세우다	创造纪录
인정박람회	专业博览会	면적	面积
시카고	芝加哥	진열실	陈列室
시각	视角	할당	分配，分摊
인류문명	人类文明	선정되다	选定
진보	进步	아이치	爱知世博会
이슈	议题，争论	글로벌	全球化的，跨国的
추구하다	追求	우선권	优先权
독창성	创造性	네덜란드	荷兰
판단하다	判断	위락시설	娱乐设施
구현하다	体现	연계	联系，关系
개념	概念	기반	基础
탈피	打破，摆脱	겨냥하다	瞄准，看中
더불어	一起	조성하다	组成
원소	元素	육성하다	建设，培养，养育
부호	符号	인프라사업	基础设施建设
심볼	象征	조직위	组织委员会
조합	组合	마케팅	市场营销

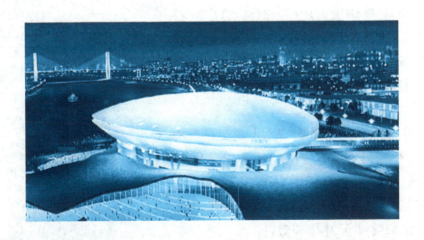

六 중국의 역사와 전통 문화
(中国历史和传统文化)

(一) 중국의 역사 (中国历史)

중국은 세계 4대 문명의 발상지 중 하나이자 인류 역사상 가장 오래된 나라 중의 하나이다. 중국이 오늘날의 국경(国境)을 가진, 하나의 통일된 다민족 국가로 형성되기까지는 수천년이란 세월을 거쳤다. 그 형성 과정은 다음과 같다.

1. 선진시대 (先秦时代)

선진 시대는 중국 역사상 진시황(秦始皇)이 중국을 통일하기 전까지의 오랜 역사 시기를 가리킨다.

중국인의 조상들은 약 170만 년 이전에 운남(云南)성 원모(元谋)현 지역 내에서 생활하고 있었다. 중국에서는 이 시기를 중국 원시사회의 시작이라고 간주한다.

중국사서에 맨 먼저 등장하는 왕조는 하(夏)나라다. 머나먼 고대부터 중국의 국경 범위 내에는 여러 부족이 살고 있었다. 예컨대 중원(中原)의 황하(黄河)유역에는 주로 하(夏)가 살고 있었고 동부의 회하(淮河)유역과 태산(泰山)부근에는 주로 동이(东夷)가 살고 있었으며 서북 지역의 황하(黄河)와 황수(湟水)간의 지대에는 주로 강(羌)이 살고 있었다. 그리고 남방의 양자강(长江)유역에는 주로 삼묘(三苗)가 살고 있었으며 북방의 대막(大漠)지역에는 주로 훈죽(训鬻)이 살고 있었다.

약 기원전 2100년 경에 하(夏)의 최고통치자였던 우(禹)가 자기 아들인 계(启)에게 권력을 물려줌으로써 세습제(世袭制)가 시작되었으며 하(夏)도 부락연맹으로부터 왕조로 변화되어 중국 역사상의 첫 노예제 국가가 되었다.

下篇　中国旅游

그 후 상(商)나라는 하나라를 멸망시켰다. 고고학자들(考古学专家)에 의해 발견된 상나라의 수도 은허(殷墟/河南省安阳)에서는 거대한 규모의 궁전터와 왕묘터가 발견되어 이미 제왕을 중심으로 하는 국가권력이 존재했음을 보여준다. 이 시기에 벌써 현재 한자의 기원이라 할 수 있는 갑골문자(甲骨文字)가 사용되고 있었는데 약 3,000자가 존재하는 갑골문자는 절반가량이 해독되어 당시의 정치, 사회, 경제 등 전반에 걸친 생활상을 파악할 수 있게 해 줬다.

상나라의 뒤를 이은 것은 주(周)나라이다. 주나라는 서주(西周)와 동주(东周)로 나누어진다. 도읍을 서안으로 잡았던 것은 서주이다. 주나라는 봉건제를 바탕으로 천자와 천자의 봉토(封土)를 받은 제후에 의해 통치되는 사회였다. 주나라 초기의 천자들은 제후들을 통제할 수 있는 힘을 가지고 있었지만, 후기로 접어들며 천자의 존재는 유명무실해졌다. 이를 계기로 제후들은 중국의 패권을 움켜쥐기 위해 전쟁을 거듭했다. 그 무렵의 왕은 서안에서 오늘의 낙양(洛阳)으로 천도를 하게 된다. 이를 역사상에서 동주(东周)라고 부른다. 또 이 혼란기를 춘추·전국 시대라고도 한다.

춘추전국시기에 이르러 노예제 국가들이 잇따라 봉건제로 넘어가는 과도기가 시작되었고 사회 생산력의 신속한 발달과 더불어 영토 확장을 위한 전쟁이 빈번하게 일어났다. 그 결과로 수많은 작은 나라들이 몇 개의 큰 나라에 합병되고 만다. 문헌에 의하면 주(周)나라 시기에는 무려 1,800개에 달하는 크고 작은 나라들이 있었으나 춘추(春秋)시기에는 140여 개의 나라로 줄어들었으며 그 후 전국(战国)시기에 와서 재차 7개의 큰 나라로 합병되었다고 한다. 그 7개 큰 나라로는 진(秦), 초(楚), 제(齐), 연(燕), 한(韩), 조(赵), 위(魏) 등이 있었다. 진(秦), 초(楚), 제(齐), 연(燕), 한(韩), 조(赵), 위(魏) 등의 7개 나라는 많은 소국을 정복하고 드넓은 지역을 통일시킴으로써 이후 진시황(秦始皇―친쓰황)이 더욱 큰 범위 내에서 중국을 통일하는 데 좋은 조건을 마련해 주었다.

약 500년에 걸친 혼란기는 사람들로 하여금 전쟁의 고리를 끊을 수 있는 새로운 사상을 요구하게 되었다. 제자백가(诸子百家)라고 하는 중국 철학의 황금시대는 바로 오랫 동안 전쟁에 시달린 사람들의 평화로운 세상을 염원하는 결과로 나타난 것이다. 제자백가중에 공자(孔子), 노자(老子), 장자(庄子), 맹자(孟子), 순자(荀子), 묵자(墨子), 한비자(韩非子) 등의 대사상가들이 나타나 서로 다른 입

장과 각도에서 출발하여 당시 사회에 대해 자신들의 의견을 나타냈다. 이 사상들은 도가(道家), 유가(儒家), 묵가(墨家), 법가(法家) 등으로 크게 묶을 수 있다. 이 시기에 전국시대의 군사전략가 손빈(孙膑)은 춘추말기 뛰어난 군사전략가인 손무(孙武)의 사상을 계승하였는데 손자병법(孙子兵法)을 썼다.

세계 역사와 대조해 보자. 서쪽에서 고대 이집트(埃及) 문명과 고대 바빌로니아(古巴比伦)문명 그리고 고대 인디아(古印度)문명이 발전해 나가고 있을 때 동쪽 중국에서는 하, 상, 서주 왕조의 문명이 발흥하고 있었다. 유럽에서 그리스(希腊), 로마(罗马) 도시 국가들이 번영해 나갈 무렵에는 중국에서는 춘추전국 시대로 접어들어가고 있었는데 이 시기에 사상과 문화가 크게 발전했다. 동-서양 문명은 이렇게 지중해(地中海) 쪽과 중국에서 서로 찬란한 빛을 발하며 점차적으로 세계 양대 문명의 중심을 이루어 나갔다.

2. 통일 왕조를 탄생시킨 진나라·한나라 (统一的王朝诞生的秦朝、汉朝)

(1) 진(秦)나라 시기

중국에서 통일된 다민족 국가의 모습이 처음으로 갖추어진 것은 진(秦)나라 시기였다. 진시황(秦始皇)은 법가(法家)사상을 받아들여 초(楚), 제(齐), 연(燕), 한(韩), 조(赵), 위(魏) 등 기타 6개 나라를 정복하고 기원전 221년에 역사상 처음으로 중국을 통일하였으며 중앙 집권제의 봉건국가를 건립하였다. 진(秦)나라에서는 통치의 편리를 위하여 자기의 세력범위 내에 36개의 군(郡)을 설치하고 그 아래에 현(县)을 두었으며 나라의 최고 통치자인 황제가 직접 군주(郡主)와 현령(县令)을 임명하였다. 진(秦)나라에서는 법률, 도량형(度量衡), 화폐와 문자를 통일하였다. 물론 진시황이 이룩한 통일은 초보적인 것이었으며 그 국토의 크기도 지금보다 훨씬 작았다. 그리고 진나라는 불과 21년밖에 존속하지 못했다. 만리장성 건설 등 무리한 토목공사와 합병된 6나라 유민들의 반발, 모든 사안을 법에 의지했던 과도한 선진성이 당시 사람들에게는 받아들이기 힘든 개념이었기 때문이다. 그러나 진시황의 중국 통일은 역사상 제일 처음이었다는 점과 오늘날과 같은 통일된 다민족 국가를 세우는 데 최초의 기반을 닦았다는 점에서 그 의의가 자못 크다.

(2) 한(汉)나라 시기

진의 뒤를 이은 것은 한나라였다. 한은 서한(西汉) 시대와 동한(东汉) 시대로 나누어진다. 기원전 202년, 한고조 유방(刘邦)이 정권을 수립하고 장안(지금의 섬서성 서안)에 도읍을 정했다. 역사에서는 이를 서한이라고 칭한다. 서한 말년에 왕망(王莽)이 정권을 빼앗아 신(新)이라는 나라를 세웠다. 25년, 서한의 귀족이었던 유수(刘秀)는 농민 봉기가 일어난 틈을 타서 한 왕조를 일으키고 도읍을 오늘날의 낙양에 정했다. 이를 역사에서는 동한 또는 후한이라고 부른다. 동한은 말년 220년에 농민 대봉기로 인해 멸망하게 되었다. 한나라는 정치적인 이유로 진나라의 정치를 폭정으로 규정했지만, 진나라가 완성한 제도는 그대로 이용했다.

실질적인 중앙집권체제를 완성한 한나라는 활발한 대외 정복사업을 벌였는데, 이 시기에 중국의 국경이 더욱 확대되었다. 특히 한무제는 장건(张骞)을 서역(西域)으로 두 번 보냈는데 이 시기에 실크로드가 개척되었다. 실크로드의 개척은 동서교류사의 획기적인 이정표를 세운 것으로 평가받는다.

동양 역사의 아버지라 불리는 사마천(司马迁)에 의해 중국 최초의 역사서인 사기(史记)가 집필된 것도 한나라 시대이다. 사기는 이후 동양에서 발간된 모든 역사서의 교범으로 남아 강력한 영향을 미친 것으로 평가된다.

한편 한나라 때 불교가 인도로부터 수입되었는데, 불교는 중국 역사상 가장 큰 영향을 미친 외래 종교이다.

3. 통일을 위한 분열, 위(魏)·진(晋)·남북조(南北朝) 시대 (分裂的魏、晋、南北朝时代)

후한(后汉) 말기의 정치 상황은 왕을 모시는 환관(宦官)들이 정치를 좌우하며 극도의 혼란기에 접어든다. 한편 원시 도교의 형태를 띤 황건당(黄巾党)은 농민들의 열렬한 호응을 받으며 한때 중앙정부를 위협할 정도까지 성장하게 된다. 농민세력의 급성장(飞速成长)을 경계한 제후들의 연합군에 의해 황건당의 봉기가 실패로 끝난 후 중국은 또 다시 제후들에 의한 권력 쟁탈전(争夺战)에 빠지게 된다.

위(魏)·촉(蜀)·오(吴)에 의해 삼분된 중국은 위(魏)—진(晋)시대를 거친 후, 북중국은 북방민족에 의해 남중국은 한족에 의해 지배되는 남북조시대(南北朝时代)를 맞이한다.

이 시기에는 여러 민족이 분분히 나라를 세우고 할거(割据)하고 있었다. 서진(西晋) 이후, 북방과 파촉(巴蜀) 지역에는 "5호 16국(五胡十六国)"으로 불리는 수많은 정권이 생겨났는데 실상은 5개 민족의 16개 국가가 아니라 7개 민족이 세운 23개 나라였다. 이 5호16국(五胡十六国)은 100년 남짓 혼전을 벌이다가 나중에는 선비족의

북위(北魏)로 재차 통일되었다. 이에 따라 남방에는 송(宋)나라, 북방에는 북위(北魏)가 서로 대치 상태에 처한 이른바 남북조(南北朝)시기에 들어서게 되었다. 북조(北朝)의 북위(北魏)는 그 후 동위(东魏)와 서위(西魏) 두 개 왕조로 갈라졌다가 각기 북제(北齐)와 북주(北周)에게 멸망되었고 남조(南朝)의 송(宋)나라는 제(齐)나라에게 멸망되었다. 그 후 제(齐)나라는 양(梁)나라에게, 양(梁)나라는 또 진(陈)나라에게 멸망되었다.

이중 선비족에 의해 세워진 북위(北魏)는 중국 3대 석굴 중 운강(云岗) 석굴과 용문(龙门) 석굴 등 2개의 석굴을 만들었다.

4. 중국의 최전성기 수(隋)·당나라(唐) (中国强盛的隋、唐朝)

수·당 시기에 이르러 300여 년간의 전란(战乱)이 끝나고 상대적으로 안정된 상태에 들어서게 되었다. 581년에 양건(杨坚)이 북주(北周)를 멸하고 세운 수(隋)나라는 589년에 진(陈)을 정복해 국가의 통일을 재차 이룩하였다. 수나라는 618년 수양제(隋炀帝)가 농민봉기군에 의해 살해되면서 멸망했다. 당시 수나라는 대운하(大运河)의 건설과 전쟁으로 인하여 이제 겨우 통일의 기반을 닦은 나라로서는 감당할 수 없는 과중한 부담을 가지고 있었다. 그래서 수나라는 많은 사람들에게 실패한 왕조의 전형으로 인식되고 있다. 하지만 수나라에 의해 건설된 경항대운하(京杭大运河)가 오늘날까지 사용되고 있다는 사실을 감안한다면, 선견지명은 있었던 것으로 보인다.

농민 봉기가 일어난 틈을 타서 수나라의 고관이었던 이연(李渊) 부자가 군대를 일으켜 당나라를 수립했다. 당 태종(太宗)으로부터 측천무후(则天武后)를 거쳐 당 현종(玄宗)의 전반 통치 시기에 이르기까지 당나라는 정관(贞观)의 치, 개원성세(开元盛世) 등의 번영을 이루었다. 당 나라의 국경은 동으로는 동해, 남으로는 남해 제도, 서쪽으로는 발카시호에 이르렀으며 북으로는 외흥안령(外兴安岭)일대에까지 확대되어 그때까지의 중국 역사상 가장 넓은 규모를 자랑하고 있었다.

당은 여러모로 중국 역사상 최고의 왕조로 손꼽힌다. 이백(李白)과 두보(杜甫)로 상징되는 중국 최고의 문예부흥이 이루어졌고, 한나라 때 개척된 실크로드는 그전까지의 군사적인 성격에서 벗어나, 동서양 교류의 고속도로로 거듭났다. 당시 제국의 수도였던 장안(长安)은 세계의 모든 물자와 사상, 예술이 교류되는 국제 도시였다.

5. 혼란한 오대십국 (五代十国)시기 (混乱的五代十国时期)

오대십국(五代十国)시기에 와서 중국은 재차 70여 년간의 할거(割据) 상태에 빠지게 되었다. 여기서 말하는 오대십국(五代十国)이란 5개의 왕조와 10개의 나라를 가리키는 것인데 5개의 왕조로는 후량(后凉), 후당(后唐), 후진(后晋), 후한(后汉)과 후주(后周)였고 10개 나라로는 오(吴), 남당(南唐), 오월(吴越), 초(楚), 민(闽), 전촉(前蜀), 후촉(后蜀), 형남(荆南), 남한(南汉)과 북한(北汉)이었다.

이 시기에 오대십국(五代十国) 외에 또 거란족(契丹族)이 건립한 거란국(契丹国, 후에 요(辽)로 개칭)이 북방을 차지하고 있었고 백만족(白蛮族)이 건립한 대리국(大理国)이 남방에 자리잡고 있었으며 회골(回鹘), 토번(吐蕃), 강(羌) 등의 민족이 건립한 나라가 서부 지역에 위치해 있었다.

6. 나약했던 송나라 및 송(宋), 요(辽), 하(夏), 금(金) 시기 (衰弱的宋朝及宋·辽·夏·金时期)

송, 요, 하, 금(宋辽夏金)시기에 와서는 작은 나라들로 분열되었던 국면이 끝나고 몇 개의 큰 나라가 서로 대치상태에 처해 있으면서 국부적인 통일이 이룩되었다. 즉 중부 지역에는 조광윤(赵匡胤)이 진교병변(陈桥兵变)을 일으켜 세웠던 송(宋)나라(北宋 960년—1127년, 南宋 1127년—1279년)가 자리잡고 있었고 북부 지역에는 급성장한 거란족(契丹族)이 요(辽)나라를 건국해 북쪽에서 송나라를 압박하고 있었다. 이처럼 북쪽에서는 요(辽)나라(907년—1125년, 건국 초기에는 거란국(契丹国)이라 하였고 938년에 국호(国号)를 요(辽)로 바꾸었다가 983년에 다시 거란국(契丹国)이라 하였으며 1066년부터는 줄곧 요(辽)라 칭하였음)와 금(金)나라(1115년—1234년, 1125년과 1127년에 요(辽)와 북송(北宋)을 각각 멸하고 그 땅을 차지하였음)가, 서북 지역에는 서하(西夏)가 제각기 드넓은 땅을 차지하고 있었다. 이 네 개 나라 외에 서료(西辽)가 지금의 신강(新疆) 및 중앙아시아의 일부 지역을 차지하고 있었으며 대리국(大理国)과 대남국(大南国)이 운남 광서(云南, 广西)일대를 차지하고 있었다. 상술한 나라들 중에 송(宋)나라를 제외하고 그 나머지는 모두 소수민족이 건립한 나라였다. 위에 말한 바와 같이 송나라는 건국시 북부 지역에 자리잡고 있었다. 12세기, 요나라의 소수민족이었던 여진(女真)족이 독립하여 중국북부의 국제정세는 복잡하게 돌아갔다. 송나라 정부는 금에 사신을 보내 요나라를 남북에서 협공 멸망시키기에 이른다. 약간의 군사적 승리를 과신한 송나라는 금나라와의 일전을 벌이지만, 애초 되지도 않는 싸움이었다. 순식간에 금나라 군대는 송의 수도인 개봉(开封)을 점령, 송나라는 불과 150년도 버티지 못하고 멸망했다.

그나마 전란의 와중에서 살아남은 일부황족이 근거지를 강남의 임안(临安, 오늘날의 항주)으로 옮겨 남송(南宋) 정부를 건립, 송 왕조의 뒤를 이었다. 송나라때의 이와 같은 국부적인 통일은 그 후 장기간의 대통일(大统一)을 이룩하는 데 유리한 조건을

마련해 주었다.

7. 세계 최대의 대제국 원 (元)나라 (世界最大的帝国元朝)

원(元)나라 시기부터 중국의 통일은 완성, 확립 단계에 들어서기 시작하였다. 1206년에 테무진(铁木真)이 몽골의 각 부(部)를 통일하고 몽골한국(蒙古汗国)을 건립하였는데 이로 인하여 테무진은 칭기스칸(몽고어로서 강대함을 뜻하며 최고 통치자를 가리킴)이란 호칭을 가지게 되었다. 칭기스칸의 몽골한국(蒙古汗国)은 막강한 군사력을 가지고 있었으며 수십 년간의 전쟁을 거쳐 중국의 국토(国土)을 통일하였다. 즉 1218년에는 서요(西辽)를 정복하였고 1227년에는 서하(西夏)를 정복하였으며 1234년에는 금(金)나라를 멸하고 1279년에는 남송(南宋)을 멸하였다. 같은 시기에 몽골한국(蒙古汗国)은 또 신강(新疆)의 고창(高昌), 서장의 토번(吐蕃), 운남(云南)의 대리(大理), 광서(广西)의 대남(大南) 등의 나라를 정복하였으며 더 나아가서는 중앙아시아와 페르시아(波斯) 북부 및 유럽의 동부지역까지 쳐들어가 그 세력 범위를 크게 확대하였다.

몽골한국(蒙古汗国)은 칭기즈칸의 손자인 쿠빌라이(忽必烈)가 왕위에 오른 후 오늘날의 북경을 수도로 정했다. 1271년에 국호를 원(元)으로 바꾸고 1368년에 나라가 망할 때까지 줄곧 사용하였다. 원나라는 중국을 통일한 후 각 지방에 행중서성(行中书省)을 설치하여 관리하였고 티베트에는 선위사 도원수부(宣慰司都元帅府)를 설치한 외에 중앙(中央)에 선정원(宣政院)을 두고 직접 관할하였다. 팽호(澎湖)와 대만(台湾)에는 팽호순검사(澎湖巡检司)를 설치하여 관리하였다. 그리고 운남(云南), 귀주(贵州), 사천(四川) 서강(西康—지금의 四川省 서부 지역과 티베트의 동부 지역) 등 소수민족 지역에서는 토사제(土司制)를 실시하였다. 토사제는 일종의 지역자치제도로서 당나라와 송나라가 소수민족 지역에서 실시하였던 도독부(都督府), 주(州)제도보다 한층 완벽하였으며 중앙왕조와 각 소수민족 지역 간의 관계를 더 밀접하게 하였다. 강력한 원나라의 통치기반을 배경으로 당나라 이후 유명무실해졌던 실크로드가 다시 복원됐고, 대 여행가 마르코 폴로(马可·波罗)가 실크로드를 따라 이탈리아에서 대도(大都오늘날의 북경)까지 왔다. 동서교류가 다시 시작된 것이다.

8. 중앙 집권체제의 완성 명나라 (完成中央集权体制的明朝)

1368년에 주원장(朱元璋)의 군대가 북경으로 진공해 들어가 원나라를 멸망시켰다.

주원장(朱元璋)은 응천부(应天府—즉 지금의 南京)를 수도로 정하고 명나라를 수립하였으며 같은 해에 대도(大都, 즉 지금의 北京)를 점령하고 100여 년의 몽골족 지배에 종지부를 찍는다. 가난한 농민 출신인 주원장(朱元璋)은 역사상 유례가 없는 강력한 중앙집권책을 구사했다. 중국 대대로 행정업무를 총괄하던 중서성(中书省)이 폐지되고, 지방의 말단 관료의 인사까지 중앙정부가 개입했다. 초기에 변강지역에서 계속 토사제(土司制)를 실시하고 후에 토사제(土司制)를 철폐하고 유관(流官)통치를 본격적으로 실시하였으며 내지(内地)의 지역과 똑같은 정치제도를 집행하게 하

였다. 그 결과 변경(边境)의 소주민족 지역에 대한 명나라의 중앙집권 통치가 더 강화되었으며 이와 동시에 각 민족간의 경제, 문화 교류가 더 빈번해지게 되었다.

3대 황제인 영락제(永乐帝)는 이슬람교도 출신인 환관 정화(郑和)를 시켜 총 7번의 해상원정을 감행한다. 정화의 원정대는 말레이시아, 태국, 인도를 거쳐 호르무즈 해협과 아프리카 동해안 일대를 두루 탐험하며, 중국인들의 지리적 견문을 넓혀 줬다.

정화의 원정은 명나라의 입장에서는 엄청난 국위선양임이 분명했지만, 개척된 해로는 경제적으로 이용되지 못했다. 영락제 이후 명나라

의 황제들은 문을 꼭꼭 걸어 잠근 채 중원수호에만 집중했기 때문이다.

북방의 몽골은 명나라를 호시탐탐 노렸는데, 6대 정통제는 몽골에 의해 포로가 되는 수모를 겪기도 했다. 이후 명나라는 만리장성의 재개축에 온 힘을 기울였다.

명 후기는 왜구(倭寇)의 침입으로 인해 내내 국내 여러 가지 상황이 안정되지 못했다. 명나라를 몇 번 건드려본 일본은 아예 중국 정벌하기 위한 기지로 삼으려고 조선을 침략해 임진왜란(壬辰倭乱)을 일으킨다. 명나라는 조선에 원병을 보냈다. 이 일은 가뜩이나 고갈상태인 명나라의 재정에 결정적인 타격을 가한다.

9. 현재의 중국 영토를 확정지은 청(清) 나라 (确定现在疆域的清朝)

임진왜란의 결과 동북아시아의 주요 국가인 명과 조선, 일본은 모두 기진맥진한 상태에 빠진다.

1616년에 누루하치(努尔哈赤)가 여진족(女真族)의 각 부(部)를 통일하고 후금(后金)왕조를 건립하였으며 1625년에 수도를 심양(沈阳)으로 옮겼다. 1626년에 누루하치가 죽은 후, 왕위를 이어받은 태종(太宗)인 황태극(皇太极)이 1635년에 족명(族名)을 여진(女真)에서 만주(满洲)로 고쳤으며 1636년에는 국호(国号)를 후금(后金)

에서 청(清)으로 바꾸었다.

청(清)나라는 1644년에 만리장성(万里长城)의 입구(入口)인 산해관(山海关)내로 쳐들어가 명나라(明朝)를 멸하고 수도를 북경(北京)으로 옮겼다. 명나라를 멸한 뒤, 이어 청나라(清朝)는 이자성(李自成), 장헌충(张献忠) 등의 농민봉기를 탄압하였고 몽골족의 각 지역(漠南蒙古, 漠北蒙古, 漠西蒙古)을 통일하였으며 신강(新疆)에서 일어났던 위구르족의 중가리아부(准噶尔部)와 회부(回部)의 반란 및 그 후에 있었던 신강(新疆)의 중가리아부와 티베트의 연합 반란을 평정함으로써 중국의 통일을 이룩하였다.

청나라는 원나라의 실패를 답습하지 않기 위해 한족을 굳이 차별하지 않았고, 한족의 사상을 존중해 줬다. 하지만 만족(满族)의 머리 모양과 복장은 한족에게 강요했다.

청나라는 강희(康熙), 옹정(雍正), 건륭(乾隆)제 등 3대, 150년에 걸쳐서 전성기를 누리게 되는데 이 시기에 중국의 영토는 역사상 최대였다. 경제도 순조롭게 발전해 19세기 초반에 이르러 은행이 등장, 초기 자본주의의 맹아가 싹트기까지 한다.

그 때 당시 중국과 교류하던 유럽국가 중 영국만이 유일하게 차를 마셨는데, 중국인들은 차 생산의 독점적 지위를 이용해 거액의 폭리를 취하고 있었다. 이로 인하여 영국의 다량의 은이 중국으로 유출되는 상황이 발생하자 영국은 인도산 아편을 중국에 수출, 무역수지 개선에 나선다.

1839년 흠차대신(钦差大臣) 임칙서(林则徐)는 영국인들이 보유한 모든 아편을 몰수, 전량 폐기하기에 이른다. 영국은 신속하게 48척의 함대를 천진으로 급파, 전쟁 준비 태세에 들어갔고 결국 전쟁이 발발한다.

개전 초기 영국군은 우세한 화력을 바탕으로 중국 남부의 요충지인 남경에 육박, 함락 직전까지 몰고 간다. 황실은 남경의 함락이 몰고 올 파장을 두려워한 나머지 영국의 요구 조건을 대부분 들어주는 치욕적인 남경조약을 체결, 홍콩(香港)을 영국에 할양하고, 광주(广州), 하문(厦门), 복주(福州), 상해(上海), 영파(宁波)를 개항하기에 이른다.

중국 역사상 가장 치욕스러운 사건이 발생했지만, 청나라 황실의 대응은 안일했다. 청나라는 급속도로 지배권을 상실했다. 기독교 사상으로 무장한 태평천국(太平天国)의 운동은 한때 남경을 수도로 또 다른 정부를 세웠을 정도로 기세등등해진다. 이 내부 봉기는 결국 외국연합군의 힘으로 가까스로 막아낸다.

청나라의 실력을 제대로 파악한 서양 세력은 끊임없이 도발해 왔다. 1856~60년

下篇　中国旅游

사이에 벌어진 애로호 사건과 2차 아편전쟁의 결과는 더 참혹했다. 북경은 서양연합군에 점령되었고, 황실 정원 원명원과 이화원은 잿더미가 되었다.

설상가상으로 1894년 청·일전쟁에서까지 청나라는 일본에 대패, 이제는 아시아에서의 주도적 지위마저도 잃게 된다. 특히 일본과의 전쟁 패배는 청나라 황실은 물론 모든 중국인들에게 엄청난 충격을 안겨준다. 청나라 정부는 황제의 칙령으로 급히 근대화의 계획(무술변법)을 세우지만, 이런 개혁조차 못 마땅하게 여긴 막후실세 서태후(西太后)는 당시의 황제인 광서제(光緖帝)를 유폐 감금시킨다. 중국은 개혁의 변화를 가져올 수 있는 마지막 기회를 놓친 셈이다.

연이은 서양과의 전쟁, 무기력한 정부와 중국인들은 이제 스스로의 운명을 알아서 결정할 수밖에 없었다. 때마침 등장한 의화단(义和团)은 닥치는 대로 서양인과 관련된 건물을 공격하여 민중들의 압도적인 지지를 받았다. 천진(天津) 일대에서 봉기한 의화단원들은 세력을 확대, '청나라를 보호하고, 서양인을 몰아내자'는 강령을 발표하기에 이른다.

당대의 실권자 서태후는 갈팡질팡하며, 초기에는 이들을 도적으로 매도하다 나중에는 의인으로 칭송하게 된다. 의화단의 실력을 과신한 서태후는 관군과 의화단의 힘으로 서양 세력을 몰아낼 것이라 판단, 1900년 6월 21일 '서양 연합국가'에게 선전포고를 하고 전쟁에 돌입한다.

전쟁의 결과는 불을 보듯 뻔했다. 특정 국가도 아닌 모든 서양 국가를 상대로 한 전쟁이 승리한다는 것은 비정상적인 상황이었다. 영국·미국·독일·프랑스·일본·러시아·이탈리아·오스트리아로 구성된 8개국 연합군은 개전 50일 만에 북경을 점령해 버렸고, 청나라 정부는 또 다시 항복, 무려 2억 4천 만 냥이나 되는 은을 전쟁 배상금으로 물어 줘야만 했다.

1908년 서태후가 사망하자, 중국은 그나마 남아 있던 정치지도자마저 잃은 채 급격히 표류하기 시작했다. 황제의 보위를 이은 부의(溥仪)는 단지 세 살배기 어린아이에 불과했기 때문이다.

아편전쟁 이후 들어온 서양세력은 그들의 정치제도를 중국인들에게 소개했고, 민주주의, 공화정에 신념을 가진 선각자들이 자생적으로 발생했다. 일찍이 1895년 광주에서 반청혁명을 일으켰던 손문(孙文)은 그 당시 청나라 타도와 공화정부 건설을 주장한 혁명가였다. 1911년 철도공사장에서의 불만은 무창봉기(武昌蜂起)로 이어졌고, 손문은 불만을 품은 청나라 관군을 흡수하여 순식간에 양자강 중류 일대를 장악했다. 1911년 10월 10일 중국 최초의 공화국이 만방에 선포됐다. 2000년을 이어온 황제체제가 무너진 것이다.

그러나 청나라 군대의 총사령관 원세개(袁世凯)는 청나라 황제를 설득해 퇴위시킨 후 자기가 정권을 잡으려는 야심이 있었다. 총통자리에 오른 원세개는 관계법령을 정비해 황제로 등극했는데 이 일은 중국 내의 급격한 반발을 통해 다시 취소되었

다.

한편, 1919년 1차 세계대전 처리 문제로 모인 열강은 패전국 독일이 가지고 있던 산동 반도에 대한 권리를 일본에 넘겨 준다는 결정을 한다. 이에 대해 중국인들은 거세게 항의했고 북경대학 학생들은 동맹휴업을 감행, 민족의 궐기를 외쳤으며 그 결과로 5·4 운동이 일어났다.

10. 중국공산당의 탄생과 중화인민공화국 수립 (中国共产党的诞生与中华人民共和国的成立)

5·4운동의 결과는 엄청났다. 가장 괄목할 만한 변화는 학생과 지식인들이 대거(大举) 현실참여의 길로 돌아섰다는 것이다. 북경 대학 총장인 채원배(蔡元培), 진보적 사상을 다룬 잡지 신청년(《新青年》)의 발행인 진독수(陈独秀)는 당시 중국 지식인들의 희망이었다. 특히 진독수는 신청년을 통해 중국이 나아갈 목표를 새선생(赛先生)과 덕선생(德先生)으로 규정했다. 참고로 새선생은 과학, 덕선생은 민주주의를 나타내는 당시의 상징어이다.

지식인 계급의 현실참여는 곧이어 정치활동의 활성화로 이어졌다. 1921년 상해에서는 중국공산당이 창립되었고, 손문은 혁명당을 중국국민당으로 개명했다. 손문의 주도하에 제 1차 국·공합작이 시작됐다. 하지만 1925년 손문이 서거하자, 국민당은 극심한 내부 투쟁에 돌입한다. 공산당에 우호적인 국민당 좌파와 반공주의자인 우파 간의 싸움이 시작된 것이다. 얼마간의 혼란 끝에 국민당의 주도권은 우파인 장개석(蒋介石)에게 넘어간다.

그는 1927년 상해에서 5,000명의 공산주의자와 노동조합 대표들을 학살하며 전국적으로 공산주의자 체포령을 내린다.

당시 공산당은 국민당에 맞설 만한 자금이나 조직이 없었다. 모택동이 이끄는 홍군은 호남성(湖南省)에서 섬서성(陕西省)까지에 이르는 8,000km를 도보 횡단해 전멸을 피하고 약2만 명의 전력을 보존하는 데 성공한다. 이것은 바로 장정이다.

1931년 9월 18일 일본은 폭파자작극을 연출, 동북 일대를 점령한다. 동북의 직접 지배에 부담을 느낀 일본은 청나라의 마지막 황제 부의를 황제로 등극시켜 수렴청정식(垂帘听政式)의 대리통치를 감행했다.

중국 동북 지방이 일본의 수중에 떨어졌지만, 당시 중화민국의 총통 장개석은 공산당 토벌에만 열을 올리고 있었다. 그는 내전을 먼저 종식시킨 후, 일본과 싸워야 한다는 입장을 갖고 있었다. 하지만 장개석의 생각과는 달리 일본군은 계속 남하했고 1936년 중반에 이르러서는 북경 북부 만리장성에까지 진격한다.

보다 못한 군벌출신의 장학량(张学良)이 1936년 12월 서안에서 장개석를 납치하는 서안사변(西安事变)을 일으킨다. 서안사변을 통해 중국은 다시 하나의 단일 전선을 만들게 된다.

下篇　中国旅游

　1937년 7월 7일 노구교(芦沟桥)사건을 계기로 중·일전쟁은 본격적인 전면전 양상으로 변했다. 일본군은 7월 28일부터 총공세에 나섰는데, 불과 하루 만에 북경과 천진을 함락, 1937년 12월에는 중화민국의 수도였던 남경까지 함락시키기에 이른다. 장개석 정부는 무한을 거쳐 중경으로 이동했다. 중국의 8년간에 걸친 일본군과 대치는 궁극적으로 일본 육군 150만명을 전선에 묶어 놓는 효과를 발휘하여 일본의 2차 대전 패망에 결정적인 역할을 한다.
　1945년 8월 15일 일본의 천황은 항복선언을 발표하고 이어 중·일전쟁도 끝났지만, 중국은 새로운 전운에 휩싸인다. 일본의 침략에 맞서 한시적 협력관계를 유지했던 국민당과 공산당 사이 내전의 가능성이 엿보였던 것이다. 북경을 비롯한 중국 주요 도시는 일제히 내전 반대 데모를 벌였고, 연안에 있던 모택동이 중경을 방문, 장개석과 40일간에 걸친 마라톤 회담을 연다. 회담의 결과로 평화안이 마련되었지만, 군사적 우세를 믿은 국민당은 불과 몇 달 후 협상을 파기하고 공산당을 공격했다.
　내전의 초기 전황(战况)은 화력적인 면에서 절대적으로 우세한 국민당군이 유리하였다. 공산당은 북부로 갔지만, 이미 국공합작 기간에 상당한 숫자의 농촌 해방구를 조성해 놓은 상태였다. 내전이 중반으로 접어들자 도시는 국민당군, 농촌은 공산당군이 장악하는 현상이 벌어진다. 따라서 도시 이외 지역에 주둔한 국민당군은 공산당군의 유격전술에 시달릴 수밖에 없었다.
　1949년 중국 인민해방군이 대대적인 반격을 가하자, 남경, 광주, 중경이 잇따라 함락됐다. 국민당은 결국 대만 섬까지 패퇴했고, 같은 해 10월 1일 북경의 천안문 광장에서는 모택동주석이 중화인민공화국의 수립를 선포하기에 이른다.

11.현대중국 (现代中国)
　1949년 10월 1일, 모택동 주석이 천안문 누각에 올라가 다음과 같이 선언했다.
　'중화 인민 공화국이 수립되었다. 중국 국민들은 오늘 일어섰다'. 10월 1일은 바로 중국의 국경절이며 중국 현대사가 시작된 날이다.
　신중국이 수립된 후 신중국 제1대 지도자 모택동이 이끄는 중국 공산당의 노력으로 중국은 국민 경제를 회복하고 사회주의 제도를 통해 국민의 생활을 개선시키고 민족 단결을 강화시켰을 뿐만 아니라 대외 관계를 발전시켜 중국의 국제 연합과 국제연합 안전보장이사회에서의 합법적인 지위를 회복했다. 정치, 경제 분야에서 거대한 변화가 일어난 것이다.
　1978년, 신중국 제 2대 지도자 등소평(邓小平)이 이끄는 중국공산당은 제 3차 과학기술 혁명을 바탕으로 중국을 개혁개방과 사회주의 현대화 건설의 새로운 단계로 이끌었다. 경제 발전이 대대적으로 가속화되고 과학기술, 교육, 문화, 체육, 위생 분야에서 끊임없는 진보가 이루어졌으며 국제적인 지위도 신속히 높아졌다. 또한 1국 2제도 정책을 성공적으로 운용함으로써 홍콩과 마카오 문제를 해결했다. 중국은 이

新编旅游韩国语

제도를 통해 대만 문제를 풀어나가려 하고 있다.

강택민(江泽民)을 주석으로 하는 제 3대 지도자단은 대외 개방정책을 지속적으로 추진했다. 2001년, 세계무역기구에 중국이 가입함으로써 중국의 사회주의 현대화 건설에 적극적인 영향을 미치게 되었다.

호금도(胡锦涛) 총서기를 중심으로 하는 제 4대 지도자 그룹은 계속 개혁개방과 과학적 발전을 추진하고 있으며 서로 화합하는, 조화로운 사회를 건설하기 위한 노력을 했었다.

현재 중국 국민들은 습근평(习近平)총서기를 비롯한 지도자들의 인솔하에 개혁개방을 유지하고 과감하게 부정부패를 척결하고 있으며 국가부강, 민족 진흥, 인민 행복의 위대한 중국꿈을 실현하는 데 모든 힘을 다하고 있다.

단어 (生词)

발상지	发祥地	버티다	坚持, 对抗
등장하다	登场, 登台	와중	漩涡中
유역	流域	페르시아	波斯
부락연맹	部落联盟	복원되다	恢复, 复原
궁전터	宫殿遗址	종지부	结束
제왕	帝王	철폐하다	取消
해독되다	解读	해상원정	海上远征
제후	诸侯	호시탐탐	虎视眈眈
유명무실해지다	有名无实	수모	受辱, 侮辱
패권	霸权	뒤숭숭하다	乱糟糟
움키다	紧抓	건드리다	打扰
합병되다	合并	고갈상태	枯竭状态
염원하다	愿望	답습하다	承袭, 继承
가로세로	横竖	맹아	萌芽
무리하다	无理	폭리	暴利
반발	反抗	아편	鸦片
과도하다	过分	만연하다	蔓延
자못	很, 颇为	요충지	要地
폭정	暴政	함락	陷落
실크로드	丝绸之路	기세당당하다	气势昂扬
이정표	里程碑	도발하다	挑衅
재건되다	重建	잿더미	灰烬
환관	宦官	칙령	国王的命令
봉기	起义	유폐	软禁

下篇　中国旅游

대치	对峙	강령	纲领
전형	典型	갈팡질팡하다	惊惶失措
감당하다	胜任	매도하다	大骂
과중하다	过重	전쟁배상금	战争赔款
선견지명	先见之明	선각자	先觉者
유화정책	怀柔政策	등극하다	登基
손꼽히다	屈指可数	괄목하다	刮目相看
문예부흥	文艺复兴	서거하다	逝世
나약하다	懦弱, 软弱	납치하다	绑架
제각기	各自	항복선언	投降宣言
사신	使臣	일전	一战

(二) 중국의 풍습 (中国的民俗)

1. 전통 명절과 세시풍습 (传统节日和岁时风俗)

중국의 전통 명절은 종류가 많고 내용이 풍부할 뿐만아니라 경축형식도 다 다른데 명절과 세시풍습은 아래 표와 같이 개괄할 수 있다.

전통 명절과 세시민속표

월일(음력)		명 칭	민 속 내 용
1	1	설날(春节)	송구영신, 각종경기, 세배, 쟈오즈/만두를 먹음
1	15	정월대보름(元宵节)	각종 경기, 꽃 등 감상. 왠싸오/원소(元宵)를 먹음
2	2	용두절(龙头节)	농사활동준비
2	12	백화생일(百花生日)	화초 전시회
2~3		청명절(清明节)	청명전날 한식, 성묘(一般在阳历4月5日前后)
4	8	욕부절(浴佛节)	불교활동
5	5	단오절(端午节)	쫑즈(粽子 찹쌀밥)를 먹음, 용선(龙舟)타기
7	7	칠석(七夕)	중국전통의 발렌타인데이
7	15	중원절(中元节)	조상과 하느님께 제사
8	15	추석(中秋节)	집식구모임, 월병먹음, 달감상, 풍년경축
9	9	중양절(重阳节)	등산, 국화감상
11	4	동지(冬至)	조상 제사
12	8	납팔절(腊八节)	납팔죽을 먹음

新编旅游韩国语

| 12 | 23 | 조왕절(灶王节) | 부뚜막신(조왕신)제사 |
| 12 | 30 | 제석(除夕) | 밤샘 |

중국은 56개 민족으로 구성된 다민족 국가로서 공통성을 띤 민간명절도 있고 그 민족고유의 특색을 띤 명절도 아주 많다.

중국의 주요 전통 명절로는 설날(춘절/구정), 정월 대보름(원소절), 청명절, 단오, 추석(중추절) 등이 있다.

(1) 설날(구정)/ 춘절 (春节)

설날은 중국에서 제일 크고 떠들석한 전통 명절이다. 이 설날을 하(夏)나라 때는 세(岁)라 하였고, 상(商)나라 때는 사(祀)라 하였으며 주(周)나라 때에 와서는 연(年)이라 하였다. 설날은 원래 음력 12월8일이었는데 남북조(南北朝)이후에 와서는 한 해의 마지막 날로 하였다.

설을 쇠기 위해 사람들은 섣달 그믐날 전날까지 설 쇨 설장을 봐 오고 집안팎을 깨끗이 청소한다. 그믐날에는 문신(门神), 대구(对联), 연화(年画)를 붙이고 등을 걸고 설을 맞을 준비를 한다.

섣달 그믐날 밤을 제석(除夕)이라고 하는데 대부분의 북방 가정들은 식솔들이 한 자리에 모여 설음식을 같이 먹는다. 최근에 사람들은 반드시 중앙"TV"의 설날 특집 방송(春节晚会)도 본다. 자정이 되면 폭죽을 터뜨리기도 하고 불꽃놀이를 하기도 하는데 폭죽을 터뜨리면 요괴(妖怪)와 마귀(魔鬼)를 쫓을 수 있다는 이야기가 전해져 내려오기 때문이다. 그리하여 매년 섣달 그믐날 밤부터 도처에서 폭죽 터지는 소리가 끊이질 않는다. 이러한 불꽃놀이와 폭죽 소리는 명절의 경사스런 분위기를 한층 더해 준다.

설음식은 아주 풍성하게 차리는데 온 가족의 행복을 기원하는 뜻을 갖고 있다. 음식의 종류도 아주 다양하지만 제일 대표적인 음식으로는 '쟈오즈(饺子)'라고 부르는 물만두, '냰까오(年糕)'라고 부르는, 쌀가루로 만든 찹쌀떡과 '퇀왠판(团圆饭)'이라 부르는 새해맞이 음식 세트이다.

설날에 '쟈오즈'를 빚어먹는 풍습은 주로 중국의 북방에서 많이 유행하고 있다. '쟈오즈'는 서기(西纪) 5세기에 이미 황하(黄河) 유역에서 보편적으로 먹던 음식이다. 쟈오즈는 명나라(明朝) 전까지는 평소에 늘 먹는 대중화된 음식이었는데 명나라 중기부터 점차 북방의 설음식으로 변하기 시작하였다. '쟈오즈'가 설음식으로 대우 받게 된 이유가 있다. 첫째, '쟈오즈'의 모양이 원보(元宝) 즉 중국 고대에 쪽배 모양으로 주조하여 화폐로 사용하던 금, 은 덩어리와 흡사하므로 설날에 '쟈오즈'를 먹으면 새로운 한 해에 금은보화가 많이 생긴다는 것이다. 둘째, '쟈오즈'는 소를 넣어 만드는 음식으로 사람들은 그 속에 새해의 소원을 넣을 수 있다고 생각하였다. 예컨대 꿀

下篇　中国旅游

이나 사탕을 넣는 것은 새해의 생활이 꿀이나 사탕처럼 달콤해지기를 바라는 것이고 대추를 넣는 것은 빨리 옥동자를 보게 해 달라는 것이며 동전을 넣는 것은 새해에 돈이 많이 생기게 된다는 뜻인데, 이는 물만두인 '쟈오즈(饺子)'와 송(宋)나라시기에 중국 최초로 사용하였던 지폐—'쟈오즈(饺子)의' 발음이 똑같은 데서 비롯되었다.

설날에 먹는 '녠까오(年糕)'는 문자 그대로 설에 먹는 떡인데 떡 '까오(糕)'자와 높을 '까오(高)자의 발음이 똑같아 '찹쌀떡/녠까오(年糕)'를 먹으면 '녠녠까오(年年高)' 즉 해마다 생활이 향상된다는 의미를 갖고 있다.

중국의 북방에서는 주로 기장쌀로 '녠까오'를 만들며 남방에서는 주로 찹쌀 가루로 '녠까오'를 만든다. 남방의 '녠까오'는 또 크게 광동(广东)식과 소주(苏州)식 두 가지로 나눌 수 있다. 광동식 '녠까오'는 찹쌀가루를 주원료로 하고 거기에 설탕, 기름, 해바라기 씨 등을 넣어 만드는데 색상은 금홍(金红)색을 띠며 입에 넣으면 부드럽고 매끄러운 느낌이 있으며 냄새가 향기롭다. 소주식 '녠까오'는 또 비계를 넣은 것과 설탕이나 적설탕(红糖)을 넣은 것으로 구분하는데 비계를 넣어 만든 '녠까오'는 색상이 산뜻하고 향기가 그윽하며, 설탕을 넣어 만든 '녠까오'는 색상이 희고 윤택이 나며 쫄깃쫄깃하고 향기로우며 단맛이 난다. 어떤 일부 지역에서는 설탕 대신 소금을 넣어 짠맛이 나는 '녠까오'를 만드는데 주로 호박이나 무를 실오라기처럼 가늘게 썰어 찹쌀가루와 함께 반죽한 후, 시루에 쪄서 먹는다.

'퇀왠판(团圆饭)'이란 한집 식구가 모두 한자리에 모여 함께 먹는 밥을 의미하는데 객지 생활을 하던 사람이라도 설이 되면 모두 고향에 돌아가 식구들과 함께 식사를 하기 때문에 이렇게 부른다.

'퇀왠판(团圆饭)'은 일명 '녠판(年饭——즉 설날에 먹는 밥)'이라고도 한다. 퇀왠판(团圆饭)'으로 준비하는 요리는 짝수를 취하며 또 길한 숫자를 택한다. 예컨대 10가지 요리는 '십전십미(十全十美)' 즉 만사 순조로움을 뜻하며, 18가지 요리는 중국어에서 18과(要发)의 발음이 비슷한 것을 이용한 것으로 돈을 많이 벌게 됨을 뜻한다. 그리고 적지 않은 지역에서는 생선요리나 완자(丸子)가 '퇀왠판'의 주역으로 등장한다. 생선요리는 '녠위(年鱼)'라고 부르는데 이는 '녠녠유우위(年年有余)' 즉 해마다 풍족함을 뜻한다. 완자는 일명 '왠즈(圆子)'라고도 부르는데 그 모양이 둥근 것처럼 한집 식구가 단란하게 한 자리에 모인다는 뜻과 모든 일이 원만(圆满)하게 이루어진다는 뜻을 나타낸다.

(2) 정월 대보름/원소절 (元宵节)

중국에는 정월대보름날에 등불놀이를 하고 새알심(元宵)을 먹는 습관이 있다고 하여 이 날을 원소절이라고 부른다.

중국에서 정월 대보름에 새알심을 먹는 것은 오래된 풍습이다. 정월보름날에는 집집마다 찹쌀가루를 반죽하여 그 속에 갖가지 소를 넣고 둥글게 빚은 새알심을 끓여

먹는데 이 풍습은 송(宋)나라 시기부터 시작되었다고 한다. 이 새알심을 북방에서는 보통 '왠쌰오/원소(元宵)'라 부르고 남방에서는 보통 '탕왠(汤圆)'이라 부르는데 그 의미는 둥근 새알심처럼 한집 식구가 한자리에 모인다는 것이다.

중국에서는 각 지역마다 정월보름의 음식풍습이 약간씩 다르다. 예컨대 상해(上海), 강소(江苏) 등 지역의 농촌에서는 정월보름에 '짜이차이왠(斋菜圆)'이라 부르는 냉이를 먹으며 섬서(陕西)에서는 '왠쌰오차이(元宵菜)'라고 부르는, 갖가지 야채와 나무열매를 넣어 끓인 국수를 먹고 하남(河南)의 낙양(洛阳)과 영보(灵宝) 일대에서는 '짜오까오(枣糕)'라 부르는 대추떡을 먹으며 운남(云南)의 곤명(昆明)에서는 주로 콩가루를 섞어 만든 것을 먹는다. 그리고 운남의 아산(峨山) 일대에서는 정월보름날 저녁에 온 마을사람들이 한자리에 모여 잔치를 하는데 마을의 좌상 되는 어른이 새해의 풍년을 기원하는 축사를 한 후 함께 음식을 든다.

정월대보름에 등불놀이를 즐긴다고 하여 원소절을 《등불절》이라고도 한다. 이 날에는 도처에 등을 달고 오색 천으로 장식하는 등 대단히 떠들썩하다. 밤이 되면 여러 색깔의 궁등, 벽등, 인물등, 꽃등, 달리는 말 모양의 등, 동물 모양의 등, 장난감 등 들이 곳곳에 걸리게 되는데 사람들은 무리를 지어 여러 가지 등을 구경하러 다닌다. 문악서(文乐书)의 기재에 의하면 한나라 명제 때 불법(佛法)을 제창하여 원소절때 등불을 켜는 것으로 불상을 숭배하게 하였다 한다. 이것이 원소절에 등불을 켜는 선례(先例)가 되었다. 당·송시대에 이르러 원소절 때 등불놀이를 하는 풍습이 널리 퍼졌다. 청나라에 이르러 등불놀이가 더욱 성행하였는데 그 풍속이 지금까지 계속되고 있다.

(3) 청명절 (清明节)

청명절은 중국 24절기 중의 하나이자 오래된 명절이기도 하다. 청명절은 음력으로 치면 3월(양력 4월 5일 전후)인데 봄빛이 완연하고 공기도 깨끗해지기 시작하는 때다. 그래서 중국 사람들은 이 날을 '청명절'이라 부른다.

청명절에는 조상의 묘에 성묘하고 버드나무 가지를 머리에 꽂으며 푸른 풀을 밟으러 교외로 나가는 풍속이 있다. 경로의 미풍양속이 있는 중국 사람들은 돌아가신 조상들을 추모하고 숭앙한다. 이 때문에 청명절이 되면 집집마다 교외에 있는 조상의 산소에 가서 주변을 청소하고 제사를 드린다. 사람들은 산소의 잡초를 제거하거나 새 흙을 보태 산소를 돌본 다음 향을 피우고 음식과 종이돈을 차려 조상에 대한 추모의 정과 경의를 표시한다. 이를 '상분(上坟)' 또는 '소묘(扫幕)'라고 한다.

청명절은 도처에 신록이 우거지는 때인데 그야말로 야외로 나가기 좋은 때이다. 이 때 교외로 나들이를 나가는 풍속을 '답청(踏青)'이라고 하고 버드나무 가지를 꺾어 머리에 꽂는 풍속은 '삽류(插柳)'라고 한다. 버드나무 가지를 꽂으면 귀신과 재난을 쫓아낼 수 있다는 말이 있어 사람들은 앞다투어가며 버드나무 가지를 머리에 꽂고 평안과 행복을 기원한다.

(4) 단오절 (端午节)

음력5월5일을 단오절이라고 하는데 단양(端阳), 중년(重年), 중오(重伍)라고도 한다. 단오절은 2000여 년의 역사를 가지고 있다. 단오절의 유래는 여러 가지 견해가 있으나 단오절은 애국시인 굴원(屈原)의 기일(忌日)과 관계있다는 이야기는 사람들에게 널리 알려져 있다. 사람들은 굴원이 멱라강(汨罗江)에 몸을 던져 순국(殉国)한 5월5일 이 날을 기념하여 단오절이라고 명명했다 한다. 이날에는 쫑즈(粽子)라는 참대잎떡을 만들어 먹고 용주(龙舟)를 타는 것 즉 뱃놀이를 하는 것으로 굴원을 기념한다.

'쫑즈(粽子)'는 일명 각서(角黍)라고도 하는데 찹쌀에 대추, 팥, 쇠고기, 돼지고기 따위를 넣고 댓잎에 싸서 쪄 먹는 음식이다. '쫑즈(粽子)'는 지역에 따라 만드는 방법, 맛과 모양 등이 조금씩 다르다. 북방에서는 대추를 넣은 북경의 '쫑즈(粽子)'가 일품이고, 남방에서는 소주(苏州), 항주(杭州) 일대의 팥이나 햄을 넣은 '쫑즈(粽子)'가 제일 유명하다. '쫑즈(粽子)'의 모양은 보통 세모꼴이나 네모꼴로 만드는데 크기는 찐빵보다 작다.

단오에는 '쫑즈(粽子)' 외에 지역에 따라 여러 가지 음식을 먹는다. 예컨대 강서(江西)의 평향(萍乡) 일대에서는 단오에 꼭 빠오즈(包子)와 짠 마늘을 먹으며 산동(山东)의 태안(泰安) 일대에서는 얇게 구운 떡에 계란구이를 싸서 먹으며 하남(河南)의 급현(汲县) 일대에서는 '쫑즈(粽子)'에 유과(油果)를 곁들여 먹는다. 동북의 일부 지역에서는 단오 아침에 집안의 어른이 삶은 계란을 어린애들의 배 위에 놓고 여러 번 굴리고 난 뒤, 껍질을 발라 어린애들에게 먹이는 습속이 있는데 이렇게 하면 1년 동안 배앓이를 하지 않는다고 한다.

단오절에 용주(龙舟)라는 배를 타는 것도 중국인이 즐기는 풍습이다. 용주 시합은 단오절 행사에만 그치지 않고 있다. 이 문화 행사는 세계 각지의 여러 지방으로 퍼져 나갔으며 어떤 곳에서는 그 지방의 아주 중요한 경기가 되기도 했다. 단오 풍습은 중국뿐만 아니라 후에 일본, 한국, 동남아시아 지역으로 전파되었다.

(5) 추석 (秋夕)

음력 8월 15일을 추석이라고 하는데 이날이 가을을 절반으로 나누는 때라고 하여 "중추절"이라고도 한다. 이 풍속은 한나라 때부터 시작되었는데 송나라 때에 이르러 추석은 중국에서 설날 다음으로 가는 전통명절이 되었다. 추석의 주요 풍습으로는

달구경을 하고 달에게 제사 지내고 월병을 먹는 것이다. 해마다 추석 때 달이 떠오르면 달에게 차례상을 차리는데 차례음식으로는 월병, 과일 등이 있다. 이 날 "단원술"(团圆酒)을 마시고 "달구경밥"(赏月饭)을 먹기도 하며 달을 보며 객지에 있는 친척들에 대한 그리움을 달래기도 한다. 그 밖의 각지(各地)에는 재미있는 풍습들이 많은데 모두 "아름답고 원만함"을 주제로 하고 있다.

월병(月饼)은 종류가 아주 다양하고 그 맛도 가지각색이다. 그중에서 북경(北京), 소주(苏州), 광주(广州), 조주(潮州)의 월병이 비교적 유명하다. 북경 월병은 식물기름을 많이 넣고 야채나 나무열매로 만든 소를 넣는데 부드럽고 달콤한 것이 특징이다. 명품으로는 '홍백월병(红白月饼)'을 꼽을 수 있다. 소주월병은 기름과 설탕을 많이 넣으며 바삭바삭한 것이 특징이다. 그중에서 팥소를 넣어 만든 월병이 제일 유명한데 향기롭고 부드러워 남녀노소가 다 즐겨 먹는 음식이 되었다. 광주월병은 콩, 야자 과육(果肉), 잣, 호두, 땅콩 등으로 소를 넣어 만드는데 달콤하고 고소한 것이 특징이다. 조주월병은 광주월병과 대체로 비슷하나 당밀(糖蜜)을 보조 원료로 넣어 만드는 점이 다르다. 조주월병은 맛이 부드러우나 느끼한 것이 특징이다.

추석에 월병(月饼)을 먹는 외에 남방의 일부 지역에서는 계화떡(桂花糕)을 먹고 계화주(桂花酒)를 마시는 풍습이 있다.

2. 성명 (姓名)

중국 사람의 성은 많은데 한 글자로 된 것도 있고 두 글자나 두 글자 이상으로 된 복성(复姓)도 있다. 현대 중국인이 사용하고 있는 성은 약 3,500개 정도이다. 그중 많은 비율을 차지하고 있는 것은 성은 100개 정도로 이(李), 왕(王), 장(张) 등이 수가 가장 많다. 또 복성 중에서는 제갈(诸葛), 구양(欧阳), 사도(司徒), 사마(司马) 등이 많은 비율을 차지하고 있다.

성(姓)에는 대략 다음과 같은 기원이 있다고 알려져 있다. 모계 씨족 사회에서는 어머니의 이름을 성으로 삼았다. 그래서 강(姜)이나 요(姚)나 희(姬) 같은 오래된 성 중에는 계집 여(女)자가 들어간 성이 많다. 그리고 마(马), 우(牛), 양(羊), 용(龙)처럼 태고(太古) 시대의 사람들이 숭배하던 동물을 성으로 삼은 경우가 있다. 또한 조(赵), 송(宋), 진(秦), 오(吴) 등의 나라에서는 조상의 나라 이름을 성으로 삼기도 했다. 사마(司马)나 사도(司徒) 등 조상의 관직이 후손의 성이 된 경우가 있다. 그 외에 조상의 직위, 직업, 살던 지방과 관련된 경우도 있다.

중국사람의 성명은 성이 앞에 오고 이름이 뒤에 온다. 한 글자인 이름도 있고 두 글자로 된 것도 있다. 한 가족 안에서는 항렬에 따라 같은 항렬끼리는 이름안에 같은 글자를 쓰는 경우가 많다. 학식이 있고 지위가 있는 사람들은 성과 이름 외에 자와 호를 가지고 있었다. 예를 들어 송나라의 문학가 소식(苏轼)의 성은 소(苏)이고 이름은 식(轼)이며 자는 자첨(子瞻), 호는 동파거사(东坡居士)이다.

중국 사람의 이름에는 왕왕 어떤 의미를 포함하고 있어 모종의 소망을 나타낸다. 충(忠), 의(义), 예(礼), 신(信) 등이 들어 있는 이름은 미덕을 갖춘 사람이 되라는 뜻

이며 건(健), 수(寿), 송(松), 복(福), 등의 글자를 넣은 이름은 건강과 장수와 행복을 소망하는 뜻이 담겨 있다.

3. 띠와 십이지 (十二生肖及天干地支)

중국 고대에서 연도를 따지는 계산법은 제왕의 연호와 간지(干支)를 병용했다. 간지기년법(干支紀年法)의 간(干)은 천간(天干)으로 갑(甲), 을(乙), 병(丙), 정(丁), 무(戊), 기(己), 경(庚), 신(辛), 임(壬), 계(癸)의 10개로 구성되어있다. 지(支)는 지지(地支)로 자(子), 축(丑), 인(寅), 묘(卯), 진(辰), 사(巳), 오(午), 미(未), 신(申), 유(酉), 술(戌), 해(亥)의 12개로 구성되어 있다. 10개의 천간과 12개의 지지를 순서에 따라 맞추면 갑자(甲子), 을축(乙丑), 병인(丙寅) 등 60가지의 조합을 얻게 된다. 이 60가지 조합을 순환시켜 사용하는데 60년을 한 묶음으로 하여 갑자라고 부른다.

중국 민간에서는 전통적으로 아이가 태어나면 동물로 띠를 따지는 전통이 있다. 생초(生肖)라고도 하는 띠는 중국 민간에서 연도를 따지고 나이를 세는 반법이다.

사람들은 쥐, 소, 호랑이, 토끼, 용, 뱀, 말, 양, 원숭이, 닭, 개, 돼지 등 12마리 짐승을 십이지에 배합하여 12가지 띠를 만들었다.

현재 중국 사람들은 서력 기원으로 연도를 따지고 나이를 계산한다. 그러나 아직도 띠를 가지고 나이를 계산하는 습관이 남아 있다. 그 사람의 대략적인 나이를 알 때 띠를 알면 그 사람의 확실한 연령과 출생 연도를 맞춰 낼 수 있다.

4. 마스코트 (吉祥物)

중국 고대 사람들은 기린(麒麟), 봉황, 거북, 용을 신령한 동물로 여겼다. 이 네 동물들을 사령(四靈) 이라고 부르며 상서로움의 상징으로 삼았다. 거북 이외의 다른 세 동물은 모두 전설 속의 동물들로 사람들이 상상해서 만들어 낸 것이다.

기린은 몸은 사슴 같고 온 몸에 비늘이 있으며 머리에는 뿔 하나가 있고 그 뿔 위에는 육구(肉球)가 있으며 발은 말발굽 같고 꼬리는 소꼬리 같다고 되어 있다. 사람들은 기린을 덕성이 있는 인자한 짐승으로 생각했다. 또 역대 제왕들은 모두 기린을 태평성대(太平盛世)의 상징으로 여기기도 했다.

봉황은 머리에 아름다운 깃털 관을 쓰고 몸은 오색찬란한 털로 장식되어 있다. 많은 날짐승과 길짐승의 특징을 종합하여 상상해 낸 상서로운 새의 형상을 하고 있다. 봉황은 용과 마찬가지로 역대 제왕에 의해 권력과 존엄의 상징으로 여겨졌다.

거북은 사령 중 유일하게 현실 세계에 존재하는 동물이면서 동물 중에서 수명이 가장 길다고 알려져 있다. 사람들은 거북을 건강과 장수의 상징으로 여길 뿐 아니라 심지어는 미래를 내다볼 줄 아는 신령함을 지니고 있다고까지 생각한다.

용은 중국에서 가장 신령하면서도 가장 상서로운 동물로 알려졌다. 사람들은 모두 용의 형상에 대해 잘 알고 있지만 용의 실물을 본 사람은 아무도 없다. 봉황이나 기

린과 마찬가지로 용은 사람들이 상상으로 만든 동물이다. 수천 년 동안 제왕들은 용을 권력과 존엄의 상징으로 삼았고 일반 백성들은 용을 미덕과 힘의 화신이자 상서로운 동물로 여겨 왔으므로 중국 도처에서 용의 형상을 볼 수 있게 되었다. 세계 각지에 흩어져 살고 있는 중국 사람들은 모두 자기가 용의 후손이라고 생각하고 있다.

단어 (生词)

떠들썩하다	议论纷纷	그윽하다	浓郁
찹쌀떡	年糕	윤택하다	润泽
쪽배	扁舟, 小舟	쫄깃쫄깃하다	黏, 有韧性的
보화	宝物, 宝贝	반죽하다	和, 揉
소	馅	시루	蒸屉
기장쌀	黍, 黄米	내력	来历
해바라기씨	葵花籽	일품	一品, 一等
댓잎	竹叶	찐빵	馒头
비계	肥肉	객지	他乡
산뜻하다	鲜明	기탁하다	寄托
모계 씨족 사회	母系氏族社会	비늘	鳞
민간	民间	뿔	角
연도	年度	신령하다	神灵
거북	乌龟	도안	图案
상서롭다	吉祥	경사스럽다	喜庆的

(三) 소수민족 (少数民族)

현재 중국에는 총인구의 90%이상을 차지하고 있는 한족(汉族)과 55개 소수민족이 모여 살고 있다. 이 56개 민족을 통틀어 중화민족(中华民族)이라 한다. 그중 한족(汉族)은 하(夏)나라 시기의 하족(夏族)을 뿌리로 하고 수많은 민족이 융합, 동화되어 형성된 민족이다.

소수민족은 인구수는 적지만 살고 있는 지역이 넓을 뿐만 아니라 인문자원과 자연자원도 풍부하여 아주 큰 발전 잠재력을 갖고 있다. 그리하여 소수민족 지역의 발전은 나라의 발전에 크나큰 의미를 갖는다.

중화인민공화국이 수립된 이후 소수민족 지역의 발전을 위해 소수민족 지역에서는 자치 제도를 실시해 왔다.

下篇　中国旅游

　　각 소수민족은 자기의 언어와 문자를 보존할 자유가 있고 국가는 소수민족의 정상적인 종교활동을 지지해 왔다. 소수민족도 정치,경제,문화의 발전에 큰 힘을 기울였다. 소수민족은 중국의 대부분 지역에 분포되어 있다. 그중 제일 많이 분포되어 있는 지역은 운남성으로 바이족(白族), 하니족(哈尼族), 따이족(傣族), 리수족(傈僳族), 와족(佤族), 나후족(拉祜族), 나시족(纳西族), 징퍼족(景颇族), 부랑족(布朗族), 아창족(阿昌族), 프미족(普米族), 누족(怒族), 벙룽족(崩龙族), 두룽족(独龙族), 지눠족(基诺族), 이족(彝族), 장족(藏族), 묘족(苗族), 장족(壮族), 리족(黎族) 등 20여 개 소수민족이 모여 살고 있다. 운남성 다음으로 소수민족이 많은 지방은 신강위구르자치구인데 그곳에는 위구르족,까자흐족,끼르끼스족,시버족(锡伯族), 따지크족, 우즈베크족, 러시아족, 따따르족(塔塔尔族) 등의 민족이 분포되어 있다.

소수민족별 지역분포

1. 만족(满族): 주로 요녕성, 길림성, 흑룡강성, 하북성, 북경시와 내몽골자치구에 분포되어 있다.
2. 조선족(朝鲜族): 주로 길림성, 흑룡강성, 요녕성과 내몽골자치구에 분포되어 있으며 북경시와 천진시에도 일부 분포되어 있다.
3. 허저족(赫哲族): 흑룡강성에 분포되어 있다.
4. 몽골족(蒙古族): 주로 내몽골자치구, 신강위구르자치구, 요녕성, 길림성, 흑룡강성, 감숙성과 청해성에 분포되어 있다.
5. 따고르족(达斡尔族): 내몽골자치구와 흑룡강성에 분포되어 있다.
6. 어원커족(鄂温克族): 내몽골자치구와 흑룡강성에 분포되어 있다.
7. 오로죤족(鄂伦春族): 내몽골자치구와 흑룡강성에 분포되어 있다.
8. 회족(回族): 주로 영하회족자치구, 감숙성, 하남성, 하북성, 청해성, 산동성, 운남성, 신강위구르자치구, 북경시와 천진시에 분포되어 있다.
9. 둥샹족(东乡族): 감숙성에 분포되어 있다.
10. 투족(土族): 청해성에 분포되어 있다.
11. 싸라족(撒拉族): 주로 청해성과 감숙성에 분포되어 있다.
12. 보안족(保安族): 감숙성에 분포되어 있다.
13. 위구족(裕固族): 감숙성에 분포되어 있다.
14. 위구르족(维吾尔族): 신강위구르자치구에 분포되어 있다.
15. 까자흐족(哈萨克族): 신강위구르자치구, 감숙성과 청해성에 분포되어 있다.
16. 끼르끼스족(柯尔克孜族): 신강위구르자치구에 분포되어 있다.
17. 시버족(锡伯族): 신강위구르자치구와 요녕성에 분포되어 있다.
18. 따지크족(塔吉克族): 신강위글자치구에 분포되어 있다.
19. 우즈베크족(乌孜别克族): 신강위구르자치구에 분포되어 있다.

20. 러시아족(俄罗斯族): 신강위구르자치구에 분포되어 있다.
21. 따따르족(塔塔尔族): 신강위구르자치구에 분포되어 있다.
22. 장족(藏族): 서장/티베트자치구, 청해성, 사천성, 감숙성, 운남성에 분포되어 있다.
23. 먼바족(门巴族): 서장/티베트자치구에 분포되어 있다.
24. 뤄바족(珞巴族): 서장/티베트자치구에 분포되어 있다.
25. 강족(羌族): 사천성에 분포되어 있다.
26. 이족(彝族): 사천성, 운남성, 귀주성과 광서장족
27. 바이족(白族): 운남성에 분포되어 있다.
28. 하니족(哈尼族): 운남성에 분포되어 있다.
29. 따이족(傣族): 운남성에 분포되어 있다.
30. 리수족(傈僳族): 운남성에 분포되어 있다.
31. 와족(佤族): 운남성에 분포되어 있다.
32. 나후족(拉祜族): 운남성에 분포되어 있다.
33. 나시족(纳西族): 운남성에 분포되어 있다.
34. 징퍼족(景颇族): 운남성에 분포되어 있다.
35. 부랑족(布朗族): 운남성에 분포되어 있다.
36. 아창족(阿昌族): 운남성에 분포되어 있다.
37. 프미족(普米族): 운남성에 분포되어 있다.

38. 누족(怒族): 운남성에 분포되어 있다.
39. 드앙족(德昂族): 운남성에 분포되어 있다.
40. 두룽족(独龙族): 운남성에 분포되어 있다.
41. 지눠족(基诺族): 운남성에 분포되어 있다.
42. 묘족(苗族): 귀주성, 호남성, 운남성, 광서장족자치구 사천성과 광동성에 분포되어 있다.
43. 부이족(布依族): 귀주성에 분포되어 있다.
44. 뚱족(侗族): 귀주성, 호남성과 광서장족자치구에 분포되어 있다.
45. 수이족(水族): 귀주성에 분포되어 있다.
46. 거로족(仡佬族): 귀주성에 분포되어 있다.
47. 장족(壮族): 광서장족자치구, 운남성, 광동성에 분포되어 있다.
48. 요족(瑶族): 광서장족자치구, 호남성, 운남성, 광동성과 귀주성에 분포되어 있다.
49. 머로족(仫佬族): 광서장족자치구에 분포되어 있다.
50. 모난족(毛南族): 광서장족자치구에 분포되어 있다.
51. 징족(京族): 광서장족자치구에 분포되어 있다.
52. 투쟈족(土家族): 호남성과 호북성에 분포되어 있다.
53. 리족(黎族): 광동성, 해남성 분포되어 있다.

54. 써족(畲族): 복건성, 절강성, 강서성, 광동성과 안휘성에 분포되어 있다.
55. 고산족(高山族): 대만성(台湾省)과 복건성에 분포되어 있다.

단어 (生词)

동화하다	同化	잠재력	潜力
보존하다	保存	분포되다	分布
정상적	正常的	지지하다	支持

(四) 종교 (宗教)

중국 사람들 특히 한족은 최초에 기타 많은 민족과 마찬가지로 원시종교를 가지고 있었으나 후에 귀신을 우러르면서도 멀리 해야 한다는 종교적 색채가 뚜렷한 유가(儒家) 사상이 순수 종교 신앙을 대체하게 되었다.

중국에서 도교가 발생하였고 불교와 이슬람교가 들어왔으나 장기간 지배적 지위에 있었던 유가 사상을 대체 하지 못하였을 뿐만 아니라 오히려 유가의 많은 내용을 흡수하여 저들의 교리(教理)를 해석하였다.

불교와 도교에서 서로 한족을 귀화시키려고 많은 노력을 하였음에도 불구하고 백성들 중에 귀화한 수가 많지 않았고 또 귀한 사람들도 여전히 공자와 유가를 숭배하였다. 이슬람교에 귀화한 한족은 더 적었다. 근대·현대 사회에 와서도 한족은 여전히 전통적인 신앙과 가치관을 고수하면서 각종 종교를 받아들이지도 않고 반대하지도 않는 태도를 취하여 왔다. 물론 지금에는 개혁개방 정책이 실시되면서 각종 종교가 자유롭게 활동하고 교회에 나가는 사람도 늘고 있으나 여전히 한족 인구의 일부분에 지나지 않는다. 그러나 중국 일부 소수민족의 종교신앙은 역사가 오래고 그 유형이 다양하다. 지금 한족과 소수민족을 포함한 중국사람이 믿는 종교는 도교, 불교, 이슬람교, 천주교, 기독교 등이 있다.

1. 도교 (道教)

도교는 중국에서 자연적으로 발생한 유일한 종교이다. 외국에서 전래된 외래 종교를 제외한 중국 특유의 종교형태를 모두 도교라고 부르기 때문에 결국 도교는 다신교(多神教)인 셈이다.

新编旅游韩国语

　　도교 교리의 원형은 불로장생(不老长生)의 신선이 되고자 하는 희망과 노자(老子), 장자(庄子) 등의 무위자연(无为自然)을 주요 목적으로 하는 도가 사상이 혼합되어 있다. 그 가운데 팔괘(八卦), 오행(五行) 등이 도교의 중심 요소였으나 그후에 의술 및 유가와 불교의 윤리와 형식이 도입되어 현재의 도교가 형성되었다.

　　도교의 역사는 전설상의 황제(黄帝)가 그 시조이고 노자(老子)가 종교의 주된 내용을 기술하였으며 후한(后汉)시대 장릉(张陵)이라는 사람이 교주가 되어 교단을 창설하였다. 그래서 도교의 신도들은 기원전 2697년을 황제기원(黄帝纪元)으로 하는 도력(道历)을 사용하기도 한다. 2014년은 도력으로는 4711년이 되는 셈이다. 그러나 문헌의 자료에 의하면 도교는 후한 2세기경의 태평도(太平道)와 오두미도(五斗米道)의 두 교단에서 시작되었다는 설이 지배적이다. 오두미도는 천사도(天师道)라고도 불려졌는데 구겸지(寇讲之)가 이것을 계승하고 개혁하여 도교를 처음 국교로 삼기도 하였다.

　　도교는 불로장생을 주요 목적으로 하는 종교이기 때문에 그 수행(修行) 방법도 다양하다. 오곡을 먹지 않고 신선이 되려고 하는 벽곡(辟谷), 우주의 원기를 몸으로 빨아들여 전신으로 돌게 하는 태식(胎息), 신체를 굽혔다 폈다 하는 일종의 도인(道引), 정기의 축적과 운용술인 방중(房中), 불로장생의 약을 복용하는 복이(服铒), 명상을 하면서 신들을 마음에 그려보는 관상법인 존사(存思) 등이 있다. 그러나 기본적으로 모두 올바른 윤리생활이 바탕이 되어 있어야 한다.

　　도교에서 남자는 진인(真人) 또는 도사라고 하고, 여자는 여관(女冠)이라고 하며 도사가 거주하고 있는 곳을 관(观)이라고 한다. 도사는 수염을 기르고 머리를 상투형태로 틀어 올린다.

　　도교가 중국 과학기술 끼친 영향 또한 적지 않다. 그 대표적인 예가 연금술인데 불로장생의 약을 만드는 과정에서 생겨난 부산물이라 할 수 있다. 아울러 연금술(炼金术)의 호흡법과 체조법으로부터 중국고대의 무술과 권법(拳法) 그리고 기공이 탄생하게 되었다. 또한 도교는 중국고대의 의학인 침술이나 본초학(本草学)에도 상당한 영향을 주었다.

　　도교(道教)문화예술은 중국에만 있는 귀중한 문화재이다. 금(金)궁전과 금(金)비석으로 옥황 황제의 세계를 상징하는 것은 도교 문화예술의 주요한 특색이다. 지금 보존되어 있는 제일 큰 금궁전(실제는 동으로 만들었음)은 운남성 곤명(昆明)의 명풍산(鸣风山)에 위치해 있는데 높이가 6.7m, 네 면의 너비가 각각 7.8m이며 총 무게는 250톤에 달한다. 이 궁전의 용마루, 기둥과 벽에는 여러 가지 모양의 조각이 장식되어 있는데 명(明)나라, 청(清)나라의 야금 주조 기술이 상당히 발달했음을 말해 준다.

2. 불교 (佛教)

불교는 인도에서 발생하여 후한(后汉)때에 중국으로 전파되어 부유층과 귀족층에 의해 수용되면서 중국사회에 새로운 변화를 일으켰다. 후한 말기는 전쟁 등이 빈번하여 사람들이 고통을 느꼈던 시기였다 이러한 사회적 배경으로 인하여 생사 고통을 해탈하려는 불교의 교리는 당시 지식인들로부터 환영을 받았다. 특히, 불교는 도교의 신선방술(神仙方术) 및 유가의 전통 윤리 관념인 삼강오륜(三纲五常)과 결합하면서 여러 종파로 나뉘어져 크게 흥성하였다.

4세기 중엽부터 8세기 중엽까지는 중국 역사상 불교의 전성시대이다. 법현(法显) 같은 사람은 399년에 중앙아시아를 거쳐 인도로 갔다가 불경을 가져와 번역하기도 하였고, 유명한 현장법사(玄奘法师)같은 사람은 인도를 오가면서 불교 경전을 번역하는 데 헌신하기도 하였다. 특히 그의 여행기인 대당서역기(大唐西域记)같은 것은 중국 뿐만 아니라 세계에서도 유명하다.

중국에서의 불교의 종파는 여러 갈래로 나누어지는데, 그중에서도 주요 종파는 천태종(天台宗), 화엄종(华严宗), 선종(禅宗)등을 들 수가 있다.

천태종은 중국 불교의 대표적인 종파로, 수(隋)나라 시대의 지의(智顗)가 창시하였는데 주로 강남(江南)지방에서 널리 유행하였다. 지의는 객관세계의 모든 사물과 이치(法) 그리고 사람의 감각에 의해서 느낄 수 있는 것은 모두 사람의 생각에 의해 구성된 가상(假象)이며 모든 법은 마음에서부터 생겨난다고 생각했다. 따라서 마음(心)이 바로 만물의 근원이고, 객관사물이 모두 꿈속의 환상처럼 존재하지 않는다는 것이다.

화엄종은 법장(法藏)이 창시하였는데, 중국불교에서 가장 철학적인 유심론(唯心论)을 기초로 하면서도 절대적인 현실긍정론을 바탕으로 하고 있다. 즉, 객관세계의 작은 먼지(尘) 하나라도 주관세계의 마음(心)에 느껴졌을 때 비로소 존재한다는 것이다.

선종은 달마(达磨)가 전한 선(禅)에 의해 도를 깨달으려고 하는 종파이다. 수행법이 조용히 앉아 잡념(杂念)을 끊어 버리고 하나의 경지에 몰입하는(禅定) 것을 위주로 하였기 때문에 붙여진 이름이다. 선종의 5대조인 홍인(弘忍)에 이르러 북방의 신수(神秀)의 점수설(渐悟说)과 남방혜능(慧能)의 돈오설(顿悟说)로 나누어졌지만 혜능이 창시한 남파의 선종이 더 성행하였다.

불교 종파와는 상관없이 거사불교(居士佛教)라는 것이 있는데, 거사(居士)라는 말은 교양, 학식이 풍부한, 출가하지 않은 불교신자를 가리키는 말이다. 왕안석(王安石) 같은 사람이 그런 사람이었다. 출가승(出家僧)보다도 뛰어나게 활약한 사람도 많았지만, 특히 중국 근세의 불교는 거의 거사들이 형성하였다고 해도 좋을 것이다.

불교가 중국에 보급되면서 많은 사원이 생겨났는데, 이 사원들은 학문과 문화를 전달하는 학교의 구실도 했다. 불교는 중국의 문화, 예술과 논리학에 많은 영향을 끼

쳤다.
　불교문화예술로 그 대표적인 것이 석굴이다. 돈황(敦煌)의 막고(莫高)석굴, 대동(大同)의 운강(云岗)석굴, 낙양(洛阳)의 용문(龙门)석굴, 천수(天水)의 맥적산(麦积山)석굴이 유명한데 이 네 개가 바로 중국의 '4대석굴'이다.
　사천성 대족(大足) 경내에는 각종 석불상(石佛像)이 5만여 개에 달한다. 유명한 대족와불상(大足卧佛像)은 그 길이가 31m나 되는데 산을 침대로 삼아 측면으로 누워 있는 모습이 마치 살아 있는 듯하다. 사천성 산시(山市)의 능방(凌方) 대불상(大佛像)은 그 앉은 키가 71m이고 어깨 너비가 28m에 달해 세계적으로 제일 큰 석불상(石佛像)으로 알려져 있다.
　점토 조각, 목각도 그 수준이 높으며 중국전통의 분위기를 짙게 풍기고 있다. 천진시 계현(蓟县)의 독락사(独乐寺)에는 11개의 얼굴을 나타낸 관음보살상(菩十一颜观音萨像)이 있는데 높이가 16m 남짓으로 자태가 아름답고 장식이 화려하다. 이는 중국에서 제일 큰 흙 조각 불상(佛像)이다. 북경시 옹화궁(雍和宫)의 불상은 그 높이가 22m 남짓한데 정교하고 기세가 당당하다. 이는 옹근 단향(檀香)나무를 깎아 만든 진품(珍品)으로 알려져 있다. 승덕(承德) 보녕사(普宁寺)의 천수천안대불상(千手千眼大佛像)은 높이가 22m로 중국에서 제일 큰 불상이다.

3. 이슬람교 (伊斯兰教)

　이슬람교란 중국에서는 회회교(回回教), 천방교(天方教), 청진교(清真教)라고도 부른다. 회회교라고 부르는 것은 통상 신강지방에 많이 살고 있는 회흘인(回纥人), 즉 위구르인이 주로 신봉하기 때문이다, 또 아라비아를 중국에서는 천방(天方)이라 불렀기 때문에 천방교란 바로 아라비아교란 뜻이며 청진교란 그 종교의 내용에 의해서 붙여진 이름이다.
　이슬람교는 일찍이 당나라에 바다와 육지를 통해서 전래되었다. 그런데 이슬람교가 본격적으로 중국에 전래된 시기는 원나라 때이다. 징기스칸이 중앙아시아를 정복한 후 거느리게 된 그의 정병(精兵) 백만의 군대 속에 70%가 이슬람교도였다고 한다. 특히 원나라의 역법(历法)이 정밀했던 것은 이슬람교도들의 힘이 컸다고 한다. 명나라에는 이슬람교도를 회유하기 위해서 때로 회교력(回教历)을 채용하거나 혹은 돼지 고기를 먹는 것을 금하기도 했다.
　당시 이슬람교도는 전국적으로 영하(宁夏), 신강, 청해, 내몽골, 감숙, 운남 등에 특히 많았다. 이슬람교가 중국에 전래되면서 천문학과, 건축, 서역의 의학 등이 함께 도입되어 중국에 많은 영향을 끼쳤다.

4. 천주교(天主教)와 기독교 (基督教)

　기독교가 중국에 처음 전래된 시기는 당나라 때인데, 이때 전래된 기독교를 중국인들은 경교(景教)라고 하였다. 이 경교는 기독교의 정통에서 벗어난 네스토리안 (Nestorian)계통의 열성분자들에 의해 유지되던 것으로 당나라 때에는 한 때 상당히 성행하였다. 나중에 불교와 혼합되어 그 독자적인 존재가 은연 중에 없어져 버렸다. 후에 장안(长安)의 대진사(大秦寺)라는 곳에서 경교 기념비가 발견되어 지금은 경교만 연구하는 것도 학문의 한 대상이 되고 있다.

경교 외에 마테오 리치(Matteo Ricci)가 명나라에 들어온 후 마카오를 천주교 전도의 기지로 삼아 선교 활동을 하였는데 중국 상류사회의 지식인들로부터 상당한 호응을 받기도 하였으나 청나라에 와서는 제례(祭礼)문제, 카톨릭교회 자체내에서의 문제 같은 여러 가지 문제가 발생하였고 또 서양선교사들이 축출되기도 하였다. 카톨릭은 오늘날까지도 계속 존재하고 있으며 기독교라 불리는 지금의 개신교는 19세기초에 중국에 들어 왔다.

기독교가 중국에 들어와서 중국 문화에 끼친 영향도 상당히 크다. 과학 방면에는 서양과학 서적을 번역하여 서양과학의 지식을 소개하였고, 교육 방면으로는 학교를 설립하였으며, 병원, 고아원, 적십자(红十字)를 설립하는 등 사회 사업을 하기도 하였고, 귀신이나 풍수, 점술 등의 미신을 타파하게 하고, 남녀평등, 혼인의 자유, 일부다처제를 반대하는 등의 중국 고유의 윤리 도덕 관념을 바꾸게 하는 데 큰 영향을 끼치기도 하였다.

중국의 헌법에는 종교 신앙의 자유를 보장하고 있다. 헌법에는 어떠한 국가기관, 사회단체 또는 개인도 공민(公民)에게 특정 종교를 강제로 믿게 하거나 믿지 못하게 해서는 안 되며, 종교를 믿는 사람, 믿지 않는 사람을 차별해서도 안 된다라고 규정하고 있다. 외국사람들도 중국에서 종교를 믿을 자유가 있으나 종교와 관련된 행사를 할 때는 반드시 교회나 사찰과 같은 법에서 허용하는 일정한 장소에서 해야 한다. 그러나 외국 사람은 중국에서 중국인에게 선교할 수 없다.

단어 (生词)

우러르다	仰望, 敬仰	출가하다	出家
지배적	统治的	벼랑	悬崖绝壁
의술	医术	신봉하다	信奉
상투	发髻	할	成
빈발하다	频发	은연중	暗暗地
생사고통	生死痛苦	마카오	澳门
해탈하다	解脱	카톨릭	天主教
헌신하다	献身		

新编旅游韩国语

(五) 유학 (儒学)

중국에서는 공자와 맹자에 의해 시작된 유가 사상과 노자와 장자가 개창한 도가 사상 그리고 불교 사상이 수천 년 동안 사상 체계를 지배해 왔다. 그중에서도 유가 사상이야말로 가장 크고 깊은 영향을 남긴 사상이다. 유가 사상은 유학이라고도 한다. 유학(儒学)은 중국 춘추 말기 공자에 의해 창립된 학파이다. 공자(기원 전 551년~기원 전 479년)의 이름은 구(丘)고, 자는 중니(仲尼)로 노(鲁) 나라 사람이었다. 춘추 시대 말기의 위대한 사상가이자 교육가이며 유학의 창시자이다. 유학이 형성되면서부터 지금에 이르기까지 막강한 영향력을 확보하여 왔으며 중국인의 심리심층에 깊숙하게 파고 들어 그들의 사상, 가치관, 행동을 지배해 왔다. 선진(先秦)시기 유가는 백가중 비교적 큰 학파였다. 진나라때는 법가(法家)를 숭상하고 한초(汉初)에는 황로(黄老)를 숭상했기에 유가는 한때 침체되었다가 서한 때 한무제(汉武帝)가 동중서(董仲舒)의 의견을 받아들여 여러 학파들의 자유로운 학술 논쟁을 폐지하고 유학을 유일한 정통 학설로 인정하였다.

한무제 이후의 역대의 왕조는 모두 공자와 유학을 숭상하였고 유학으로 백성을 다스렸다. 유학은 2,000년이란 기나긴 세월 속에서 줄곧 역대 왕조에서 법률, 규제, 도덕규범 등을 만드는 이론적 기초로 작용하였다. 중국문화의 지배적 지위를 차지하고 있었던 유학은 중국문화의 발전을 지배하였으며 또한 전반 동양문화에도 깊은 영향을 주었다.

공자에게는 학생이 3천여 명이 있었는데 그중 육예(六艺)를 통한 사람이 72명이 있었으며 공자를 중심으로 한 학파를 이루었다. 각 시기의 유학설은 그때 당시의 봉건 통치의 요구에 부합하느라 성격을 조금씩 달리하고 있다.

서한 때는 동중서(董仲舒)를 대표로 한 금고문경학(今古文经学)이 있었고, 위진(魏晋)때는 왕필(王弼), 하연(何晏)이 장자철학을 해설한 유경(儒经)의 현학(玄学)이 있었으며 당나라때는 한유(韩愈)가 불교를 배척하고 유가를 창조한 "도통"(道统)설이 있다. 송·명(宋·明)시기에느 불(佛), 도(道) 두 설법을 고취한 정주(程朱)파와 육왕(陆王)파의 이학(理学)이 있었다. 청나라 초기에는 한학(汉学), 송학(宋学)이 있었고, 중엽 이후에는 금문경학(今文经学), 고문경학(古文经学)이 있었다.

유학의 정신을 개괄하면 자강불식(自强不息), 후덕재물(厚德载物)로 개괄할 수 있다. 이

178

下篇　中国旅游

두 마디 말은 주역(周易)의 '天行健, 君子以自强不息, 地势坤, 君子以厚德载物'이라는 글귀에서 따온 것이다. 이 말에 포함된 유학정신을 풀이하면 대략 다음과 같다. 인간은 하늘과 땅 사이에서 태어난 천지(天地)의 정화(精华)이기에 마땅히 하늘과 땅의 덕성을 나타내야 한다. 하늘의 덕성은 부지런히 움직이는 것이다. 해, 달, 별은 끊임없이 운행하고 있다. 인간도 이와 마찬가지로 꾸준하게 노력해야 하며 게으름을 피우지 말아야 한다. 땅의 덕성은 만물을 키우는 것이다. 땅은 자기의 드넓은 가슴에 만물을 싹 틔우고 풍족한 젖으로 만물을 키운다. 인간도 이와 마찬가지로 드넓은 가슴으로 남을 너그러이 포용할 줄 알아야 한다. 즉 이 말은 나태하지 않고 끊임없이 노력하며 너그러이 세상을 포용할 줄 알아야 한다는 유가의 처세 정신을 잘 나타내고 있다. 유가의 이러한 정신은 중국의 중요한 민족정신으로 자리 잡았다.

단어 (生词)

막강하다	强大	신조	信条
침체되다	停滞	거역하다	抗拒
역대	历代	흉금	胸襟, 胸怀
고취하다	鼓吹	포용하다	包容, 包涵
물욕	物欲		

(六) 의복 (服装)

한족의 의복문화는 유구한 역사를 가지고 있는데 각 역사적 시기마다 특징이 서로 다르다.

일찍 하(夏)나라 시기에는 누에를 길러 비단을 짜는 기술이 있어서 비단으로 만든 의복이 등장하였다.

상주(商周)시기에 중원 화하족(中原华夏族)은 오른쪽이 옷깃으로 된 윗옷과 치마를 입었고 허리에 띠를 매었으며 남녀 모두가 치마를 입었다. 춘추전국(春秋战国)시기 말에는 북방 유목민족의 의복의 영향을 받아 실외활동과 말타기에 편리한 바지가 전파되었다.

당(唐)나라 초기에는 소매가 좁은 옷을 입었고 당나라 후기에는 소매가 넓은 옷이 유행했으며 여성들은 얇고 가벼우며 가슴이 드러나고 소매가 넓은 윗옷과 긴 비단 치마를 입었다.

송(宋)나라시기에는 좁은 반소매가 달린 여러 가지 간편한 옷이 유행되었고 여성 옷은 옷에 보통 꽃무늬를 수놓았으며 민간에는 몸에 딱 붙게 만든 작은 소매 옷섶

저고리가 유행되었다.

원(元)나라 시기에는 몽골족의 영향으로 왼쪽 옷깃과 좁은 절반소매가 달린 두루마기가 유행하였다.

명(明)나라 때는 다시 당나라 복장을 입었다. 그리하여 복장이 다양하고 호화스러웠는데 당시 관리들의 예복은 주위 청색으로 장식한 붉은색 윗옷과 바지를 입었고 붉은 색과 흰색의 비단 허리띠를 매었으며 흰색 양말과 검은색 신을 신었다.

청(淸)나라 시기에는 옛 의복을 전부 폐지하고 만족(滿族)의복을 만들었으며 관리들은 옷차림새로써 계급을 엄격히 표시했다. 당시 남성들은 장포(长袍),긴 두루마기 마괘(马褂)라는 마고자를 입었고 중국식 모자(瓜皮帽—여섯 조각으로 묶고 꼭뒤에 꼭지를 단 절반 쪼갠 수박 모양 모자)를 썼다. 여성들은 여성용 기포(旗袍)라는 긴 두루마기를 입고 뒤축이 높은 꽃신을 신었다.

2001년 APEC정상 회담에 참석한 각국 정상들이 단체로 당나라 의복(당장)을 입고 나타나자 패션계에 중국 전통 바람이 불기도 했다. '당장' 을 중국식 복장의 통칭으로 삼는 주요 원인은 다음과 같다. 국외에서 화교들이 모여 사는 곳을 '당인가(唐人街)'라고 부르는데 그 '당인' 들이 입는 옷이니 자연히 '당장' 이라고 부르게 된 것이다. 오늘날의 '당장' 은 청나라 때의 마괘에서 나온 것이다

신해혁명(辛亥革命)후 복장은 엄청나게 큰 변화를 가져왔는데 중산복(中山裝), 양복, 학생복이 유행하였다.

신중국 창건 초기에는 소련의 영향으로 레닌복(列宁装), 군복(军便服)이 유행하였고 1979년 개혁개방 후 다시 양복이 유행하고 있다.

중국의 소수민족은 각기 특유한 전통적 민족 문화를 형성하였는데. 이것이 의복 문화에 반영되어 그 민족 특유의 옷차림이 나타났다.

예를 들면 몽골족은 남녀의 옷은 모두 긴 두루마기의 아랫면이 갈라지지 않았고 두루마기를 입은 후 허리에 붉은색 녹색의 비단 띠를 매었는데 띠 끝이 바람에 나부끼게 되어 있다.

티베트족의 옷은 두루마기, 평복과 적삼 등이 있다. 남성용 장족 두루마기는 너르고 소매가 있으며 여자용 두루마기는 좀 곱게 만들어 몸매의 곡선이 나타나고 농업에 종사하는 여성들은 소매 없는 두루마기를 입는다.

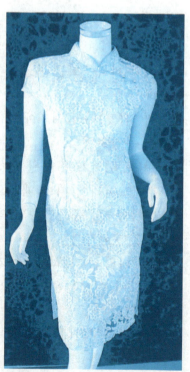

단어 (生词)

누에	蚕	옷깃	衣领
윗옷	上衣	치마	裙子
소매	袖子	옷섶	衣襟
꽃무늬	花纹	호화스럽다	豪华
옷차림	衣着	두루마기	衣袍

(七) 중국요리 (中国饮食)

중국에는 수 천년이나 내려온 궁중 및 귀족요리와 더불어 전통적인 민간 요리의 종류가 많은데 유명한 식단(食谱)만 하더라도 만여 종이나 되며 요리에 쓰이는 재료는 대략 600여 종쯤 되며 요리법은 40여 종이 된다. 그리하여 중국 요리는 맛은 물론 영양에서도 세계 제 1위라고 할 수 있는데 종류도 다양하여 프랑스 요리와 나란히 "요리의 왕"이라고 불리고 있다.

다시 말하면 중국사람은 '비행기 빼고는 하늘에서 날아다니는 것 중 모든 것을, 책상다리 빼고는 네 발 달린 모든 것을 먹는다'는 말이 있는데 중국요리의 다양성을 나타내는 대표적인 말이다. 실제로 중국요리에는 쥐, 개구리, 자라, 고양이, 낙타, 비둘기 등 진기한 재료들이 사용된다.

1. 중국요리의 특징 (中国饮食的特征)

첫째, 중국요리는 기름을 많이 사용하지만 그 방법이 매우 합리적이고 독특하기 때문에 자주 먹어도 쉽게 물리지 않는다. 튀길 때는 두 번 튀긴다. 처음에는 7할 정도 익히고 한번 더 튀겨서 완전히 익힌다. 이렇게 하면 겉은 바삭바삭해지고 속까지 잘 익는다. 볶을 때는 강한 불로 최단(最短)시간에 볶아 냄으로써 영양 파괴를 줄인다.

둘째, 중국요리는 녹말을 많이 사용한다. 그 이유 중 하나는 녹말의 점성(粘性)을 이용하여 음식의 수분과 기름기가 분리되는 것을 방지한다. 또 하나는 고온의 기름으로 조리를 하면 음식의 표면이 거칠게 되므로 녹말을 넣어 매끄럽게 만들어 준다.

셋째, 중국요리는 조미료의 종류와 사용법이 다양하다. 재료에 간장이나 된장 등의 조미료를 넣어 가열하면 조미료의 성분이 변화하여 색깔과 맛이 좋아진다.

新编旅游韩国语

네째, 중국요리는 다른 나라에 비해 찜요리가 많다. 재료의 모양이나 본래의 맛을 파괴하지 않고 담백한 맛을 낼 수 있다.

2. 중국요리의 종류 (中国饮食的种类)

중국은 국토가 넓고 각지의 생산물과 기후, 생활 습관이 달라서 사람들의 입맛도 지역에 따라 다르다. 예컨대 남방 사람들은 담백한 음식을, 북방 사람들은 비교적 진한 맛을 좋아하고, 사천 사람들은 매운 음식을, 산서 사람들은 신 음식을 좋아한다. 이리하여 중국에서는 지방 특색의 요리 계보(菜系)가 형성되었다.

중국요리는 다양하지만 지역에 따라 크게 북부의 북경요리, 남동부의 상해요리, 남서부 내륙의 사천요리, 그리고 남부해안의 광동요리 등 4대 요리로 구분된다.

(1) 북경요리 (北京饮食)

북경요리는 원래 산동 지방에서 발달한 요리인데 노채(鲁菜)라고 한다. 원나라 이후 북경이 중국의 중심이 되면서, 북경요리로 불리고 있다. 북경은 700년간 중국의 수도이자 황제의 궁전이 있던 곳으로 북경에서는 황실요리를 최고로 친다. 특히 황실의 연회 코스인 만한전석(满汉全席)은 108가지 요리를 3박 4일에 걸쳐 즐기는 그야말로 스페셜 코스. 천문학적이라고 밖에는 설명되지 않을 큰 돈이 있어야 한다. 그 외에 공부연(孔府宴—공자 탄생지의 연회)과 전압연(全鸭宴—오리 관련 연회)이 있다.

일반 여행자들이 즐길 수 있는 대표적인 북경 고급요리로는 북경 전주덕(全聚德)이라고 알려진 북경 카오야/오리구이(烤鸭)와 샤브샤브의 원조인 동래순(东来顺) 슈완 양로우/양고기샤브샤브(涮羊肉)가 있다. 특히 북경 카오야는 중국을 여행하는 사람이라면 누구나 한 번쯤 먹어보는 명물요리로 손꼽힌다. 몽골에서 전해진 양고기 샤브샤브는 추운 겨울날 끓는 물에 양고기를 데쳐 먹는 즐거움으로 인해 유명해진 요리다. 간혹 잘 모르고 한여름에 양고기 샤브샤브를 먹는 경우도 있는데 역시 제맛은 한겨울에 느낄 수 있다.

주식으로는 한국의 만두격인 바오즈(包子)와 쟈오즈(饺子)를 밥 대신먹는 경우가 많다.

다음은 사람들이 자주 찾는 북경의 4 가지 요리다.

① 북경 카오야/오리구이 (北京烤鸭)

북경 카오야는 이슬람요리에서 유래됐다고 한다. 오리는 부화된 후 한 달 정도 된 새끼 오리를 좁은 우리 안에 움직이지 못하게 묶어 놓

182

下篇 中国旅游

고 입을 벌리게 한 다음 사람이 오리목구멍으로 사료를 강제로 밀어 넣어 주는 방법으로 키운다. 이렇게 운동을 못하게 하고 영양을 충분히 공급하면서 보름 정도를 키우면 처음보다 몇 배의 살이 찐다는 것이다.

북경 카오야는 먹는 방식도 독특하다. 얇게 썬 구운 오리고기를 파, 달콤한 된장과 함께 빚어 놓은 만두 껍질처럼 얇고 동그란 밀가루 전병에 싸서 먹는다.

② 슈완양로우/양고기 샤브샤브 (涮羊肉)

원래는 몽골족의 전통 음식이었다. 종이처럼 얇게 썬 양고기를 신선로처럼 생긴 솥(火锅)의 끓는 물에 담가 살짝 데친 후 소스에 찍어 먹는 것인데 한국사람이 먹는 샤브샤브와 비슷하다. 양고기 샤브샤브에 쓰이는 소스는 간장과 새우 소스, 참기름, 고추기름 등 10여 가지 재료로 되어 있으며, 배추 등의 야채를 곁들여 먹는다.

③ 쟈오즈 (饺子)

한국의 얇은 피 만두와 똑같은 음식인데, 차이가 있다면 크기가 한국 것에 비해 작고, 속이 다양하다는 것이다. 만두피를 물만두처럼 얇게 미는 것도 다르다. 식초를 듬뿍 찍어 먹으면 더 맛있다.

④ 바오즈 (包子)

고기 만두의 일종, 찐빵 같은 만두피의 동그스름한 모양이 쟈오즈와는 구별된다. 천진(天津)의 구불리바오즈(狗不理包子)는 제일의 맛을 자랑하는 체인점들이다.

(2) 상해요리 (上海饮食)

회양(淮扬)요리는 회하(淮河) 연안과 양지강 하류의 양주(扬州), 진강(镇江), 회안(淮安) 요리의 정수(精髓)를 모은 것으로 재료의 선택과 불의 세기와 조리 시간 그리고 외관에 중점을 둔다. 회양요리는 산해진미를 조리하는 것으로 유명하다. 20세기 이후 상해의 지위가 급속도로 높아지면서 요즘은 상해요리라는 이름으로 더 유명하다.

대표적인 요리로는 상해 다자셰(大闸蟹)와 둥포러우(东坡肉), 시후추위(西湖醋鱼)가 특히 유명하다.

다음은 상해요리 몇 가지를 좀 더 상세하게 소개하기로 한다.

① 다자셰 (大闸蟹)

다자셰는 강수성 양청호에서 나는 민물게만을 사용해야 하는데 상해 게요리로 알

려져 있다. 요리 방법은 단순한 편이다. 찜통에 쪄낸 후 다진 생강을 넣은 식초에 찍어 먹는다. 담백한 게살 맛을 즐기는 게 포인트다.

② 둥포러우 (东坡肉)

둥포러우는 일종의 돼지고기 비계찜이다. 자기로 된 작은 항아리에 간장과 설탕, 생강 등을 넣고 쪄내는데, 마치 젤리와도 같은 느낌이 있다.

③ 시후추위 (西湖醋鱼)

시후추위는 단맛과 신맛이 어우러진 물고기 찜요리의 일종이다. 단맛은 인생의 기쁨을, 신맛은 인생의 슬픔을 상징한다고 하니, 요리 자체가 무척 철학적이다. 민물고기인 관계로 가시를 발라 먹는 게 상당히 귀찮다.

④ 궈바러우 (锅巴肉片)

언젠가 한국에서 선풍적인 인기를 끌었던 누룽지탕이다. 각종 해물이 곁들여진 한국과는 달리 상해식 정통요리는 돼지고기와 죽순만 고명으로 나온다.

⑤ 푸구이지 (富贵鸡)

진흙을 발라 구운 닭요리로서 옛날에 강수성의 한 거지가 닭을 훔쳤는데, 조리기구가 없어 진흙을 발라 구워 먹은 데서 유래한다. 진흙이 닭의 기름을 흡수한 탓에 무척 담백한 맛이 특징이다. 고급식당에서는 닭 모양의 진흙 자기안에 닭을 넣어 굽기도 한다.

⑥ 샤오룽바오즈 (小笼包子)

상해에서 대유행한 바오즈(包子)의 한 종류다. 아무리 입이 작은 아가씨라도 한입에 넣을 수 있는 작은 크기로 인해 샤오룽바오즈라는 고유의 이름으로 불린다. 투명한 만두피와 풍부한 육즙이 특징. 갓 쪄낸 샤오룽바오즈의 육즙은 입천장을 데게 할 수 있으니 조심하는 게 좋다.

(3) 사천 요리 (四川饮食)

사천요리는 천채(川菜)라고도 하는데 매운 맛과 기름기가 많고 맛이 진한 것이 특징이다. 고추, 마늘, 식초, 생강 등을 비롯한 다양한 양념을 사용하며 특히 고추를 많이 사용한다.

원래 이 지방은 날씨가 덥고 습하기 때문에 양념을 넣는 요리가 발달되었다고 한다. 성도(成都), 중경(重庆)등의 도시를 중심으로 한 사천 분지는 4계절 농산물이 풍부한 중국의 곡창(谷仓)지대이다. 지리적인 여건 때문에 해산물은 없지만 각종 야채, 육류,

下篇　中国旅游

민물고기들을 이용한 여러 가지 요리가 발달되어 있다
　사람들이 자주 찾는 사천요리에는 다음과 같은 것들이 있다.

① 훠궈/샤브샤브 (火锅)

　느끼한 입맛을 단순에 날려 버릴 수 있는 요리다. 한국인이 가장 선호하는 정통 중국요리 1순위다. 상대적으로 저렴한 가격에 다양한 종류의 음식을 데쳐 먹을 수 있기 때문에 이것저것 맛보기 좋아하는 사람이라면 안성맞춤이다. 훠궈 전문점은 어디서나 흔히 볼 수 있는데, 최근에는 한류 열풍을 타고 김치국물 훠궈도 등장했다.

② 마포더우푸 (麻婆豆腐)
　사천요리의 대표주자라 할 수 있다. 다진 돼지고기와 두부를 고추와 산초와 함께 걸쭉하게 끓여내는 요리다. 사천식은 산초의 얼얼한 맛이 더 강하다.

③ 위샹러우쓰 (鱼香肉丝)
　한국인의 입맛에 가장 잘 맞는 요리 중 하나로 잘게 썬 돼지고기 볶음이다. 중국 어느 도시의 식당에서건 먹을 수 있을 정도로 대중적인 음식이다.

④ 궁바오지딩 (官保鸡丁)
　닭고기와 고추, 생강, 땅콩, 오이 등 다양한 재료를 볶아서 만든 요리, 매콤한 닭볶음이라고 생각하면 된다. 이것은 가장 대중화된 사천요리 중 하나, 전국 어디서든 맛볼 수 있다.

⑤ 쓰촨마라탕 (四川麻辣汤)
　울고 싶은 사람들에게 적극 권할 만한 요리다. 샤브샤브에서 변형된 요리로, 데쳐 먹는 샤브샤브와는 달리 각종 재료를 한데 끓여내는 탕이다. 베이스가 샤브샤브와 같아 매운 맛은 기본. 사천 사람들조차 가장 매운 요리로 손꼽는다.

(4) 광동요리 (广东饮食)
　광동요리는 월채(粤菜)라고도 하는데 그 종류가 다양하고 조리된 음식의 모양이 좋다는 것이 그 특징이다. 주로 땅콩 기름을 사용하는데 조리 시간은 짧은 편이다. 양념을 보통 정도로 사용하며, 소스에는 녹말이 들어가는데 튀기거나 볶는 것보다는

찌는 요리가 많다.

　야채를 비롯한 먹을거리가 주변 지역에 충분히 생산되기 때문에 신선한 재료를 사용할수 있다는 것이 광동요리의 또 하나의 장점이다.

　야채 뿐만 아니라 재료도 다양하다. 뱀이나 개, 고양이 등은 흔히 볼 수 있는 재료이며 원숭이, 고슴도치, 천산갑 등 야생동물까지 요리가 되어 상에 올라온다.

　소주(苏州)에서 생활하고, 광주(广州)에서 먹고, 죽어서는 유주(幽州)에 묻히는 소원이라는 말이 있을 정도로 광주는 음식 문화가 발달한 중국에서도 먹을거리로 이름난 곳이다.

　광동요리는 종류만 해도 1,000가지가 넘는다고 한다.

　다음은 몇 가지 유명한 광동요리를 살펴보기로 하자.

① 뎬신 (点心)

누구나 즐길 수 있는 최고의 광동요리라 할 수 있다. 광동의 아침은 늘 차와 곁들인 뎬신으로 시작한다. 전복 등 고급재료로 만든 뎬신을 배부르게 먹기 위해서는 만만찮은 예산이 들어간다.

② 탕추파이구 (糖醋排骨)

한국의 돼지갈비찜과 거의 흡사한 요리다. 고기를 한번 튀긴 후 소스를 뿌리기 때문에 씹을 때 무척 바삭거린다. 중국요리치고는 드물게 손으로 들고 뜯어 먹는 요리. 사람에 따라 상해요리로 분류하기도 한다.

③ 구라오러우 (咕老肉)

한국에서 먹는 탕수육의 원조다. 탕추파이구를 먹다 이를 상한 사람이 투덜거리자, 뼈를 바른 고기를 튀겨서 소스를 뿌려 줬다고 한다. 한국의 탕수육보다 단맛이 강한 편이다. 중국 어디서나 먹을 수 있는데, 곳에 따라 탕추러우(糖醋肉)라고도 부른다.

④ 이핀창위 (一品鲳鱼)

고급 어종에 속하는 병어를 살짝 튀긴 후, 마늘, 간장, 설탕으로 만든 소스를 얹어 먹는 음식이다. 한국의 생선조림과 비슷한 맛을 내기 때문에 한국인들의 입맛에도 딱 맞다.

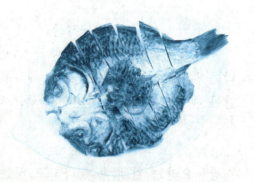

(5) 기타 요리 (其他饮食)

운남이나 신강위구르자치구 일대도 나름의 독특한 음식 문화를 가지고 있다. 운남

요리는 동남아 음식과 비슷한 편. 태국이나 베트남에서 즐길 수 있는 쌀국수(过桥米线)도 맛볼 수 있다.

이슬람교도인 위구르인들의 전통음식인 신강요리는 스파게티의 원조라고 주장하는 라면(拉面)과 양꼬치구이인 양러우촨(羊肉串)이 명물 요리다.

신강 옆에 있는 감숙성의 명물인 니러우면(牛肉面) 또한 이슬람풍의 영향을 받은 요리에 속한다.

3. 식사 예절, 금기 및 먹는 방법 (饮食礼节, 禁忌及吃法)

(1) 예절 (礼节)

중국의 전통적인 연회석은 네모난 상을 사용하였는데 남쪽으로 향한 북쪽 좌석이 상석(上席)이다. 지위가 높은 사람이나 연장자가 먼저 앉은 후 다른 사람들이 자리에 앉는 게 예의이다. 어떤 때는 손님이 가장 안쪽 좌석에 앉는다. 만약 룸이라면 손님은 가장 안쪽의 일명 회장님 자리에, 주인은 문 옆에 앉는 게 일반적이다.

음식을 올리는 순서와 위치도 일정한 규칙이 있다.

그 순서는 지역마다 차이가 있으나 다음과 같은 몇 가지는 통용되는 규칙이다.

① 차가운 요리를 먼저 올리고 뜨거운 요리를 후에 올린다.
② 주요 메뉴 요리를 먼저 올리고 보조요리를 후에 올린다.
③ 안주를 먼저 올리고 반찬을 후에 올린다.
④ 특별요리를 먼저 올리고 일반 요리를 후에 올린다.
⑤ 고기요리를 먼저 올리고 채소요리를 후에 올린다.
⑥ 양이 많은 요리를 먼저 올리고 양이 적은 요리를 후에 올린다.
⑦ 짠요리를 먼저 올리고 단 요리를 후에 올린다.
⑧ 맛이 진한 요리를 먼저 올리고 담백한 요리를 후에 올린다.
⑨ 요리를 먼저 올리고 과일을 후에 올린다.

음식상을 다 차리면 주인과 손님이 서로 먼저 들라고 사양하다가 손님이 먼저 술잔을 든 후 함께 술을 마시고 식사를 한다. 음식상을 물리고 손님이 돌아갈 때에는 쇠고기, 양고기, 돼지고기 등 남은 음식을 싸서 손님에게 갖고 가게 한다.

(2) 금기 (禁忌)

음식 금기(禁忌)는 말 그대로 음식생활에서 불길하다고 여겨 금하고 꺼리는 것을 가리키는데 주로 시간과 관련된 색상과 관련된 금기, 발음과 관련된 금기, 숫자와 관련된 금기 등이 있다.

① 시간·계절과 관련된 금기

예컨대 많은 지역에서 설날에는 죽을 먹지 않는다. 이는 주로 설날에 죽을 먹으면 먼 길을 떠날 때마다 비를 맞는다고 믿었기 때문이다. 또 일부 지역에서는 설날에 고구마 등을 먹지 않는데 그 이유는 설날에 고구마 따위를 먹으면 1년 내내 밥을 제대로 먹을 수 없게 된다는 것이다. 옛사람들은 병오(丙午)날에 닭고기를 먹으면 남자는 눈이 멀고 여자는 정신 착란(错乱)이 온다고 믿어 먹지 않았으며 갑(甲)자가 든 날(甲子, 甲戌, 甲申, 甲午, 甲辰, 甲寅)에 딱딱한 껍질이나 비늘이 있는 동물, 즉 거북이나 물고기를 먹으면 몸이 상하거나 재앙을 부른다고 여겨 먹지 않았다고 한다.

② 색상과 관련된 금기

예컨대 옛사람들은 머리가 검은 백마(白马)의 뇌수를 먹으면 간질병을 일으킨다고 하여 먹지 않았으며 홍콩, 심천(深圳)의 사람들은 흰닭을 먹으면 불상사가 생긴다고 하여 먹지 않는다.

③ 발음과 관련된 금기

예컨대 일부 지역에서 상신절(尝新节—햇곡식을 맛보는 축제)에 닭고기를 먹으면 안 되는데 그 이유는 닭 계(鸡)자와 기근 기(饥)자가 중국어에서 발음이 똑같기 때문이다. 또 많은 지역에서는 결혼잔치나 한집 식구가 모인 음식상에 배를 놓지 않는데 그 이유도 배 이(梨)자와 떠나갈 이(离)자가 발음이 똑같기 때문이다.

④ 배합과 관련된 금기

옛사람들은 모든 음식 원료는 다 자기의 타고난 성질이 있는 만큼 음식 원료는 서로 어울리는(相合)것도 있고 서로 배척하는(相克)것도 있다고 보았으며 상극(相克) 관계의 것을 함께 먹으면 인체에 해롭거나 지어는 목숨이 위태롭게 된다고 여겨 먹지 않았다. 예컨대 양고기와 준치, 양의 간(肝)과 풋고추, 돼지고기와 고수(香菜), 물고기 알과 돼지 간, 꿀과 파, 땅콩과 오이, 물고기와 형개(荆芥) 등을 함께 먹으면 안 된다는 것이다. 상극설(相克说)에 의한 음식금기 중, 많은 것이 오늘에 와서는 과학적인 근거가 없는 것으로 밝혀졌지만 여전히 일부 지역에서 유행되고 있다.

⑤ 숫자와 관련된 금기

예컨대 일부 지역에서는 손님을 맞이할 때 허바오딴(荷包蛋—계란껍질을 깬 후 한 개씩 그대로 끓는 물에 삶은 요리)을 대접하는 풍습이 있는데 절대 2개를 올리지 않는다. 그것은 계란 2개는 중국 민간에서 남성의 고환을 상징하는 것으로 계란 2개를 깨서 요리를 만들어 손님을 대접하면 손님을 욕보이는 것이기 때문이다. 그러므로 허바오딴을 3개 이상을 올리는 것이 상례이다.

下篇　中国旅游

(3) 먹는 방법 (吃法)

중국요리는 기본적으로 음식을 개인 식기에 덜어 먹는 방식을 취한다. 아무리 배가 고파도 개인 젓가락으로 접시의 음식을 집지 않도록 하는 게 좋다.

① 회전테이블 이용법

음식이 나오면 주 요리가 손님에게 먼저 가게끔 테이블을 돌려준다. 손님이 다양한 음식을 집을 수 있도록 적절하게 테이블을 돌려주는 것은 주인의 몫이다. 한국처럼 서로 돌리겠다고 회전테이블을 잡고 놓지 않으면 결례임을 명심하자. 참고로 테이블 회전 방향은 늘 오른쪽이어야 한다.

② 숟가락과 젓가락

중국도 한국처럼 숟가락과 젓가락을 함께 쓰는 문화지만, 젓가락의 비중이 높은 편. 요리와 밥을 먹을 때는 젓가락을 사용하는 게 일반적이다. 숟가락은 단지 탕을 떠먹을 때나 사용한다. 수저의 위치가 한국과 같지만, 수저를 사용한 이후부터는 뒤집어 놓아야 한다. 중국인들은 사용한 수저의 떠먹는 부분을 남에게 보여주는 것이 실례라고 생각하기 때문이다. 한국과는 정반대로 중국에서는 일반적으로 밥그릇과 탕그릇을 들고 먹는다.

단어 (生词)

귀족요리	贵族料理	누룽지	锅巴
개구리	青蛙	육즙	肉汤
자라	甲鱼	입천장	上腭
녹말	淀粉	데다	烫伤，伤了
물리다	腻	순위	顺序
조미료	调料	걸쭉하다	稠
스페셜	特别的，专门的	산초	山椒
살짝	稍稍地	얼얼하다	辣乎乎
데치다	焯	매콤하다	辣
체인점	连锁店	베이스	基本
민물게	淡水蟹	고슴도치	刺猬
찜통	蒸桶	천산갑	穿山甲
포인트	点	안주	下酒菜，菜肴
젤리	果冻	딱딱하다	硬

189

新编旅游韩国语

| 죽순 | 竹笋 | 재앙 | 灾殃 |
| 고명 | 浇头, 汁子 | 준치 | 鲥鱼 |

(八) 술 (酒)

1. 술의 역사와 종류 (酒的历史和种类)

중국의 술 양조역사는 아주 오래되었다. 최초에는 맛이 특이한 황주(黄酒)를 빚었고 후에는 황주를 토대로 소주(烧酒)를 빚게 되었다. 고고학(考古)자료에 따르면 신석기 시대인 용산 문화(龙山文化)의 유적에서도 이미 술잔이 발견되었을 정도니, 중국인들의 술 역사는 최소 4천 년 이상 된 셈이다. 상(商) 시기에 이미 양조 기술이 상당한 수준에 이르렀다. 중국 고대의 술은 대체로 탁주(浊酒)와 청주(清酒) 두 가지 유형으로 구분할 수 있다.

탁주는 술을 빚는 시간이 짧고 누룩이 적게 들어가며 맛이 달콤한 것이 특징이다. 엄밀히 따지면 탁주는 술이라기보다 단맛이 나는 음료라는 편이 낫다. 중국 고대의 탁주로는 예주(醴酒)와 노주(醪酒)가 있었다.

청주는 양조 기간이 길고 알코올 농도가 높으며 맛이 순하고 술이 맑은 것이 특징이다. 중국 고대의 청주에는 주로 주주(酎酒), 순주(醇酒), 영주(醽酒) 등이 있었다. 청주는 보통 겨울에 담가서 봄이나 여름에 되면 맛이 좋은 술이 되는데 그 맛이 그윽하여 연회석상에 빠지지 않고 오른다.

자연 상태에서 발효시킨 청주는 알코올 농도가 10% 정도밖에 안 된다. 술 중의 알코올 농도를 높이기 위해 중국 고대의 양조사(酿酒师)들은 장기간의 연구와 실험을 거쳐 알코올과 물의 비등점이 같지 않은 특성을 이용해 증류(蒸馏)법을 개발하여 알코올 농도가 높은 술을 만들어내는 데 성공하였다. 이 증류주(蒸馏酒)를 소주(烧酒)라 불렀다. 소주란 말 그대로 술맛이 화끈하고 알코올 농도가 높아 불타는 술이라는 뜻이다.

술은 중국 문화를 상징하는 하나의 코드이다. 술이 없었다면 이백이 뽑아내던 칠언절구(七言绝句)의 화려한 시구도 없었을 것이고, 중국 도자기의 한 장르를 차지하고 있는 매끄러운 곡선의 술병과, 단아한 술잔도 볼 수 없었을 것이다.

오랜 역사를 자랑하는 중국의 술 문화는 각 지역별로 고유의 술이 있을 정도로 다양한 편, 때문에 중국에서 진정한 공인 감정사(评议师)를 하려면 본고장의 술뿐만 아니라 다른 지역의 명주까지 모두 잘 알고 있어야 한다.

어떤 술이 명주인지 사람에 따라 의견이 분분하지만, 중국 정부는 1953년에 감정(评议)을 통하여 국가 공인 8대 명주를 지정 발표했다.

下篇 中国旅游

　모태주(茅台酒—마오타이쥬), 분주(汾酒—펀쥬), 서봉주(西凤酒—시펑쥬), 노주배갈(沪州老窖—루저우 라오쟈오), 소흥가반주(绍兴加饭酒—싸오씽쟈판쥬), 빨간 장미 포도주(红玫瑰葡萄酒—홍메이꾸이 푸타오쥬), 미미사주(味美思酒—웨이메이쓰쥬)와 금상 브랜디(金奖白르地酒)등이 대 명주에 속한다.

　그후, 1963년, 1979년의 두 번의 감정을 거쳐 18대 명주를 선정했다.

　1963년의 감정에서 선정한 18대 명주에는 1953년의 감정에서 선정한 8대 명주가 그대로 보존되었고 이밖에 오량액(五粮液—오량예), 고정공주(古井贡酒—구징꿍쥬), 전흥대곡(全兴大曲—쵄씽땅취), 중국 홍포도주(中国红葡萄酒—쭝궈 홍푸타오쥬), 죽엽청(竹叶青—주예칭), 백포도주(白葡萄酒—빠이푸타오쥬), 동주(董酒—뚱쥬), 특제 브랜디(特制白르地—터쯔 빠이란디), 침항주(浸缸酒—찐깡쥬), 청도 맥주(青岛啤酒—칭따오 피쥬) 등 10가지가 추가되었다. 1979년에 감정에서 선정한 18대 명주를 보면 1963년도의 18대 명주 중에서 서봉주(西凤酒—시펑쥬), 빨간 장미 포도주(红玫瑰葡萄酒—홍메이꾸이 푸타오쥬), 전흥대곡(全兴大曲—쵄씽따취)과 동주(董酒—뚱쥬)가 빠지고 그 대신에 양하대곡주(洋河大曲酒—양허따취쥬), 검남춘주(剑南春酒—쟨난춘쥬), 청도 백포도주(青岛白葡萄酒)와 연태 홍포도주(烟台红葡萄酒—앤타이 홍푸타오쥬)가 추가되었다.

　현재 중국 사람들이 좋아하는 명주에는 다음과 같은 것들이 있다.

(1) 모태주/마오타이주 (茅台酒)

　귀주성(贵州省) 모태/마오타이현(茅台县)에서 생산되는 최고급 술이다. 1년 생산량이 제한되어 있는데, 반드시 모태현의 우물물만을 사용해야 하기 때문이라고 한다. 7번의 증류와 3년의 숙성 과정을 거쳐야 모태주라는 이름을 붙일 수 있다.

　1915년 파나마 만국박람회에 출품되어 스카치 위스키, 꼬냑과 함께 세계3대 명주에 선정되기도 했다.

(2) 분주/펀주 (汾酒)

　산서성(山西城) 행화(杏花)촌에서 생산되는 1,500년의 역사를 자랑하는 명주다. 당나라의 대시인 이백이 즐겨 마셨다고 한다. 62°에 달하는 엄청난 도수를 자랑하지만 의외로 목으로 넘길 때 뜨거운 느낌은 적다.

(3) 오량액/우량예주 (五粮液酒)

　오량이란 다섯 가지 곡식으로 양조한 것이다. 당나라 때 처음 양조되기 시작한 술로 사천성(四川省)을 대표하는 명주 중 하나. 다른 명주에 비해 양조 기간이 비교적

짧은 편이기 때문에 가격도 명주치고는 저렴한 편이다.

(4) 죽엽청주/주이에칭죠우(竹叶清酒)

죽엽청주라는 이름으로 한국에도 널리 알려져 있다. 분주 (汾酒)에 10여 가지의 천연약재를 섞어 만들었기 때문에 치료용 약술로도 쓰이는데 중국인들에 의하면 약한 기를 보호해 주고, 혈액순환에 특효라고 한다.

(5) 양하대곡/양허다취 (洋河大曲)

강소성(江苏省) 특산주. 미인천(美人泉)에서 나오는 샘물로만 양하대곡을 담글 수 있다고 한다. 알콜 도수가 48°에 달함에도 불구하고 무척 부드러운 맛이 난다. 아무리 많이 마셔도 갈증이나 두통 등의 후유증이 없다고 한다.

(6) 노주배갈/루조우라오쟈오 (庐州老窖)

사천성 특산의 노주배갈은 단맛과 강한 향이 일품인 술. 한국의 술 애호가들에게는 그리 알려지지 않은 편이지만, 중국에서는 노주배갈만을 고집하는 사람들이 있을 정도. 38·52·60°의 세 종류가 있어 도수별로 선택할 수 있다.

(7) 고정공주/구징궁주 (古井贡酒)

술 중의 모란꽃이라는 별명으로 더 유명한 안휘성(安徽省)의 명주로서 삼국시대의 조조(曹操)가 한나라 황제에게 구징궁주를 올려 칭찬을 받았다는 이야기가 있을 정도로 맛으로는 이미 정평이 나 있다.

(8) 동주/동주 (董酒)

중국을 대표하는 약술로서 약130여 종의 한약재를 섞어 담궜다고 한다. 어지간한 술의 제작법이 대략적으로나마 공개된 지금까지도 그 양조법에 관한 것은 철저하게 비밀로 하는 것으로 유명하다.

(9) 맥주(啤酒)

1903년 청도에서 처음 생산된 중국의 맥주는 한 동안 서양인들의 기호식품이었을 뿐이었다. 그래서 중국인들이 맥주를 즐겨 마신 것은 불과 30년 남짓밖에 안 된다.

오늘날은 각 성(省)별로 고유의 맥주가 생산되는데, 전국적으로 가장 유명한 맥주는 청도 맥주다.

이외에도 북경의 연경/얀징(燕京)맥주, 귀주성의 모태/마오타이(茅台) 맥주 등은 전국적으로 맛을 인정받은 브랜드다.

최근 전국적으로 유통되고 있는 설화/쉐화(雪花) 맥주는 청도 맥주에 버금가는 맛

下篇 中国旅游

과 저렴한 가격으로 인해 인기몰이를 하고 있는 브랜드이다.

2. 술을 마시는 예의 (喝酒的礼节)

중국 사람은 술을 마시는 예의를 중시한다. 예를 들면 술자리에서 어른이나 상사를 존중하기 위해서는 아랫사람들이 자기가 먼저 술잔을 들고 존경의 뜻을 표시하며 건배해야 한다. 술을 마시기 전에 두 사람이 잔을 부딪치면 더 친근해 보인다. 컵을 받쳐 들고 건배할 때에는 아랫사람이 윗사람보다 잔을 낮게 들어야 존경의 뜻이 나타나게 된다. 먼저 술을 권한 사람은 그 술잔을 한번에 비움으로써 자신의 성의를 표시한다. 중국 사람들이 술을 마시는 자리는 비교적 떠들썩한 분위기이다. 모두들 웃고 떠들며 화기애애하게 분위기를 이끌어 나간다. 벌주 마시기(罚酒一行酒令)를 하면서 분위기를 더 돋우는 경우도 있다. 술자리에서 하는 놀이인 벌주 마시기에는 여러 규칙이 있는데 그 규칙을 범한 사람은 바로 술을 마셔야 한다. 고대 지식인들의 벌주 마시기는 주로 시 대구 짓기를 하는 것이었다.

단어 (生词)

빚다	做，捏，酿	만국박람회	万国博览会
누룩	曲子，酵母	스카치위스키	苏格兰威士忌
알코올	酒精	꼬냑	（法国）白兰地
비등점	沸腾点	기호식품	嗜好食品，喜好食品
화끈하다	热乎乎	버금가다	仅次于，第二名
코드	代码		

(九) 차 (茶)

1. 차의 역사와 종류 (茶的历史和种类)

중국은 세계에서 일찍 차나무를 심고 차를 만든 나라인데 4000년 전에 신농씨(神农氏)는 백초를 맛보고 고차(苦茶)를 발견하였다고 전해지고 있으며, 2000년전에 이미 사천(四川), 운남(云南)일대에서는 차나무를 심기 시작했다고 한다. 당나라 때는 십 여 개의 성에서 차나무를 재배했을 뿐만 아니라 차를 마시는 것은 이미 당시 사람들의 생활 습관이 되어 있었다. 서기 804년에 죽은 육우(陆羽)는 차에 관한 유명한 작품인《차경(茶经)》을 저술하였는데 차 경작자들에 의해 수호신으로서 존경받았다. 그리고 중국의 차 경작법은 서기 5세기 이후 실크로드를 통해 세계에 전해지기 시작했다. 그리하여 중국은 차의 고향이라고 불리고 있다.

新编旅游韩国语

　　중국차는 차의 품종이 많고 질이 좋으며 가공이 섬세하여 세계적으로 유명하다. 중국 찻잎은 제조 방식에 따라 크게 녹차, 홍차, 우롱(乌龙)차, 화(花)차, 타(沱)차, 전(砖)차 등으로 나누어 볼 수 있는데 각각의 차마다 많은 품종이 있다.

　　산뜻한 연녹색을 띠고 있는 녹차는 발효차가 아니다. 홍차는 발효시킨 차로 찻물을 우려내면 붉은 색을 띤다. 우롱(乌龙)차는 반쯤 발효시킨 차로 찻잎이 부드러우면서 넓적하다. 우린 찻물의 색깔은 황금색이다. 화차는 중국 특유의 차로 찻잎에 향기로운 꽃 냄새를 배게 해서 만든 것이다. 타차는 운남과 사천에서 생산되는 차의 한 종류로 압력을 가해 둥근 찐빵처럼 만든 것이다. 그중 남방 사람들이 즐기는 중국 10대 명차(十大名茶)로는 절강성 항주 서호의 용정차(龙井茶), 강소성 소주 태호의 벽나춘차(碧螺春茶), 안휘성 육안(六安)의 과편차(瓜片茶), 호남성 악양 군산(岳阳君山)의 은침차(银叶茶), 황산(黄山)의 모봉차(毛峰茶), 신양(信阳)의 모첨차(毛尖茶), 태평(太平)의 후괴차(猴魁茶), 여산(庐山)의 운무차(云雾茶), 사천성 아안(雅安)의 몽정차(梦顶茶), 절강성 장흥(长兴)의 고자차(顾渚茶) 등이다. 그밖에 북방 사람들은 홍차(红茶)를 즐기며 화남 사람은 우롱차(乌龙茶)를 즐기며 서남 지역의 사람은 타차(沱茶—긴압차의 일종)를 즐기고 운남성의 사람은 보이차(普洱茶)를 즐긴다.

　　각각의 차를 품종별로 분류해 보면 다음과 같다.

　　(1) 녹차는 수량 및 질이 세계에서 제일이다. 녹차에는 용정(龙井), 벽라춘(碧螺春), 모봉(毛尖), 기창(旗枪), 주차(珠茶), 진매(珍眉), 공희(贡熙), 우차(雨茶) 등이 있다.

　　(2) 홍차도 세계적으로 잘 알려져 있다. 홍차에는 기홍(祁红), 전홍(滇红), 민홍(闽红), 이홍(宜红), 영홍(宁红) 호홍(湖红) 천홍(川红) 등이 있다. 안휘성 기문현에서 생산되는 기홍은 파나마(巴拿马) 국제 박람회에서 금메달을 받은 적이 있다.

　　(3) 우롱차는 그중 철관음(铁观音), 암차(岩茶), 수선차(水仙茶), 철라한(铁罗汉) 등이 좋은 품종이다.

　　(4) 화차는 재스민차(茉莉花茶), 옥란화차(玉兰花茶), 주란화차(珠兰花茶) 등이 유명하다.

　　(5) 타차는 흑차 또는 긴압차(紧压茶)라고도 부른다. 타차로는 청전(青砖), 흑전(黑砖), 화전(花砖), 보타긴차(普沱紧茶)가 유명하다.

　　이들 차외에 백차도 있다. 백차는 생산량이 많지 않지만 복건성 북부에서 생산되는 백호은진(白毫银珍)이 그 품질이 뛰어나다.

2. 마시는 방법과 다구 (饮茶的方法和茶具)

차를 마시는 방법과 다구(茶具)도 시대에 따라 많이 변했다.

최초에 차를 마실 때에는 일반 식기를 사용하였고 전문적인 다구(茶具)가 아직 없었다. 그러다가 차를 마시는 풍습이 보급되면서 다구(茶具)가 점차 발달하게 되었다. 당나라(唐朝)이전에는 사발이나 컵, 혹은 술잔으로 차를 마셨는데 임금이나 귀족들은 금, 은으로 정교하게 만든 다구를 주로 썼고 서민들은 도자기 사발을 사용하였다.

당나라(唐朝)에 와서는 전문적으로 차를 마시는 데 사용하는 찻종(茶盅)이 개발되었는데 크기가 예전의 것보다 훨씬 작아 차를 마시기에 안성맞춤이었다. 그중에서 월주 (越州—지금의 절강성 조흥의 청자(青瓷))와 형주(邢州), 지금의 하북성 형태(邢台)의 백자(白磁)가 제일 유명하였다. 송나라(宋朝)에 와서는 찻종보다 더 작고 더 정교한 찻잔(盏)을 사용하기 시작하였다.

차주전자는 서진(西晋)시기에 이미 사용되었는데 수나라(隋朝)에 이르기까지 그 모양은 대체로 주둥이가 몸통보다 높고 주둥이의 모양이 닭머리 형태로 된 계두호(鸡头壶)였다. 그러다가 당나라(唐朝)에 와서 주둥이가 낮고 짧은 모양으로 바뀌었다. 송나라(宋朝)에 이르러 차주전자의 모양이 크게 바뀌었는데 특히 남송(南宋)시기에 이르러 배가 불룩 나온 기존의 모양이 좁고 높은 원기둥(圆柱) 모양으로 바뀌었고 주둥이도 몸통의 윗부분에서 가운데로 내려왔다.

찻종을 받치는 접시(茶托)는 당나라(唐朝)에 와서 처음 개발되었고 송나라(宋朝)에 와서 더 다양하고 정교하게 만들어지게 되었다.

송말원초(宋末元初)에 이르러 경덕진(景德镇)의 자기(瓷器)가 유명해지면서 그 청화(青花)다구도 왕실, 귀족이 애용하는 진귀한 명품이 되었고 멀리 일본에까지 수출되었다. 자기(瓷器)의 발달과 함께 도기(陶器)는 점차 자취를 감추었다가 명나라(明朝)에 이르러 차를 마시는 방법이 전해지면서 도기(陶器) 다구가 다시 흥하게 되었다. 그중에서 강소(江苏)성 의흥(宜兴)의 자주도기(紫砂陶)가 제일 유명하였다. 그래서 사람들은 '경자의도(景磁宜陶)—즉 경덕진의 자기와 의흥의 도기'라는 말로 다구의 명품을 요약하였는데 지금도 그 말은 변하지 않고 있다.

단어 (生词)

재배하다	栽培	몸통	躯体, 块头
수호신	守护神	자취	痕迹
주둥이	嘴儿		

(十) 음료수 (饮料)

개혁 개방 이래 중국에서는 차 외에 생수, 청량음료, 주스, 커피 등을 마시는 이 일어나고 있다.

1. 생수 (矿泉水)

생수 브랜드로는 중국 어디에서나 볼 수 있는 와하하(娃哈哈)와 눙푸산취안(农夫山泉)이 가장 유명하다. 특히 눙푸산취안은 물 맛이 좋기로 유명한 절강성의 샘을 독점 개발, 판매하는 회사로 한국이 생각하는 미네랄워터에 가장 가까운 형태다. 중국에서 가장 오래된 생수판매회사 중 하나인 와하하의 상품은 종류가 많은 것이 특징이다.

2. 탄산음료 (碳酸饮料)

중국 역시 다른 나라와 마찬가지로 코카콜라(可口可乐)로 대표되는 다양한 탄산음료들을 접할 수 있다. 단, 문제는 발음이 완전히 다르다는 것. 코카콜라는 '커코우컬러', 스프라이트(雪碧)는 '쉐비'라고 발음한다. 이외에도 펩시콜라(百事可乐)는 '바이시컬러', 환타(芬达)는 '펀다'라는 중국식 발음을 사용한다.

3. 주스 (Juice 果汁)

주스 중 가장 유명한 브랜드는 눙푸궈위안(农夫果园)이라는 브랜드다. 30% 정도의 과즙을 함유하고 있는데 수퍼마켓에서 쉽게 구입할 수 있다.

최근 눙푸궈위안(农夫果园) 100%라는 상품도 나왔다. 설탕 등 기타 첨가물이 첨가되지 않았다고 광고하는 최고급 주스 중 하나다.

그 외에 북경에서 생산되는 회이위안(汇源)이라는 주스도 비교적 유명하다.

4. 커피 Coffee (咖啡)

최근 중국의 대도시에는 커피숍이 우후죽순처럼 들어서고 있다. 중국의 대도시에는 원래 대만 계열의 커피숍들이 있었는데, 최근 대도시를 중심으로 스타벅스(星巴克) 지점이 속속 들어서고 있다.

단어 (生词)

생수	泉水, 矿泉水	미네랄워터	矿泉水
탄산음료	碳酸饮料	과즙	果汁
주스	果汁	첨가물	添加剂
붐	盛行, 激增	다운타운	中心区, 商业区
브랜드	品牌		

(十一) 건축 및 주거 · 원림 (建筑和住居 · 园林)

1. 건축 (建筑)

중국의 고대건축은 그 내용이 풍부할 뿐만 아니라 종류도 다양하다. 우리들에게 익숙한 정자(亭子), 대(台), 누(楼), 각(阁) 등의 건축물뿐만 아니라 성벽(城墙), 능묘, 석굴, 궁전 등 많은 종류가 있다. 이러한 것들은 사회의 어느 한 발전단계의 정치, 경제, 문화의 특징과 변화를 반영하고 있다.

중국건축을 분류하면 군사건축, 궁궐건축, 능묘건축, 종교건축, 주택건축, 원림(园林)건축 등으로 나눌 수 있다.

(1) 군사건축 (军事建筑)

군사건축은 주로 도시 방어건축을 말하는데 원시사회 때부터 벌써 존재했다. 성(城)은 흙으로 싼 방위용 건축인데 성(城)과 장성(长城)으로 나눈다. 옛날에 현(县) 이상의 중요한 장마당이나 주거지(居民点)에는 모두 성을 쌓았는데 성 밖에는 깊은 도랑을 팠다. 이러한 성 등은 그 모양이 대개 사각형(方形)인데 네 귀에는 망루가 있고 성문에는 성루(城楼)를 쌓았다. 중국의 현재 이름난 성으로는 남경(南京), 서안(西安), 산서성 평요(平遥)의 고성(古城)을 들 수 있다.

군사건축으로 손꼽히는 것은 중국 북부의 만리장성이다. 만리장성의 주체는 성벽인데 대부분 산등성이를 따라 구불구불하게 쌓아 놓았다. 장성은 곳곳마다 요새(要塞)와 봉화대를 서로 연결해 놓아 튼튼한 방어체계를 이루고 있다. 장성의 요새에 이르는 데마다 관문(关隘)이 있는데 이는 군용도로의 역할을 하고 있었기 때문에 여기

에 군사를 주둔시켜 엄하게 지키게 하였다. 현재도 중국의 각지에 역사상 중대한 사건과 밀접한 관계를 갖는 관문(关隘)이 많은데 산해관(山海关), 가욕관(嘉峪关), 낭자관(娘子关)등이 바로 그것이다. 명나라 이후 요동에서 광동성에 이르기까지 수천리에 달하는 해안선에 관문을 1000여 곳이나 설치하였다. 예를 들면 산동성 등주위수성(登州卫水城), 절강성 진해 빈해장성(镇海滨海长城), 복건성 혜안의 숭무고성(崇武古城) 등이 그것이다.

(2) 궁전건축 (宫殿建筑)

궁이라는 것은 성인(圣人)의 집을 말하고 전이라는 것은 높고 큰 집을 말하는데, 후에 궁과 전을 함께 써 황족(皇族)이 거주하고 일을 보는 곳을 가리켰다. 궁전은 봉건사회에서 최고급의 건축으로, 평면적 배치에서 입체적 조형(造型)에 이르기까지 모두 제왕(帝王) 지고무상(至高无上)의 지위, 권력과 봉건 사상을 재현해냈다. 궁전의 건축물은 대개 그 지붕이 크다. 이런 큰 지붕은 화려하고 장엄할 뿐 아니라 건축물을 잘 보호하는 역할까지 한다. 층을 이루고 있는 지붕의 처마와 네 모서리는 위로 날듯이 들려 있어 지붕 면이 절묘한 곡선을 이룬다. 이렇게 하면 빗물이 지붕에서 흘러내릴 때 건물에서 더 먼 쪽으로 물이 빠지게 되므로 목조 궁전이 빗물에 젖지 않도록 보호해 준다. 큰 지붕에 장식된 날짐승과 길짐승들은 장엄한 궁전에 신비한 색채를 더해 줄 뿐 아니라 건물을 고정시키고 빗물에 부식되는 것을 막아 준다. 궁전의 지붕에는 일반적으로 황제의 권위를 상징하는 황금색의 유리 기와를 올린다. 당시 황금색은 황실에서만 사용할 수 있었다.

궁전건축이 대표적인 예로는 고궁을 들 수 있는데 고궁의 전궁정(前宫廷)은 앞정전(正殿) 특히 중대한 의식을 치르는 태화전(太和殿)을 중심으로 기타 내정(内庭)의 건축 분포가 비교적 잘 짜였다. 중심을 돌출시키기 위해 태화전 앞에 많은 정원과 건축을 배치하여 사람들로 하여금 태화전에 들어가기 전에 벌써 위엄이 있고 숭고한 느낌을 가지게 하였다.

(3) 능묘건축 (陵墓建筑)

중국 고대 봉건제왕들은 살아 있을 때 궁전을 짓고 원림을 만들어 사치 생활을 하였지만 죽고 난 뒤에도 화려하고 웅장한 지하궁전에서 지냈다. 때문에 능묘건축도 중국고대건축의 한 중요한 구성요소가 되고 있다. 중국 고대 능묘건축은 보통 지형

을 이용하여 산에 의지하여 지었다. 능원의 지면건축은 대체로 제사(祭祀), 신도(神道)와 호능감(护陵监) 등 세 개 구(区)로 나눌 수 있는데 능원의 주위에 담을 쌓아 사면(四面)에 문을 냈다. 능원으로 가는 길 입구에 문을 만들고 양 옆에 사람과 동물 모양의 석상을 만들었으며 능원내에 청송(青松)을 많이 심어 이곳을 다니는 사람들에게 엄숙하고 경건하며 조용한 분위기를 준다. 중국의 유명한 능묘, 능묘군으로는 섬서성 황릉현(黄陵县)의 황제릉(黄陵), 임동(临潼)의 진시황릉, 북경의 명13릉 등이 있다.

(4) 종교건축 (宗教建筑)

중국의 명승고적에는 종교적 색채를 띤 건축물이 많이 있다. 따라서 종교건축도 중국 건축의 중요한 구성성분이 되고 있다는 것을 알 수 있다. 중국은 일찍부터 외래종교를 받아들였는데 이 외래종교는 중국의 건축에도 많은 영향을 끼쳤다. 중국 고대의 훌륭한 건축전문가들은 대담하게 다른 민족, 다른 나라의 장점을 받아들여 수많은 중국의 전통적 풍격을 소유한 사원(寺院), 단(坛) 등의 종교용 건물을 지어서 중국의 민족 문화와 건축 예술풍격을 만들어냈다.

중국의 여러 종교 가운데 불교가 그 역사가 가장 오래 되었고 가장 널리 전파되었기 때문에 사원(寺院), 탑, 석굴이 전국 각지에 널리 분포되어 있다.

처음에는 불교의 사원을 큰 도시에 많이 건축하였는데 후에 불교 신도들은 세상을 도피하기 위해 큰 도시와 멀리 떨어진 산 좋고 물이 맑은 곳에 사원을 지었다. 중국 사원건축은 성당(盛唐)시기에 이르러 점차 서역의 영향에서 벗어나 중국의 전통적 건축 특징을 살려 중축선(中轴线)을 중심으로 뚜렷하게 대칭되고 남향이 되도록 지었다. 이러한 사원은 입구에는 거의 다 산문(山门)이 있고 안에는 천왕전(天王殿), 후전(后殿), 장경루(藏经楼), 종고루(钟鼓楼), 나한당(罗汉堂), 관음전(观音殿)전이 있다. 이름난 사원들로는 낙양의 백마사(白马寺), 라싸의 포탈라궁(布达拉宫), 오대산의 불광사(佛光寺)와 남선사(南禅寺)를 들 수 있다.

석굴예술은 인도에서 기원하였지만 중국의 석굴건축은 구조(构造)상 인도와 현저히 달라 중국 지면 건축의 나무 구조 형태와 누각식 건축 양식을 보유하여 뚜렷한 민족 특색을 띠고 있다. 석굴예술의 성행시기는 북위때인데, 그때 제왕들은 불교신앙을 적극 제창하였다. 이리하여 중국 북방의 감숙, 산서, 하남, 신강 등 지역에 많은 석굴을 건축하게 되었다. 많은 석굴건축 중 위에 말한 바와 같이 감숙성의 돈황(敦煌), 산서성의 운강(云岗), 낙양의 용문(龙门), 감숙성의 천수맥적산(天水麦积山) 석굴

이 가장 뛰어나다.

중국에서는 어디에 가든지 하늘 높이 우뚝 선 탑을 볼 수 있다. 탑은 불교 3대 건축의 하나로 불교가 전파되고 성행함에 따라 부단히 변화 발전하였다. 통계에 의하면 현재 중국에 고탑(古塔)이 만여 개에 달하는데 대부분의 탑이 수백, 수천년의 시간이 지났지만 여전히 옛 모양 그대로 서 있어 각지의 산수(山水)에 아름다움을 더해 주고 있다. 탑도 석굴과 마찬가지로 인도에서 기원했지만 불교와 더불어 중국에서 신속한 발전을 가져 왔다. 탑건축의 재료도 나무로부터 벽돌, 돌, 동, 철로 다양하게 발전하였고 형식과 조형도 누각식, 밀첨식(密檐式), 부발식(覆钵式), 정각식(亭阁式)으로 발전하였다.

현존하는 유명한 탑에는 서안(西安)의 대안탑(大雁塔)과 산서응(应)현 목탑, 하남(河南) 개봉(开封) 철탑, 하북(河北) 정(定)현 개원사(开元寺) 전탑, 항주의 육화탑(六和塔), 북경 향산(香山)의 유리탑(琉璃塔) 등이 있다.

불교건축 외의 도교, 이슬람교, 기독교 등의 종교건축도 중국의 건축 보고(宝库)의 없어서는 안될 중요한 부분이다. 그중 도교의 건축은 궁(宫) 또는 관(观)이라고 부른다. 이슬람교 건축은 청진사(清真寺)가 있으며 기독교는 교회를 건축했다. 사찰과 탑, 석굴은 불교의 3대 건축으로 일컬어진다.

2. 주거 (居住)

주택건축은 역대로 내려오면서 수가 가장 많고 분포가 가장 넓은 건축이다. 그리고 민족적 정취가 매우 짙다.

옛날부터 주거를 중요시했던 중국인들은 전통 가옥을 지을 때 민족특색이 집터의 선정에서 가옥의 건축양식, 가옥의 구조와 시설, 가옥의 양식과 장식, 가옥의 분배와 사용, 가옥의 유형 등에 이르기까지 여러 면에서 나타나도록 했다.

(1) 집터와 풍수 (宅基与风水)

중국인들은 먼 옛날부터 집터를 선정하할 때 각별히 풍수를 중시했다. 최초에는 단지 생활의 편리를 기하여 수원(水源)이 충족한가, 볕이 잘 드는가, 통풍이 잘 되는가 등의 실용적인 기준에 따라 집터를 선정했으나 후에 와서는 '음양오행설(阴阳五行说)', '천인감응설(天人感应说)'의 영향을 받아 실용적인 측면보다 미신적인 측면이 더 강조되었다. 즉 천체(天体)의 운행 및 집터의 위치가 인간의 생활과 대응관계를 이루므로 집터로 선정한 곳의 산세(山势)와 강의 흐름이 인간의 길흉화복(吉凶祸

福) 및 후손의 앞날에 중요한 영향을 끼친다고 믿게 되었고 이를 토대로 풍수설이 점차 발달하고 전문 풍수를 보는 지관이 생기게 되었다.

(2) 가옥의 구조와 시설 (房屋的结构与设施)

전통가옥에서는 당옥(堂屋)이 제일 중요한 자리를 차지한다. 당옥(堂屋)은 집의 가운데에 위치한 제일 큰 방을 가리킨다. 여기에는 천지신령과 조상의 신주를 모시는 제단(祭坛)이 있고 손님대접용 탁자와 의자가 마련되어 있다. 여기서 천지신령과 조상에게 제사를 지내고 가족의 중대한 일을 토의, 결정하며 신혼부부의 결혼식을 올리고 사망자의 영정을 모셔 두며 손님을 대접하는 등의 중요한 일을 처리한다. 한마디로 말해서 당옥(堂屋)은 한 가족의 정치, 경제, 문화의 중심이었다.

(3) 가옥의 양식과 장식 (房屋的样子和装饰)

중국의 가옥 건축양식은 아랍 계열, 남아시아 계열, 구미(欧美) 계열, 동아시아 계열로 구분하며 이밖에 원시 계열과 고대 계열을 추가하기도 한다. 아랍 계열의 건축양식은 이슬람문화의 특징을 나타낸다. 중국에서는 주로 신강 지역의 이슬람교를 신앙하는 소수민족들이 이런 건축양식을 이용한다. 남아시아 계열의 건축양식은 불교문화의 특징을 나타낸다. 티베트와 서남 지역의 불교를 신앙하는 일부 민족의 가옥이 이런 유형에 속한다. 구미 계열의 건축양식은 기독교문화의 특징을 나타낸다. 문호개방 역사가 오랜 연해도시 예컨대 광주, 상해, 천진, 청도(青岛)에 유럽풍의 건물과 가옥이 아직도 많이 남아 있다. 동아시아 계열의 건축양식은 유교문화의 특징을 나타낸다. 중국의 한족과 적지 않은 소수민족의 가옥이 이 유형에 속하는데 중국 전통가옥의 대표적 건축양식이다.

건축예술의 중요한 구성부분으로 조각(雕刻), 그림, 실내 인테리어 등이 포함된다. 중국의 전통가옥은 여러 가지 모양으로 만든 와당(瓦当), 자줏빛 칠을 한 낭주(廊柱), 큰 폭의 그림을 양각(阳刻)한 벽면, 여러 가지 도안을 새긴 창문, 여러 가지 색채로 화려한 그림을 그린 들보와 기둥 등에서 장식의 민족적 특색이 잘 나타난다.

(4) 가옥의 분배와 사용 (房屋的分配和使用)

중국에서는 가옥의 분배와 사용에 있어서 고대로부터 '장유유서(长幼有序)'의 윤리를 원칙으로 삼아 왔다. 예컨대 한족의 전통가옥의 대표적 형태인 삼합방(三合房) 혹은 사합방(四合房)에서 남쪽을 향한 본채에 부모와 연장자가 거주하고 좌우 양쪽의 사랑채에 자녀가 거주한다. 부엌이 가운데 있고 양쪽에 침실이 있는 일(一)자형 가옥에서는 보통 왼쪽 침실이 귀한 장소로 취급되어 부모와 연장자가 거주하며 오른쪽 침실에는 자녀가 거주한다. 동북 지역의 온돌방에서는 따뜻한 온돌 아랫목을 부모와 연장자가 차지하고 윗목을 자녀가 차지한다.

(5) 가옥의 유형 (房屋的类型)

① 동굴집 (窑洞)

동굴집은 주로 산서(山西)성과 섬서(陝西)성을 중심으로 황토고원(黃土高原) 일대에 집중되어 있다. 동굴 집은 산 중턱의 비탈에 동굴을 파서 만든 집으로, 양지 쪽의 출입문과 창문을 제외하고는 모두 흙으로 되어 있다. 천정은 아치 모양으로 만들어 위로부터 받는 힘이 골고루 주변에 분산되게 함으로써 천정이 무너져 내리는 것을 방지하였다. 황토고원 일대에서 동굴집을 사용하는 것은 완전히 자연생태환경 때문이다.

② 텐트 (帐篷)

텐트는 목축업에 종사하는 목축민과 사냥을 주업으로 하는 수렵민족이 주로 사용하는 가옥형태로 흑룡강성의 밀림 지역에서 내몽골 초원, 청장고원과 신강에 이르는 넓은 지역에 분포되어 있다. 텐트는 필요에 따라 수시로 이동할 수 있기 때문에 목축민이나 수렵민족이 애용하는 주거수단이 되었다. 즉 초원의 목축민은 방목계절이 되면 가축의 먹이와 물을 따라 이 목장 저 목장을 다녀야 하며 수렵민족도 사냥계절이면 들짐승의 뒤를 따라 이곳저곳을 떠돌아 다녀야 하기 때문에 집을 '휴대'하고 다니게 되었다. 텐트는 그 양식에 따라 원주형 텐트와 원추형 텐트로 나눌 수 있다.

③ 다락집 (阁楼)

다락집은 주로 중국 서남 지역에 거주하는 소수민족이 사용하는 가옥 형태이다. 다락집의 공통된 특징은 아래층에는 가축을 기르거나 농기구 따위를 두고 위층에 사람이 거주하는 것이다. 이는 이 지역의 자연환경과 밀접한 관련이 있다. 아열대 기후에 속하는 중국의 서남 지역은 무더운 날씨가 많고 비가 자주 내리며 뱀과 벌레가 많다. 이런 환경에서 생활하려면 안전을 지킬 수 있고 더위와 습기를 해소할 수 있는 거주방식이 필요했고 그런 필요에 의해 다락집을 발명하게 되었다. 다락집은 거주지형에 따라 약간의 차이가 있다. 즉 평원지대의 다락집은 완전히 목재만을 사용하여 평지에 짓지만 산간지대의 다락집은 대다수가 토목구조이며 산비탈을 평평하게 깎아내고 짓는다.

예를 들면 운남성 뚱쪽의 고루(鼓楼), 따이족의 죽루(竹楼), 복건성 객가(客家)의 토루(土楼)가 바로 그것이다.

④ 단층집 (平房)

단층집은 제일 보편화된 가옥 유형으로 중국에 널리 분포되어 있다. 그러나 그 모양과 구조는 지역과 민족에 따라 다양하게 나타난다.

우선 집 모양을 보면 한일(一)자로 된 것이 제일 많고 'ㄷ'자 형태거나 'ㅁ'자 형태로 된 것도 있다. 그리고 지붕의 모양도 여러 가지이다. 기후가 건조하고 강수량이 적은 지역에서는 지붕을 평평하게 만들어 그 위에 곡식 따위를 말리며 강수량이 많은 지역에서는 지붕을 'ㅅ'자 모양으로 만들어 빗물이 빨리 흘러내리게 하며 강수량이 중간수준인 지역에서는 주로 지붕(경사도)을 한쪽 면으로만 경사가 크게 지게 만든다. 또한 같은 모양의 지붕도 강수량의 차이에 따라 경사도의 크기가 조금씩 다르다. 건축재와 건축방식은 지역에 따라 다르다.

단층집은 대체로 진령(秦岭) 회하(淮河)를 분계선으로 남북이 서로 다른 풍격을 갖는다. 북방의 집은 북경의 사합원(四合院)이 대표인데 축선(轴线)을 중심으로 대칭이 되게 지었다. 대문은 동남쪽에 달고 맞은 켠에 가림벽을 쌓아 바깥의 사람이 집 안을 볼 수 없게 하였다. 여기에서 돌아 서쪽으로 가면 안뜰이 있고 남쪽은 보통 사랑방, 서재로 쓴다. 뜨락 정북쪽의 방에는 어른들이 살고 동쪽과 서쪽의 사랑방에는 아이들이 산다. 정방(正房) 양쪽에 작은 방을 달아 주방이나 화장실로 쓰며 정원 안에 꽃이나 나무를 심는다. 이리하여 밖에서 잘 보이지 않는 안락한 주거환경을 이루게 된다.

양자강 하류 지역의 단층집도 밀폐식인데 주축에 따라 문, 거실, 뒷채를 만들고 그 다음 좌우에 거실, 책방, 사랑방 등의 필요한 방을 만든다. 복사광선을 적게 받게 하기 위해 동서로 길게 짓는다. 그리고 바람이 잘 통하게 앞뒤로 창문을 낸다. 사랑방과 서재 앞에 꽃이나 나무를 심어 정원을 아름답게 만든다.

3. 원림/조경 풍치림 (园林)

원림(园林)은 중국 고대 건축사상에서 아주 중요한 자리를 차지하고 있는데 일종의 특수한 건축이라고 일컬어진다. 원림을 감상하는 것은 보통 공원을 구경하는 것과 달리 감상하면서 역사적 문화의 분위기를 느낄 수 있고 예술경지 속으로 빠져 들어 갈 수 있다.

원림은 일정한 공간을 이용해 산(山), 수(水), 동식물과 건축물 등을 유기적으로 조합한 곳이다. 따라서 원림은 일종의 공간예술로서 자연미와 인공미가 고도의 통일을 가져온 것이다.

중국 고전원림은 제재선택, 건축배치, 예술창작 등의 방면에서 중국의 문학예술의 영향을 깊이 받아 마음을 경물에 기탁하여 표현하기도 한다. 많은 제재들이 산수화(山水画), 산수시(山水诗), 문학작품의 명구(名句) 혹은 신화전설을 선택하여

개인의 사상감정을 집약적으로 표현했다. 그리고 단아하고 조용하며 함축적이고 우아한 중화 민족의 성격과 문화전통을 원림을 통해 표현했다. 원림건축은 형식상 청당(厅堂), 헌관(轩馆), 누각(楼阁), 교랑(桥廊), 정(亭), 대(台), 사(榭), 방(舫) 등으로 나누어진다. 그들은 형식이 다를 뿐만 아니라 각기 다른 구실을 한다. 주로 나무틀 구조를 이루어 지붕을 뾰족한 형식이 되게 하여 새가 날개를 편 듯한 처마와 지붕 각 부분의 우아한 곡선을 이룬다. 원림 속의 각종 건축의 배치와 방위(方位), 면적, 형식 등은 산석(山石), 호수와 못 등 자연경물과 조화하여 서로 돋보이게 하고 있다.

원림은 그 분포에 따라 도시(城市)원림, 산록(山麓)원림, 사묘(寺庙)원림 등으로 나눌 수 있다. 또 원림의 성질과 규모의 크고, 작음에 따라 황가(皇家)원림과 사가(私家)원림으로도 나눌 수 있다. 서로 다른 원림은 서로 다른 풍격을 가지고 있다. 산록원림은 자연산수를 이용하여 건축되었기 때문에 자연과 더 접근해 있다. 사가(私家)원림은 조그만하고 청신하다.

중국 고전원림은 건축풍격과 특징에 따라 보통 세 가지 유형으로 나눈다.

(1) 북방형(北方型): 북경을 대표로 하는데 보통 황가원림이다. 규모가 크고 건축형태가 단아하고 색채가 화려하다. 품격상 늠름하고 화려한데 제황들의 위풍과 부귀(富贵)를 보여주고 있다. 북방원림은 강남원림의 활달하고 활발한 정취가 부족하다. 이화원, 북해공원, 승덕피서산장 등이 북방의 대표적인 원림이다.

(2) 강남형(江南型): 소주, 양주(扬州) 원림이 대표적인 것인데 사가원림이 많다. 보통 면적이 작고 정교하며 그 풍격은 말쑥하고 멋스럽고 활발하며 영롱하고 소담하다. 강남수향(水乡)의 특징을 그대로 보여 주고 있다. 졸정원, 망사원(网师园), 유원(留园) 등이 그 대표적인 원림이다.

(3) 영남형(岭南型): 광동원림이 대표적인 영남형인데 그 풍격은 북방형과 강남형 사이라고 할 수 있다. 북방 고전원림의 온건함과 화려함을 갖춘 동시에 강남원림의 소담함과 활달함도 가지고 있는가 하면 또 국외 원림 건축 수법도 받아 들여 사용했다. 그리하여 영남원림은 정교하고 명쾌한 풍격을 이루었다. 광주 월수공원(越秀公园) 혜주서호(惠州西湖) 등이 그 대표다.

단어 (生词)

능묘	陵墓	들보	梁
석굴	石窟	기둥	柱
궁궐	宫殿	산중턱	山半腰
장마당	市集, 市镇	비탈	陡坡
도랑	沟	아치	拱形, 弯形

下篇 中国旅游

망루	岗楼	텐트	帐篷
산등성이	山脊	밀림	密林
구불구불하다	弯弯曲曲	휴대	携带
요새지	要塞	다락집	阁楼
대칭	对称	벌레	昆虫
돌출시키다	突出	단층집	平房
사치하다	奢侈	분계선	分界线
문궐	官廷的门	켠	边, 面
명승고적	名胜古迹	앞뜰	前院
정취	情趣	밀폐식	封闭式
집터	地基	감상하다	鉴赏, 欣赏
풍수	风水	집약적으로	集中地
지관	风水先生	함축적	含蓄
천지신령	天地神灵	오솔길	小路

(十二) 문학 (文学)

문학은 중국 문화 가운데에서 가장 화려하면서도 활력이 넘친다. 장구한 역사의 발전속에 중국의 고대 문학은 중국 문화의 기본 정신과 중화 민족의 이상적인 신념을 구현해 냈으며 중국인의 미학을 추구해 냈다. 중국 문학은 매우 독특한 특징을 가지고 있다. 그 중에서도 가장 먼저 꼽을 수 있는 것은 자연을 노래한 것이며, 그 다음은 인간관계를 중시한 것이다. 특히 유교 경전에 대한 학식과 문학에 대한 소양을 기준으로 관리를 선발하는 과거 제도가 실시됨에 따라 문학의 창작이 활발해졌다. 문학 형식은 주로 시가, 산문, 소설이다.

1. 시가 (诗歌)

시가는 대표적인 문학으로 옛날부터 발전해 왔다. 시경(《诗经》)은 한문으로 씌어진 중국 최초의 시가집(诗歌集)이며 한문학의 고전 현실주의 전통의 기점(起点)이다. 또한 시경의 부(赋), 비(比), 흥(兴)의 표현기법은 후세의 문학에 많은 영향을 주었다. 시경에 이어 초사(楚辞), 악부(乐府), 당시(唐诗), 송사(宋词), 원곡(元曲) 등 예술 형식이 나타났고 저명한 작가, 시인이 대량 배출되었다. 굴원(屈原), 이백(李白), 두보(杜甫), 소식(苏轼), 관한경(关汉卿), 이청조(李清照) 등이 그 대표적인 예다.

205

2. 산문 (散文)

　문학의 대표적인 시가와 더불어 산문 창작도 아주 활발했다. 좌전(左传)은 선진(先秦)시기 역사 산문의 최고 수준을 대표하며 장자(庄子)는 철학과 예술을 기묘하게 융합시켜 신화를 통해 인생철학을 풀이한 고대 산문의 대표작이다. 진한(秦汉)시기에 와서는 이사(李斯), 사마천(司马迁), 사마상여(司马相如), 반고(班固), 양웅(杨雄) 등의 산문 대가들이 대거 출현하였다. 당송(唐宋)시기에 이르러서는 당송팔대가(唐宋八大家)로 불린 한유(韩愈), 유종원(柳宗元), 구양수(欧阳修), 소순(苏洵), 증공(曾巩), 왕안석(王安石), 소식(苏轼), 소철(苏辙) 등 유명한 작가들이 대거 등장하였다.

3. 소설 (小说)

　소설은 좀 늦은 시기에 나타난 문학 장르이다. 당나라 이전에 싹트기 시작했고 당(唐), 송(宋), 원(元)을 거쳐 명(明), 청(清)에 와서 절정에 이르렀다. 장편소설의 대표작으로는 나관중(罗贯中)의 삼국연의(《三国演义》), 시내암(施耐庵)의 수호전(《水浒传》), 조설근(曹雪芹)의 홍루몽(《红楼梦》), 오승은(吴承恩)의 서유기(《西游记》), 오경재(吴敬梓)의 유림외사(《儒林外史》) 등이 있다. 중·단편 소설집의 대표작으로는 풍몽룡(冯梦龙)의 고금소설(《古今小说》), 능몽초(凌蒙初)의 박안경기(《拍案惊奇》), 포송령(蒲松龄)의 요재지이(《聊斋志异》) 등을 꼽을 수 있다.

4. 설화/민간전설 (说话/民间传说)

　설화는 민간에서 입에서 입으로 전해지거나 문자로 기록되어 널리 퍼지게 된 것을 말하는데 그 중 4대 설화라 불리는 것이 있다. 맹강녀(孟姜女), 백낭자와 허선(白娘子和许仙), 견우와 직녀(牛郎和织女), 양산백와 축영대(梁山伯和祝英台) 등이 바로 4대 설화인데 모두 애정에 관련된 이야기로 한결 같이 진실한 감정에 대한 사람들의 생각을 반영하고 있다. 4대 설화를 포함한 기타 민간 설화들은 중국 민간 문학을 구성하는 중요 요소가 되었다.

단어 (生词)

과거제도	科举制度	풀이하다	解释
표현기법	表现手法	절정	顶峰，顶点
배출되다	辈出		

(十三) 희곡 및 경극 (戏曲及京剧)

중국에는 많은 방언과 지역문화의 특성에 의해 수백 종의 지방 희곡이 출현하였다. 그 중에 대표성을 띠고 있는 것들로는 곤곡(昆曲), 진강(秦腔), 월극(越剧), 평극(评剧), 예극(豫剧), 월극(粤剧), 초극(楚剧), 경극(京剧), 황매극(黄梅戏) 등이 있다. 그 중 중국의 상징으로서의 경극은 노래(唱), 대사(念), 연기(做), 무예(打) 동작으로 구성된 종합 무대 예술이다.

경극은 본래 안휘성, 호북성 일대에서 공연된 지방극에 지나지 않았다. 청나라 시대에 건륭(乾隆)황제의 80회 생일을 맞이하여 각 지방의 극단이 앞을 다투어 북경 공연을 하였는데 안휘성의 극단은 쉽고 밝은 곡을 상영하여 많은 관객의 갈채를 받았다.

경극의 무대 연출은 일정한 연출 격식을 갖고 있어야 한다. 즉 노래 가락은 판강체(板腔体)에 속하는 것이어야 하며 서피(西皮), 이황(二黄)을 주요 곡조로 하고 호금(二胡), 월금(月琴), 삼현금(三弦琴), 피리, 새납(唢呐) 등 관현악기와 북, 징, 자바라(铙) 등 타악기로 반주해야 한다. 출연시 얼굴도 머리(头), 수염, 복장 등이 경극의 내용과 아주 잘 어울리게 분장해야 한다.

경극의 배역은 생(生), 단(旦), 정(净), 말(末), 추(丑)로 나뉜다.

생(生)은 남자배역인데 소생(小生)은 비교적 젊은 남자배역을 말하고 수염이 있는 중년 혹은 늙은 남자배역을 노생(老生)이라 하며 무술 출연을 하는 남자배역을 무생(武生)이라 한다.

단(旦)은 여자배역을 말하는데 청의(青衣), 화단(花旦), 무단(武旦), 도마단(刀马旦), 노단(老旦)이 포함된다. 청의는 16세부터 40세 사이의 성격이 온순한 여자배역을 말하고, 화단은 성격이 활발한 여자배역을 말하며, 무단은 무술을 할 줄 아는 여자배역을 말하고, 도마단은 투구와 철갑을 쓴 여장군 배역을 말한다. 노단은 늙은 여자배역이다.

정(净)은 얼굴분장(花脸)을 한 배역을 말한다. 얼굴 분장을 여러 가지 색깔로 하는 것은 보는 사람들로 하여금 어느 배역이 충신(忠臣)이고 어느 배역이 간신(奸臣)인가를 분간할 수 있게 하기 위해서이다.

말(末)은 노생배역의 중요하지 않은 배역이다.

추(丑)는 성격이 패활하고 익살궂은 삼화검(三花脸)이라는 배역을 말한다. 추는 포대추(袍带丑), 방근추(方巾丑), 차의추(茶衣丑)도 나뉜다.

중국 경극 발전에 큰 기여를 한 매란방(梅兰芳)은 미의 화신이라 불리는데 그가 창작한 매파(梅派)경극은 러시아의 스탄니스라부스끼(斯坦尼斯拉夫斯基)와 독일 부래히터체계와 더불어 세계 3대 연극에 속한다.

경극은 리듬이 느리고 대부분 옛날 이야기를 다루고 있기 때문에 현재의 젊은 계층 사람들과 어느 정도 거리감이 있다. 따라서 최근에는 경극에 많은 변화가 일어나서 현대 감각에 맞는 경극이 계속하여 창작되고 있다.

단어 (生词)

상영하다	上演	철갑	铁甲
갈채	喝彩	투구	头盔
남자배역	男演员	분간하다	区别，分辨

(十四) 음악과 무용 (音乐与舞蹈)

중국의 음악은 오랜 역사를 가지고 있다. 일찍 춘추시기에 이미 12률의 음률(音律) 지식을 갖추었고 8음(八音)이라 칭한 8종의 악기를 만들어 연주하였다. 진한(秦汉) 시기에 와서는 악부(乐府)를 별도로 설치하여 궁중의 음악을 관할하게 하였다. 이 시기에는 또 곡선 악보도 개발하였다. 당나라의 악사들은 구궁(九宫)이라는 악곡(乐曲) 이론과 공척보(工尺谱)라는 악보를 만들어 냄으로써 음악이 더욱 성숙되게 하였다. 명나라의 악률가인 주재육(朱载堉)은 그가 지은 악률전서(《乐律全书》)란 저서에서 신법밀률(《新法密律》, 즉 12평균률)이란 이론을 최초로 내놓았다. 이는 악곡 이론 면에서의 하나의 중대한 성과이다. 중국의 민족 악기는 관악기, 켜는 현악기, 타는 현악기, 타악기의 4종류로 크게 나뉘어진다. 관악기에는 통소와 피리, 날라리 등이 있다. 켜는 현악기에는 이호(二胡)와 경호(京胡), 판호(板胡) 등이 있고,

타는 현악기에는 고쟁(古筝)과 고금(古琴), 비파(琵琶) 등이 있으며 타악기에는 징과 북 등이 있다.

오랜 세월 동안 중국의 음악가들은 뛰어난 곡을 많이 만들었다. 유감스럽게도 대부분의 곡이 남아 있지 않지만 지금까지 전해지는 유명한 곡으로는 <십면매복(十面埋伏)>, <양춘백설(阳春白雪)>, <백조조봉(百鸟朝凤)>, <광릉산(广陵散)>, <매화삼농(梅花三弄)>, <춘강화월야(春江花月夜)>, <이천영월(二泉映月)>, <우타파초(雨打芭蕉)>, <보보고(步步高)>, <한천뢰(旱天雷)> 등이 있다.

중국의 무용은 서주(西周)시기에 이미 예의(礼仪)의 한 구성 부분으로, 대무(大武)와 소무(小武)로 구분되어 있었다. 당나라 시기에 와서 무용예술이 전성기에 이르게 되었고 하나의 완전히 독립적인 예술분야로 자리를 굳혔다. 그리고 이 시기에는 민간무용도 크게 발달하였다. 그러나 송나라 시기에 들어선 후 이학(理学)의 영향을 받아 무용이 점차 쇠퇴하기 시작했고 그 전통이 점차 사라져 갔다.

단어 (生词)

연주하다	演奏	악사	乐师
별도	另外		

(十五) 서예 (书法)

한자의 구조적 특징에 토대를 둔 서예는 중국 고유의 예술이라 할 수 있다. 서예로 쓴 중국 글자는 세계에서 가장 아름다운 문자라 할 수 있다. 중국사람은 글쓰기를 단순한 의사 표현으로부터 인격을 도야하는 예술 활동의 차원으로 올렸으며, 서예작품도 예술의 한 분야가 되었다.

1. 서예의 종류 (书法的种类)

중국의 서예는 전서(篆书), 예서(隶书), 초서(草书), 해서(楷书), 행서(行书) 등 여러 가지 필체(笔体)를 이루었다.

전서(篆书)는 가장 오랜 서법으로 금문(金文)과 석고문(石鼓文)의 대전(大篆) 그리고 진전(秦篆)이 포함된다. 금문은 상·주(商·周)시기의 여러 가지 청동기에 새긴 명문으로써 중국 글자가 예술을 추구하기 시작한 때의 글자이다.

석고문은 전국(战国)시기 진나라의 돌조각으로써 돌을 새긴 모양이 북같다 하여 지어진 이름이다.

진(秦)나라가 6국을 통일한 후 진나라 정승 이사(丞相李斯)가 친히 새로운 필체—

新 编 旅 游 韩 国 语

진전을 창조했는데 후에 와서 소전이라 했다. 소전은 대전을 간략하게하고 부수(部首)를 통일하여 만든 서예 형식이다.

한나라때 서예의 가장 큰 성과는 예서(隶书)이다. 한나라의 예서는 중국 역대 예서의 모범이다. 예서의 특징은 소전의 세로모양을 가로모양으로 변화시킨 것이다.

한나라 초서(草书)의 출현은 후세에 많은 영향을 끼쳤다. 위진남북조(魏晋南北朝)시기에 와서 중국 서예는 눈부신 발전을 가져 왔다. 위진시기 서법을 집대성한 사람은 후에 《서승》으로 불린 왕희지인데 왕우군이라고도 하였다. 그는 여러 서예가의 장점을 취하여 새로운 필체를 만들어 냈다. 《난정서(兰亭序)》는 왕희지의 대표적인 작품의 하나로 천하 제일 행서로 불리고 있다. 왕희지의 아들 왕헌지의 서예도 그 수준이 절정에 이르러 두 사람은 이왕서예(二王书艺)라 불렸다.

당나라 시기에 와서는 더욱 많은 서예 대가들이 출현하여 눈부신 활동을 했고 더욱 많은 필체가 형성되었다. 전서에 이양빙(李阳冰)이 있고, 예서에 한택본(韩择本)이 있었다. 해서는 이 시기에 이르러 최종적으로 그 형태가 확정되었다.

해서(楷书)는 진서(真书) 또는 정서(正书)라고도 불렸는데 중국 서예의 정통서체다. 해서 대가들 중 특히 이름난 사람은 안진경(颜真卿), 유고권(柳公权) 두 종사(宗师)이다. 안진경의 해서는 특이하며 유공권은의 해서는 조직이 긴밀하고 글체가 길죽하며 시원하다.

당나라 서예가들은 필법을 중요시하며 송나라 서예가들은 개성을 발휘하는 것을 중요하게 여겼다. 대표적인 서예가들은 소동파(苏东坡), 황정견(黄庭坚) 등이다.

원나라의 이름난 서예가들은 조맹조(赵孟頫)이다. 특히 그의 해서는 독자적인 일파를 이루고 있다. 명·청시기에 와서는 옛날 것을 많이 본땄으며 창의적인 의식이 부족했는데 문정명(文征明), 정판교(郑板桥), 강유위(康有为) 등은 어느 정도 뚜렷한 개성을 보여주었다.

2. 문방사우/문방사보 (文房四友/文房四宝)

서예를 하는 도구는 붓·먹·종이·벼루이다 고대에 중국은 이 네 가지 문방구를 문방사보라고 했다.

(1) 붓 (笔)

붓은 양털, 토끼털, 족제비털 등과 같은 짐승의 털로 만들었다. 중국 춘추 시대에 벌써 붓을 만들 줄 알았다고 한다. 민간전설에 진나라 몽념(蒙恬)이 붓을 만들었다는 이야기가 있다고 하여 몽념을 존귀한 필조(笔祖)로 모시고 있다. 당나라 이전까지는 필봉이 짧았었는데 당나라 이 후부터는 필봉이 점차 길어졌고 붓의 종류도 점점 다양해졌다. 그 종류를 보면 자호(紫毫)붓, 겸호(兼毫)붓, 수호(水毫)붓, 낭호(狼毫)붓, 양호(羊毫)붓, 대붓(大笔)과 국화(国画)붓 등 7가지다. 붓중에서 정품으로 불리는 붓은 호붓(湖笔)인데 절강성 호주(지금의 오흥)에서 만든 붓이다. 호붓은 항가호평원에서 나는 양털을 73번의 가공을 거쳐 만든 것이다. 그 필봉은 뾰족하고 가지런하며 둥그스름하고 튼튼해서 세상 사람들이 소중히 여기고 있다.

(2) 먹 (墨)

먹은 송연(松烟) 등을 원료로 하여 만드는데 중국 최초의 먹은 서한 때에 만들어졌다고 한다. 그때는 먹은 작고 둥근 조각으로 만들었는데 벼루에 놓고 누르면서 갈 수밖에 없었다. 동한 때에 와서 먹의 형태는 직접 손으로 먹을 갈 수 있을 정도의 충분한 크기로 발전했다. 먹은 그 종류가 많은데 그 중에서 휘먹(徽墨)이 제일 유명했다. 휘먹은 안휘성 휘주부섭주(安徽省徽州府歙州 지금의 섭현)에서 나는 먹인데 일찌기 5대 16국 때부터 만들기 시작했다 한다. 이 먹은 색깔이 검고 윤택이 날 뿐만 아니라 향도 짙어서 수십 년이 지나도 사용할 수 있다.

(3) 종이 (纸)

종이는 중국고대 4대 발명 중의 하나다. 당나라 초기 안위선주(安徽宣州 지금의 아현涯县)에서 붓글씨를 쓰고 그림을 그리는 데 쓰는 고급 종이가 생산되었다. 선주에서 만든 종이는 선성(宣城)에서 집산(集散)된다고 하여 선지(宣纸)라고 불린다. 선지는 종류가 십여 가지에 달하는데 박달나무껍질과 볏짚을 원료로 사용하여 만들었으며 전과정이 수공으로 이루어졌다. 당·송 이후 선지는 명품 서화(书画)에만 쓰이는 고급 용지가 되었다. 선지는 색이 희고 바닥이 촘촘하며 표면이 고르고 부드럽다. 장력이 셀 뿐 아니라 흡수력이 강하여 먹물이 일단 종이에 닿으면 빨리 스며들어 중국 서예와 회화의 특징을 가장 적절하게 표현해 낼 수 있다. 선지는 오래 두어도 찢어지거나 변색되지 않고 벌레도 잘 먹지 않는다. 그래서 이 선지에 쓰인 많은 글과 그림들은 수백 년, 수천 년이 지나도 손상 없이 완벽하게 보존된다.

(4) 벼루 (砚)

중국의 벼루 역사는 5000년이나 된다. 한나라 때에 벼루는 점차 전통 서화예술을 창조하는 대열에 들어섰다. 한나라 이후 벼루의 명품인 석연(石砚) 외에도 자연(紫

硯), 칠연(漆硯), 도연(陶硯)과 급속연 등이 출현하였다. 당나라 때에 벼루 제조 기술은 비약적인 발전을 가져왔으며 송나라 때에 벼루제조기술은 또 새로운 절정에 이르렀다. 단연(端硯), 섭연(歙硯), 청니연(澄泥硯), 조하연(洮河硯)은 중국 4대 명연으로 불리는데 그중 단연이 제일 유명했다.

단연은 광동성 단주(지금의 조동시) 동쪽 교외의 단계에서 나는 벼루다. 석연(石硯)은 최상품으로 역대문인들의 극찬을 받아 왔는데 "군연지수"(群硯之首)로 불리운다.

단어 (生词)

장방형	长方形	가지런하다	整齐
정방형	正方形	붓	笔
납작하다	扁平	먹	墨
종적	纵	종이	纸
횡적	横	벼루	砚
본따다	摹, 摹写	먹덩이	墨块
족제비	黄鼠狼	박달나무껍질	檀木树皮
정품	正品	석회	石灰

(十六) 중국화 (中国画)

국화라고도 부르는 중국화는 붓과 먹 등으로 화선지나 비단에 그리는 그림이다. 중국화는 중국 의학, 경극과 함께 중국의 3대 국수(国粹)로 일컬어진다.

중국화는 수천년의 발전 과정을 거쳐 자체의 독특한 풍격을 형성하였고 세계 화단(画坛)에서 한 유파를 이루고 있다.

국화는 내용에 따라 인물(人物), 산수(山水), 화조(花鸟) 세 가지로 나뉜다. 미술기법에 따라 공필(工笔), 사의(写意), 반공반사(半工半写) 세 가지로 나뉜다.

중국화의 예술풍격은 주로 자연 경물에 대한 묘사와 그에 포함된 인생의 의미를 표현하는 데 치중하고 그림에 시를 동반하는 것이 특징이라 할 수 있다.

1. 인물화 (人物画)

위진남북조 시대에 많은 국화대사(大师)들이 등장하여 중국의 인물화를 발전시켰다. 그 중 고개지(顾恺之), 육탐미(陆探微)와 장승유(张僧繇)는 세 개의 유파를 이루었다.

당나라 때의 인물화는 기법상에서 새로운 수법을 많이 사용했다. 오도지(吴道之)

는 당나라 때 최고의 대화가였는데 "화성"(画圣)이라 불렸다.

송나라때는 화원(画院)의 창립계기로 이공림(李公麟)의 백묘(白描)와 양해(梁楷)의 발묵대사의(泼墨大写意)가 인물화의 새로운 경지를 개척했다.

명나라 말년의 진로련(陈老莲)과 청나라 말년의 임백년(任伯年)은 이 두 시기에 마땅히 중요하게 다루어야 할 인물 화가다.

2. 산수화 (山水画)

산수화는 동양회화예술과 서양회화예술을 구별하는 분명한 표지(标志)다. 산수화는 춘추전국 때에 생겨나 위진남북조 때에 크게 발전하고 수·당나라 때에 성행했다.

당나라 초기 대소이장군(大小李将军)이라 불리던 이사훈(李思训) 부자는 선으로 산의 윤곽을 그리고 청록(青绿)으로 색을 칠했는데 이로부터 산수화가 정식으로 회화의 한 종류가 되었다.

송나라에 이르러 산수화의 기법은 날로 성숙되었다. 미씨(米氏) 부자는 미씨운산(米氏云山)화법을 창조하여 산수화영역에서 독자적인 유파를 이루었다. 북송 때의 저명한 화가 장택단(张择端)은 이름 난 청명상하도(清明上河图)를 창작했었다.

원·명·청 3개의 왕조때에 산수화는 중국화의 주도적 위치에 놓여 있었다. 원나라 초기 화단영수(画坛领袖)인 조맹조(赵孟頫)는 서예, 미술에 다 정통했는데 그는 서예기법을 회화에 도입할 것을 주장했다. 조맹조의 영향으로 "원사가"(元四家)인 동공망(董公望), 오진(吴镇), 예찬(倪瓒)과 왕몽(王蒙)이 창작한 산수화는 원나라 때에 제일 높은 성과를 이룩했다.

명나라의 산수화는 절파(浙派)와 오파(吴派)로 나뉜다. 절파는 대진(戴进)의 영향하에 직업화가들로 이루어진 화파다. 오파는 심주(沈周)가 대표적인 인물인데 저명한 화가로는 문정명(文征明), 당연(唐寅) 등이 있다.

청나라 때는 산수화를 제일 중요시하던 시기일 뿐만 아니라 고대를 모방하는 기풍이 강하게 일어났던 시기다.

3. 화조화 (花鸟画)

화조(花鸟)화는 당나라 중엽에 생겨나 만당(晚唐)때 그 틀을 갖추고 5대 때에 흥행하기 시작하였다.

당나라 때에 화가 은중용(殷仲容)은 처음으로 묵색운염법(墨色晕染法)을 사용하

기 시작했고 변란(边鸾)은 구진법(钩镇法)을 창조했으며 조광윤(刁光胤)은 구륵법(勾勒法)을 창조했다.

　5대시기 화조화는 서촉(西蜀)의 황전(黄筌)과 남당의 서희(徐熙)가 서로 다른 창작기교와 개인풍격을 가지고 있기 때문에 중국 화조화가 이로부터 두 개의 유파로 갈라지게 되었다. 후에 사람들은 그들을 "서황이체"(徐黄二体)라고 부른다.

　송나라에 이르러 인물화에는 백묘(白描)수법, 산수화에는 "미씨운산"(米氏云山)이 출현함과 더불어 화조화는 점차 소나무, 참대, 매화, 난초, 국화(菊花) 등의 고결하고 청아한 기개를 나타내는 화초수목(花草树木)을 회화의 중요 제재로 삼았다. 특히 송나라때 문동(文同), 소식(苏轼)등이 창조해 낸, 문인 풍격을 농후하게 띤 묵죽(墨竹)은 회화의 새로운 풍격을 형성했다. 원·명나라 때 문동을 본받아 참대를 그리는 화가들은 "호주파"(湖洲派)를 만들었다. 또 매화(梅花), 난(兰花), 국화(菊花)를 그림으로써 완전한 "사군자화"(四君子画)가 탄생하게 되었다. 이연(李衍), 가구사(柯九思), 하창(夏昶)은 참대를 그리는 전문가였고, 왕면(王冕)은 매화를 그리는 전문가였으며, 정소남(郑所南)은 난초를 그리는 데 능숙했고, 조자고(赵子固)는 수선화(水仙花)를 아주 잘 그렸는데 누구도 그를 따르지 못했다.

　명나라의 화조화는 황파의 계승로는 변문진(边文进), 여기(吕纪)등이 있다. 서파의 화가들로는 서위(徐渭), 손극홍(孙克弘)을 먼저 꼽아야 할 것이다. 주삼면(周三冕)은 공필과 사의(写意)의 장점을 가지고 있는 "구화점시파"(勾花点时派)를 창설하여 화단의 독자적인 한 유파를 형성했다.

　청나라의 화조화는 이전의 몇 대에 비해 더욱 완벽해졌다. 청대의 유명한 화가들로는 왕무(王武), 윤수평(恽寿平), 장석(蒋锡) 등이 있다. 화조화 화단에서 독특한 풍격을 가진 화가들로는 청나라의 주답(朱耷)과 청조중엽의 양주화파(扬州画派)의 양주팔괴(扬州八怪)가 있는데 양주팔괴 중에서는 김농(金农), 나빙(罗聘), 정섭(郑燮)이 제일 유명하다. 양주화파는 청나라 건륭 집정 때 제일의 생명력을 가졌던 화조화파다.

단어 (生词)

| 치중하다 | 看重 | 완벽하다 | 完美 |
| 유파 | 流派 | 능숙하다 | 熟练 |

(十七) 비단과 자수 (丝绸和刺绣)

1. 비단 (丝绸)

중국은 가장 먼저 비단을 생산한 나라로 전설에 따르면 황제(黄帝)의 부인이었던 누조(嫘祖)가 양잠과 실뽑기와 직조 기술을 발명했다고 한다. 고고학자들은 중국의 양잠(养蚕)과 비단 짜는 기술이 적어도 4천여 년의 역사를 가지고 있다고 추정한다. 일찍이 고대 궁정과 귀족들이 주로 비단으로 옷을 해 입었으며 또한 비단은 대외 무역의 중요한 상품이기도 했다.

한 나라의 저명한 외교가인 장건(张骞)은 2천여 년 전에 유럽과 서아시아 지역을 통하는 비단길 (실크로드)을 개척했다. 그후로 종류가 다양하고 풍부하면서도 화려했던 고대 중국의 비단은 유럽과 서아시아 각국으로 끊임없이 수출되었다.

비단의 종류는 다섯 가지를 들 수 있다.

(1) 견(绢)류

견(绢)은 얇고 성기게 짠 무늬 없는 비단인데 주단보다 얇고 질기다. 완(纨)은 누빈 견이고 겸(缣)은 겹실 견이며, 호(缟)는 염색하지 않은 견이고 제(绨)는 무늬 없는 견직품이며, 힐(缬)은 무늬 있는 견직품이다.

(2) 사나(纱罗)류

사(纱)와 나(罗)는 모두 가로세로줄이 아주 성긴 비단이다. 사는 구멍이 네모 난 것이고 나는 구멍이 타원이거나 능형이다. 호(縠)와 추(绉)는 사의 일종으로 염도(捻度)가 다른 두 가지 강념사(强捻丝)로 짜서 만든 것인데 모두 주름이 있다.

(3) 능주(绫绸)류

능(绫)은 비스듬한 무늬로 짜거나 비스듬하게 도드라진 꽃 도안이 있게 짠 직물인데 기(绮)는 염색하지 않고 꽃을 수놓은 능직물이고, 주(绸)는 천연사(天然丝)로 무늬없이 꽃을 새긴 직물이다. 제(绨)는 두꺼운 주인데 잠실(蚕丝)로 세로줄을 만들고 면유(棉绒)로 가로줄을 만들어 짠 것이며 소(绡)는 생사(生丝)로 짠 주이다.

(4) 단(缎)류

단(缎)은 비단무늬를 짤 때 가로줄과 세로줄을 연속적으로 짠 것이 아니어서 꽃과 같은 무늬를 짜 넣을 때 무늬를 도드라지게 한 것이 특징이다.

(5) 금(锦)류

금(锦)은 여러 가지 색깔로 꽃을 짠 고급 견직품인데 견직품 가운데 제일 유명한 것이다. 짜기 전에 가로줄실과 세로줄실을 모두 염색하는데 가로줄실의 색깔은 세 가지 이상이어야 하고 비단무늬로 꽃을 도드라지게 짜 넣는 것이 금류의 특징이다.

중국에서 비단을 가지고 만드는 것 중에 명금(名锦)이 특히 유명한데, 중국에는 4대 명금이 있다.

그중 촉금(蜀锦)은 산지가 사천성 성도이기에 촉금이라 하였는데 4대 명금 중 역사가 가장 오랜 것이다. 일찍 서한(西汉) 때 벌써 품종이 많고 생산량도 많아 전국 각지에 팔리고 있었다. 당나라 때는 비단길을 통해 서구 여러 나라에까지 팔렸다.

송금(宋锦)은 산지가 소주인데 송나라 때 가장 번성했다 하여 송금이라 불렀다. 지금까지 천여 년의 역사를 갖고 있는데 대금(大锦), 소금(小锦), 채대(彩带) 등으로 분류할 수 있다.

운금(云锦)은 남북조시기에 시작하여 명·청 시기에 성행했는데 남경(南京)지구의 유명한 직물이다. 아름다움이 구름과 같다하여 운금이라 이름 지었는데 품종으로는 고단(库缎), 고금(库锦), 장화(妆花) 세 가지가 있다. 운금은 화조, 새, 짐승, 물고기, 과일, 구름 등을 도안으로 많이 사용하고 있다.

도금(都锦)은 여러 지방의 풍경을 주요 도안으로 하였는데 제품을 크게 견직공예품과 주단 두 가지로 나눌 수 있는데 품종은 천여 가지에 달한다.

이 밖에 소수민족지구의 직금(织锦)도 민족적 특색이 농후한데 그 중 가장 유명한 것은 광서 장족자치구의 장금 (壮锦)이다.

2. 자수 (刺绣)

자수(刺绣)는 견직물에다 산수, 꽃, 새, 인물 등을 수 놓아 만든 공예품이다. 중국에는 촉수(蜀绣), 월수(粤绣), 상수(湘绣), 소수(苏绣)등의 4대 자수품이 있다.

(1) 촉수 (蜀绣)

촉(蜀)자수를 천자수(川绣)라고도 하는데 촉자수는 사천성 성도를 중심으로 한 자수산품의 총칭으로 그 역사가 아주 길다. 일찍 한나라 때 촉면(蜀锦)이 생산되기 시작했는데 송나라때는 이미 수 놓는 기술이 많이 정교해졌다. 촉수는 양단이나 채색견직물을 주요 원료로 수 놓는 독특한 방법을 사용해서 이불피, 베갯잇, 의복, 신, 병풍 같은 데 수 놓아 만든 것이다. 촉수는 수 놓는 방법도 매우 복잡한데 12가지 바느질 법에 123가지 종류가 있다.

(2) 월수 (粤绣)

월(粤)자수는 광자수(广绣)라고도 하는데 명나라 이후에 발전하기 시작한 광동자수의 명품(名品)이다. 월자수는 수 놓는 방법의 변화가 많으며, 도안이 복잡하나 난잡하지 않아 장식 가치가 있다. 월자수의 전통적 도안으로는 봉황, 모란, 송학, 원숭이, 노루, 닭, 거위 등이 있으며 주요 자수품으로는 침대커버, 복장, 진열품, 장식품 등이 있다.

(3) 상수 (湘绣)

상(湘)자수는 호남성 장사(长沙)를 중심으로 한 민간 자수 공예품이다. 한나라때 상자수는 벌써 상당히 높은 수준에 이르렀다. 상자수의 바느질법은 70 여 종에 달하며 사용하는 채색우단도 100 여 가지나 된다. 상자수 제품은 실용품과 장식품으로 나누는데 실용품은 주로 비단에다 꽃, 물고기, 날짐승, 길짐승 등을 수 놓거나, 잘 퇴색하지 않는 채색우단을 사용하여 이불띠, 베갯잇, 방석 같은 데 수를 놓기도 한다. 장식품은 질이 좋은 비단에다 아주 가는 고급 채색우단으로 수 놓아 만든다. 그러한 제품으로는 족자, 병풍(장식용), 주련 같은 것이 있다.

(4) 소수 (苏绣)

소(苏)자수는 강소성 소주를 중심으로 한 자수공예품을 말하는데 역사가 3000여 년이나 되며 자수기술이 세밀한 것으로 유명하다 소주자수도 종류가 아주 많은데 자수재료로 분류한다면 금자수와 실자수로 나눌 수 있다. 금자수는 금색실을 한 우단으로 수 놓아 만든 것이고 실자수는 보통우단으로 수 놓아 만든 것이다.

단어 (生词)

누에	蚕	베갯잇	枕套
무늬	花纹	병풍	屏风
주름	皱折	난잡하다	乱
비스듬하다	歪斜	거위	鹅
도드라지다	隆起	침대커버	床罩
도안	图案	방석	坐垫

新编旅游韩国语

(十八) 도자기 (陶瓷器)

1. 도기 (陶器)

도자기는 도기와 자기로 나눈다. 도기는 진흙을 불에 구워 만든 것이며 도기를 만드는 온도는 1000℃를 넘지 않는다. 중국의 도기는 만년 전부터 만들어진 것으로 전해지고 있다. 6000—7000년 전인 신석기 시대에 이미 색깔이 있는 도기가 나타났는데 그 중 흑도(黑陶)는 도기중의 도기로 평판이 나 있다.

역사의 흐름에 따라 채도(彩陶), 유도(釉陶), 백도(白陶)가 차례대로 나타났다. 당나라 때의 유도인 당삼채(唐三彩)는 색깔이 여러 가지인데 생활 도구로 사용되었을 뿐만 아니라 유명한 공예품으로 사용되기도 했다.

도기제품으로는 강소성의 의흥(宜兴)의 제품이 유명한데, 이곳은 '도기(陶器)의 고향'으로 불린다. 도기제품은 구운 역사가 제일 길며 자색도기가 명성이 높다. 그 밖에 광동성의 석만도기(石湾陶), 안휘성의 계수도기(界首陶), 산동성의 즈박도기(淄博陶), 호남성의 동관도기(铜官陶), 사천성의 수녕도기(崇宁陶), 운남성의 건도기(建陶), 감숙성의 천수도기(天水陶), 하북성의 당산도기(唐山陶) 등도 유명하다.

도기 가운데에는 각자지 형태와 화려한 색채를 갖춘 당삼채는 중국 공예품의 보물이다. 당삼채(唐三彩)는 당 나라 때 성행하던 여러 가지 색채를 띤 채색 도기를 통칭(通称)하는 말이다. 당삼채에는 녹색, 남색, 황색, 백색, 홍갈색, 갈색 등 여러 색깔이 쓰였으나 황색, 녹색, 홍갈색이 주로 많아서 당삼채라고 부르는 것이다.

당삼채에는 종류가 아주 많지만 인물, 동물, 기물(器物)의 3종류로 크게 나눌 수 있다. 인물에는 문신(门神), 무장(武将), 귀부인(贵妇人), 시동(侍童), 시녀(侍女), 연예인(演艺人), 외국인 등이 있으며 동물은 말, 낙타, 소 양, 사자, 호랑이 등이 있다. 또 기물에는 그릇류, 문구류, 실내용품 등이 있다. 옛날에 당삼채는 일상 용품이나 진열품으로 사용되기보다는 부장품(随葬品)으로 주로 사용되었으며 중국의 중원 지역에서 생산되어 그 일대의 관료들이 사용하도록 공급되면서부터 유행되었다.

2. 자기 (瓷器)

자기는 단단한 백색의 가용성 석영인 백돈자(白墩子)와 화강암(花岗岩)의 분해 장석인 고령토(高岭土)를 사용하여 만든 것인데 자기를 굽는 온도는 1200℃를 넘는다.

기원전 16세기의 상나라 때에 원시의 청자기(青瓷)를 만들었다. 한나라 이후 자기 기술은 큰 발전을 가져 왔다. 특히 당나라 때에 자기 장식 예술 신기법(神奇法)이 개발됨으로써 색채가 아름다운 자기가 만들어졌다.

송나라 때 자기 기술은 더욱 번성했고 원나라 때에는 중국 전통의 그림 기법이 제자공예(制瓷工艺)와 결합하여 자기 기술은 계속 발전해 나갔다. 명·청나라는 중국 자기 발전의 역사상 중요한 시기이다.

자기의 제품으로 강서성의 경덕진(景德镇)의 제품이 유명하다. 이곳은 '자기의 고향'으로 불리는데 그 곳의 자기 제품은 종이처럼 얇고 옥처럼 희며 거울처럼 맑아서 세상에 그 명성이 높았다. 그 밖에 절강성의 용천(龙泉), 하남성의 우현(禹县)과 임안(临安), 호남성의 예릉(醴陵)과 계비(界碑), 복건성의 덕화(德化) 등의 자기도 유명하다.

중국은 세계에서 자국(瓷国)이라고 불리고 있으며 세계 각국의 사람들 중에는 도자기를 통해 중국의 문명을 알게 된 사람도 많다.

단어 (生词)

도기제품	陶器制品	석영	石英
정교하다	精巧	항아리	罐

(十九) 경태람 (景泰蓝)

법랑(珐琅)이라고도 부르는 경태람은 명나라 경태(景泰)연간부터 발전하기 시작했고 그 당시에 상용된 유약의 색깔이 대부분 보석처럼 반짝이던 남색이었기 때문에 사람들은 이 공예품을 경태람이라고 부르게 되었다.

경태람은 중국은 물론 해외에서도 이름을 떨치고 있는 독특한 공예품이다. 경태람은 보통 30여 차례의 공정을 거쳐서 만들어진다. 기술자들은 우선 구리로 병이나 항아리, 상자, 쟁반 등을 만든 뒤 그 동태(铜胎)의 테두리에 머리카락처럼 가는 구리실로 아름다운 무늬를 넣고 그 무늬의 면을 여러 색깔의 유약으로 메꾼다. 그것을 가마에 넣어 너댓 차례 구워낸 다음 마지막으로 갈아서 윤기를 내고 황금으로 도금하면 아름답고 화려한 예술품이 탄생하게 되는 것이다.

독특한 민족적 특성을 지닌 북경의 경태람은 세상에 나온 뒤로 특히 명·청 황궁의 곳곳에 진열되어 장식품으로 귀중한 대접을 받았다. 1904년 미국 시카고 세계 박람회에서 북경의 경태람은 1등상을 획득했다. 명 나라 선덕(宣德)연간에 만들어진 경태람이 현재 중국에 보존되어 있는 것 중 가장 오래된 것이다.

경태람으로는 병, 항아리, 상자 등의 진귀한 진열용 장식품을 만들 수 있을 뿐만 아니라 꽃병, 스탠드, 흡연 도구, 술잔, 등의 실용적인 공예품을 만들 수도 있다. 현재 중국의 경태람은 멀리 세계 각국으로 수출되고 있다.

단어 (生词)

구리	铜	도금하다	镀
상자	箱子, 盒	가마	炉子
쟁반	盘	유약	釉料
스탠드	台灯		

(二十) 조각 (雕刻)

조각(雕刻)은 그 종류를 옥조각(玉雕), 석조(石雕), 목조(木雕), 죽조각(竹雕), 상아조각(牙雕), 미조각(微雕) 등으로 나눈다.

1. 옥조각 (玉雕)

옥조각(玉雕)은 역사가 오랜 것으로 신석기시대 후기에 옥으로 각종 도구(工具)를 만드는 기초적인 기술로부터 발전한 것이다. 한나라 후 옥조각 공예수준(工艺水平)도 계속 높아졌을 뿐만 아니라 품종(品种)도 날로 풍부해져서 독특한 예술풍격을 가진 옥조각 생산지가 점차 형성되었는데 그중에서도 소주(苏州), 양주(扬州), 북경, 주천(酒泉)이 가장 유명하다.

옥조각의 원료는 많은데 비취(翡翠), 벽옥(碧玉), 마노(玛瑙), 수정(水晶), 산호(珊瑚), 송석(松石), 부용석(芙蓉石), 청금석(青金石) 등이 있다. 제품 종류도 다양하여 인물(人物), 꽃(花卉), 새, 짐승, 분재(盆栽), 식기류(器皿), 브로치(别针), 반지(戒子), 도장(印章), 장신구(饰物) 등이 있다.

옥기(玉器)의 조각기술(雕刻工艺)에는 탁(琢), 마(磨), 연(碾), 찬(钻), 포광(抛光) 등이 있다.

중국은 세계 3대 옥기산지(중국, 멕시코, 뉴질랜드)의 하나로 옥조각 예술품은 국제적으로 동방예술의 진귀한 보배로 불리고 있다.

2. 석조 (石雕)

석조(石雕)는 조각예술 중 영향력이 가장 큰 예술이다. 중국의 석조 공예는 제왕(帝

王)의 능묘(陵墓) 주위에 집중되어 있는데 종류도 많아 인물(人物) 외에 말(马), 범(虎), 사자(狮子), 타조(驼鸟), 뿔이 하나인 짐승(独角兽) 등의 조각작품도 있다. 남북조시대에 중국의 전통적인 조각예술이 불교예술과 융합되기 시작하였는데 그 결과 중국식 석굴예술이 형성되었다. 그 가운데 돈황석굴(敦煌石窟), 용문석굴(龙门石窟), 운강석굴(云岗石窟)의 불상석조가 세계적으로 그 이름이 널리 알려져 있다.

중국의 석조공예는 그 분포가 아주 넓은데 그중 절강(浙江)성의 청전(青田), 복건(福建)성의 혜안(惠安), 수산(寿山), 하북(河北)성의 곡양(曲阳) 등의 제품이 유명하다. 청전석조는 송나라 때부터 시작되었는데 조각모양이 길죽한 것이 특색이지만 원각(圆雕)과 부각(浮雕)도 겸하고 있다. 또 농후한 강남색채를 띠고 있다.

수산(寿山)석조 명성은 보석과 같은 수산석과 따로 떼어 생각할 수 없다. 수산석은 종류가 백여 가지에 달하지만 전황석(田黄石)이 가장 귀한 대접을 받는다. 그리하여 한 냥 전황석이 한 냥 금값과 같다는 말이 있다. 수산석 조각은 부각(浮雕)과 원각(圆雕)이 위주인데 주로 꽃, 새, 짐승과 민간 이야기에 나오는 인물을 조각한다.

혜안석(惠安石)조각은 용주(龙柱), 돌사자, 인물(人物)로 중국에 이름이 나 있다. 조각방법을 보면 원조(圆雕), 부각, 영각(影雕) 등 3개의 큰 부류로 나눌 수 있다. 그 중 원각(圆雕)돌사자는 누조기법(镂雕技法)을 운용하여 사자의 입에 구슬을 물게 하였고 또 자유롭게 구슬을 굴릴 수 있게 하였다. 남사(南狮)로 불리우는 이 사자는 동남아시아 여러 나라에 널리 알려져 있다.

곡양(曲阳)의 한백옥(汉白玉)조각은 한나라 때에 시작되었는데 신화와 역사전설을 소재로 한 것이 많으며 인물(人物)이나 동물의 모습을 잘 표현하고 있다.

3. 상아조각 (牙雕)

상아조각(牙雕)은 상아에 어떤 형상(形象)이나 무늬(花纹)를 조각하는 예술인데 상아로 조각한 공예품을 말하기도 한다.

중국은 아주 오랜 옛날에 상아공예품이 있었는데 상나라 때 상아조각은 그 기술이 이미 아주 정교하기로 유명하다. 청나라 때에 이르러 상아공예는 종류가 더 많아졌는데 상아로 용주(龙舟), 보탑(宝塔), 꽃바구니, 상아부채, 각종 갑(匣)등을 조각하여 만들었다. 상아조각은 주로 북경, 광주, 상해 등에 집중되어 있는데 북경 상아 조각은 인물 원각이 특징이다. 광주 상아조각은 상아구(球)가 가장 큰 특색을 띠고 있다. 상해 상아조각은 그 인물 모양이 작기로 유명하다.

4. 목조 (木雕)

목조각은 황양목(黄杨木), 장목(樟木), 용안목(龙眼木), 자단목을 주요 재료로 하는데 먼저 설계를 한 다음 그 설계에 따라 정교하고 세밀하게 예술적으로 조각하는 것이 특징이다. 건축, 가구장식에 많이 쓰이며 문구, 신상(神像) 등을 조각할 때도 많

이 사용된다.

　목조각공예는 중국에서 이미 2000여 년의 역사를 갖고 있는데 동양(东阳) 목조각과 조주(潮州) 목조각이 가장 유명하다.

　동양목조각은 건축장식, 가구장식에 많이 쓰이는데 천조각(浅雕), 심각(深雕), 투각(透雕), 원각(圆雕) 등의 기법(技法)이 있다. 제품 종류도 1500여 종에 달한다.

　조주(潮州)목조각은 광동성의 조안(潮安), 조양(潮阳), 게양(揭阳), 요평(饶平), 보녕(普宁), 등해(澄海) 등 현(县)의 조각이 가장 발달했다. 조주목조각도 건축장식, 가구 장식에 많이 쓰이는데 그 기법(技法)에는 부각, 침각(沉雕), 통각(通雕), 원각 등이 있다. 조주목조각은 조각한 후에 반들반들하게 갈아서 층층이 칠을 하고 마지막에 금칠을 한다. 이렇게 만든 제품은 금빛 찬란하고 아름다워 "금칠목조각"이라고도 한다.

5. 죽조각 (竹雕)

　죽조각(竹雕)을 죽황(竹簧)공예 혹은 번황(翻簧)공예라고도 한다. 죽조각의 과정은 대체로 다음과 같다. 먼저 대나무를 잘라 겉의 푸른색 껍질을 벗기고 삶아서 햇볕에 말린 후에 평평하게 누른다. 그리고 남은 얇은 죽황(竹簧)을 목태(木胎)에 붙이거나 박아 넣은 다음 반들반들하게 만든다. 그런 다음에 위에다 여러 가지 사람, 산수(山水), 새, 꽃 같은 것을 조각한다. 제품은 과일통, 문갑(文具盒), 꽃병, 장식품갑, 테이블 등이 위주로 되어 있는데 마치 상아 같이 윤택이 난다. 죽조각 산지는 강서, 절강, 호남, 사천, 광서 등지에 분포되어 있는데 호남성 소양(邵阳), 절강성 황암(黄岩)의 제품이 제일 정교하다.

6. 미조각 (微雕)

　미조각(微雕)은 또 미각(米雕), 세각(细雕)이라고도 하는데 이런 조각은 흔히 쌀알만한 상아, 대나무 혹은 머리카락에다 그림, 시(诗) 같은 것을 조각하는 것을 말한다. 미조각은 중국전통 공예미술품 가운데 가장 세밀한 예술이다.

　미조각은 역사가 아주 오랜 것으로 서주(西周)시기에 벌써 생겨났었다.

　미조각공예는 소주(苏州) 미조각이 대표적인데 소주의 장유기(张毓基)의 작품 풍교야박(《枫桥夜泊》)과 난정서(《兰亭序》)는 글자가 뚜렸할 뿐만 아니라 필법(笔法)이 힘이 있어 사람들의 감탄을 금치 못하게 한다.

下篇　中国旅游

단어 (生词)

비취	翡翠	벽옥	碧玉
마노	玛瑙	수정	水晶
산호	珊瑚	분재	盆栽
식기류	器皿	브로치	别针
반지	戒子	도장	印章
장신구	饰物		

(二十一) 전지 (剪紙)

전지는 여러 가지 색깔의 종이를 가지고 가위나 조각칼로 각종 장식 무늬나 도안을 오려내는 것이다. 대략 2천여 년의 역사를 지닌 중국의 전지 예술 공예품은 지금도 중국 민간에서 자주 볼 수 있다.

많은 외국인들이 일종의 종이 공예(工艺)인 중국의 전지를 좋아하는데 그것은 전지가 아름다울 뿐 아니라 정교한데다 독특한 동양적 운치를 가지고 있어 생활의 숨결과 경사스러운 분위기를 동시에 느낄 수 있기 때문일 것이다.

대부분 농촌 부녀자들이 새해를 맞을 때나 경사스러운 날에 평소 농민들이 많은 관심을 가지고 있거나 좋아하는 대상 즉 가축, 농작물, 꽃과 새, 아이, 희곡 이야기, 상서로운 문양 등의 다양한 소재를 가지고 전지를 만든다. 창문에 붙이는 것은 창화(窗花) 라고 하고 문미(门楣)에 붙이는 것은 괘점(卦签)이라 한다. 그 외에도 창화 (墙花), 정붕화(顶棚花), 희화(喜花), 등화(灯花), 그리고 자수 문양의 전지 등 그 종류도 다양하다.

중국의 전지는 단색과 채색의 두 가지로 나눌 수 있다. 전지는 소박하면서도 대범한 느낌이 드는 반면에 채색 전지는 화려하고 다채롭다. 각 지방 사람들의 생활 습관이 다르기 때문에 지방에 따라 전지의 풍격도 여러 가지 특색을 가지고 있다. 중국에서는 섬서(陕西)의 창화와 하북 울(蔚)현의 희곡 인물로 오린 것, 그리고 남방 소수민족의 자수 밑그림을 가지고 오린 것 등이 비교적 유명하다. 그 내용이 풍부하고 무늬가 다양한 중국 민간의 전지는 사람들의 생활을 아름답게 만드는 예술품이 되었다.

현재 중국 전지는 세계 문화유산으로 등록되어 있다.

新编旅游韩国语

단어 (生词)

| 가위 | 剪子 | 무늬 | 花纹 |
| 문미 | 门楣 | 창화 | 窗花 |

(二十二) 무술 (武术)

1. 무술의 역사와 특징 (武术的历史和特征)

무술 운동은 오래된 역사를 가지고 있다. 무술은 원시(原始)사회에 그 기원을 두고 있으며, 중국무술은 선진(先秦)시기와 한나라 시기부터 발전하기 시작했다. 당나라 때에 와서 중국 무술은 가장 흥행하게 되었는데 특히 무측천(武则天)은 무술시험을 개최하여 많은 무술인재를 배출하였다. 널리 알려져 있는 "소림(少林)무술"은 당나라 초기에 벌써 시작된 것으로 기록되어 있다. 송나라 때에 중국무술  은 성숙단계에 이르렀으며 원나라 때는 무술을 가르치는 무관이 생겨났고, 명·청 때는 민간에 무술이 성행하여 수백종의 무술 유파가 생겨났다.

여러 가지 중국무술의 공통점은 동작이 연속적이고, 변화가 다양하며, 속도가 빠르다는 것이다. 장기적인 발전을 통해 무술은 18종의 무예로 발전되어 왔다.

2. 무술의 종류 (武术的种类)

중국 무술은 종류가 다양한데 지역적으로 구분하면 남권(南拳), 태극권(太极拳)으로 나눌 수 있고 산맥, 종묘(宗庙)를 기준으로 하여 구분하면 소림권(少林拳), 무당권(武当拳), 아미권(峨眉拳)으로 나눌 수 있으며 형상으로 구분하면 뱀권, 원숭이권, 버마재비권으로 나눌 수 있다. 또 기술로 분류하면 권술류, 기계류, 기공류, 씨름류로 구분된다.

중국 무술의 역사상 가장 이름난 유파로는 소림파, 무당파, 아미파가 있다.

(1) 소림무술 (少林武术)

소림 무술은 중국 하남성 숭산(嵩山)소림사에서 시작되었다. 소림 무술에는 용(龙)권, 범권, 표범권, 뱀권, 학(鹤)권 등 여러 가지가 있으며 또 칼, 창, 검, 봉 등을 무기로 하는 것도 있다. 기공류에는 소림 이근공(易筋功), 소무공(小武功), 음양공(阴阳功), 혼원일기공(混元一气功) 등이 있다. 천년의 역사를 가진 소림권은 지금 북파소림권과 남파소림권으로 나누어져 있다.

(2) 무당무술 (武当武术)

무당무술은 중국 호북(湖北) 균현(均县) 무당산에서 시작되어 유명해졌다. 무당무술은 원말명초(元末明初)에 생겼고 명말청초(明末清初)에 성행하였다. 무당무술은 그 종류가 많은데 그 중 태극권이 제일 유명하다. 영향이 가장 큰 태극권에는 진식(陈式) 태극권, 양식(杨式) 태극권, 오식(吴式) 태극권, 무식(武式) 태극권과 손식(孙式) 태극권이 있다. 그 후 간화(简化) 태극권, 사십팔식(四十八式) 태극권, 팔십팔식(八十八式) 태극권의 세 가지로 줄어 들었다.

(3) 아미무술 (峨眉武术)

아미무술은 사천성 아미산에서 기원하여 명나라 때 완성되었다. 아미무술은 여러 무술의 장점을 모아서 독특한 기법과 풍격을 이루었다. 아미무술의 특징은 동작이 작고 변화가 크며 움직임과 정지가 병용되며 속도가 빠르다는 것이다.

아미무술은 승문(僧门), 악문(岳门), 두문(杜门), 조문(赵门) 사대가(四大家)와 홍문(洪门), 화문(化门), 자문(字门), 혜문(慧门), 사소가(四小家)가 있다.

중국무술은 당나라와 송나라 이후에 국외에 전해졌는데 그 영향을 받아 일본, 한국, 베트남 등의 나라에도 중국무술을 하는 사람이 많다. 유럽, 아메리카에도 중국무술의 영향이 미치게 되었는데, 많은 서양 사람이 중국 무술을 통하여 중국 문화를 알기 시작했다.

단어 (生词)

뱀권	蛇拳	병용하다	并用
원숭이권	猴拳	창	枪
버마재비권	螳螂拳	검	剑
태극권	太极拳	봉	棒

(二十三) 전통의학 (传统医学)

1. 한의 (中医)

(1) 한의의 역사·서적·명의 (中医的历史·书籍·名医)

한의학(中医学)은 오래된 역사를 가지고 있다. 전설에 의하면 상(商)시기에 이윤(伊尹)이 탕약을 발명했고 서주(西周)시기에 이미 내과와 외과의 구분이 있었다고 한다. 그러나 비교적 완전한 의학체계는 한나라 시기에 와서야 구축되었다. 서한(西汉)의 황제내경(《黄帝内经》)과 동한(东汉)의 신농본초경(《神农本草经》)을 보면 한나라의 의학체계를 알 수 있다. 황제내경은 최초의 의학서로서 장중경(张仲景)이 편찬한 상한잡병론(《伤寒杂病论》)과 함께 중국의학서의 대표작이다.

황제내경은 황제와 그의 신하인 기백(岐伯)과의 문답형식으로 기록되었는데 전체적으로 소문(《素问》)과 영구(《灵枢》) 2경(二经)으로 나누어진다. 영구는 중국 특유의 치료법인 침구술(针灸术)을 말한 것이며 소문은 중국의 의학서로 인체의 생리, 병리를 설명한 것이다. 소문은 바로 의학의 원리를 설명한 것으로 상한잡병론(《伤寒杂病论》)과 같은 치료서다. 그리고 소문에서는 중국인의 우주관이 반영되어 인체기능의 철학적 고찰이 행해지고 있었다. 인간은 우주 음양(阴阳)의 기를 받아서 살아가는데 만약 이 음양의 기가 조화를 잃으면 병이 생긴다는 것이 소문에서 말하는 병리설(病理说)이다. 상한론은 모든 병을 음양의 두 가지로 나누어 설명하는 음양 2원설에 근거하고 있다. 이 상한론은 치료에 중점을 두고 있는데 치료에 쓰이는 것은 주로 달인 약으로 발한(发汗), 최토(催吐), 설하(泻下)의 작용을 도와 주는 약제가 많이 사용되었다. 후대의 의학은 기본적으로 황제내경과 상한론에서 발전되어 갔다고 할 수 있다.

의학서로는 동한(东汉) 도홍경(陶弘景)의 신농본초경과 이시진(李时珍)의 본초강목(《本草纲目》)을 들 수 있다. 본초강목에는 1892종의 약물, 9110폭의 약도(药图), 11096가지의 처방제(处方剂)가 수록되어 있다.

下篇　中国旅游

　　또 손사막(孙思邈)의 천금방은 질병의 진단 및 치료의 요점과 침법을 기록한 후 질병에 대한 약의 성능, 효용, 분량 및 용법을 상당히 상세하게 서술하고 있다. 이 천금방에 기록된 의학설은 그 질병관 또는 진단법이 자연 철학의 사상을 근거로 하고 있으며 그 치료법은 음식요법과 약물요법에 의한 것이다.
　　기타 의학 저서로는 왕숙화(王叔和)의 맥경(《脉经》), 소원방(巢元方)의 제병원후론(《诸病源候论》), 왕유일(王惟一)의 동인수혈침구도경(《铜人腧穴针灸图经》), 오유성(吴有性)의 온역론(《瘟疫论》) 등이 유명하다.
　　명의로는 춘추시대의 편작(扁鹊), 삼국시기의 화타(华佗), 동한의 장중경(张仲景), 당나라의 손사막, 명나라의 이시진 등이 있다.

(2) 한의학이론 (中医理论)
　　한의학에는 다섯 가지의 중요한 이론이 있다.

① 음양오행설 (阴阳五行说)
　　음양이란 한의학 이론의 중요한 구성 성분인데 한의학에서는 인체가 자연계와 대립·통일의 관계를 이루고 있다고 보고 있다. 사람의 정상적인 인체활동은 음양의 대립 통일을 통하여 이루어지는데 이 대립과 통일 통하여 신체의 평형과 건강이 유지되고 있다고 본다. 오행이란 금(金), 목(木), 수(水), 화(火), 토(土) 다섯 가지 물질 원소를 가리킨다. 한의학에서는 이 음양오행설을 잘 응용하고 있다. 즉, 한의학에서는 인체의 오장(五脏)인 간(肝), 심(心), 비(脾), 폐(肺), 신(肾), 육부(六腑)인 담(胆), 소장(小肠), 위(胃), 대장(大肠), 방광(膀胱), 삼조(三焦), 오체(五体)인 근(筋), 맥(脉), 피(皮), 육(肉), 골(骨), 오관(五官)인 눈(眼), 혀(舌), 입(口), 코(鼻), 귀(耳), 오화(五化)인 발(脚), 얼굴(脸), 입술(唇), 털(毛), 머리털(发) 등 기관이 금(金), 목(木), 수(水), 화(火), 토(土)의 오행과 서로 대응관계에 있다고 보고 인체의 생리 기능을 오행과의 상호 관계를 통하여 설명하고 있다.
　　예컨데 5장의 간, 심, 비, 폐, 신은 각각 오행의 목(木), 화(火), 토(土), 금(金), 수(水)에 대응되고 신맛(酸), 쓴맛(苦), 단맛(甘), 매은맛(辛), 짠맛(咸) 등의 다섯 가지 맛도 오행과 대응관계에 있다고 보고 있다.

② 장상(脏象)학설
　　장상학설이란 장기(脏器)의 분류와 기능에 관한 것인데 오장(간, 심, 비, 폐, 신), 육부(담, 위, 소장, 대장, 삼조, 방광)는 서로 연결되어, 상부상조하고 있다고 보고 있다.

227

③ 경락(经络)학설

경락이란 인체의 오장, 육부, 사지, 오관, 피, 살, 근육, 뼈 등의 통로 또는 연결망이다. 경락학설의 주요내용은 경맥(经脉), 낙맥(络脉)인데 경맥은 주간(主干)이고 낙맥은 분지(分支)다. 경락학설은 장상학설과 결합하여 한의학의 생리학과 병리학의 기초가 된다.

④ 변증론치 (辩证论治)

변증이란 한의학 이론에 의거 사진팔강(四诊八纲) 방법을 운용하여 병을 진단하는 것을 말하며 논치란 진단의 결과에 의거하여 병을 치료하는 것을 뜻한다.

⑤ 사진팔법 (四诊八法)

사진이란 보고 듣고 묻고 만지는 네 가지 진단 방법이다. 팔법은 병을 치료하는 방법을 뜻하는데. 바로 한(汗), 토(吐), 하(下), 화(和), 온(溫), 정(情), 소(消), 보(补)의 여덟 방법을 말한다.

2. 침구 (针灸)

침구술(针灸术)이란 중국의 오래된 치료 방법인 침과 뜸을 뜻한다. 침은 일정한 혈(穴)자리를 찾아 특별히 제작된, 길이가 서로 다른 금속 침을 환자의 몸속으로 찌르고 비비거나 잡아 당기는 등의 방법으로 병을 치료하는 것이다. 뜸은 쑥을 일정한 혈자리에 놓고 피부 또는 피부 가까이까지 태워 그 열의 자극으로 질병을 치료하는 방법이다

중국 고대에는 춘추 시대의 편작이나 동한(东汉) 시대의 화타처럼 침구술을 이용해 병을 치료한 명의가 많다. 이 두 사람은 치료하기 힘든 병을 고쳤기 때문에 신의(神医)로 추앙받고 있다.

중국의 침구 역사상 중요한 저서가 세 권 있는데 황제내경(《黄帝内经》), 침구갑을경(《针灸甲乙经》), 침구대성(《针灸大成》)이 그것이다. 이 외에 당나라 때 그린 색채경락혈도――명당인형도(《明堂人型图》) 및 송나라 때의 651혈의 침구모형은 중국의 침구술의 발전에 중대한 영향을 가져 왔다.

지금도 중국의 침구술은 치료에서 많이 사용되고 있다. 특히 병의 치료, 진단, 침마취, 예방보건 등 분야에서 큰 역할을 하고 있다. 현재 침구치료를 통하여 치료하는 병은 천여 종이 있는데, 효과가 좋은 것은 300여 종이며, 뚜렷한 효과가 있는 것이 백여 종이다.

3. 한약 (中药)

한약은 한의학이 다른 의학과 구별되는 중요한 지표이다.

　중국인의 한약 연구는 천년의 역사를 갖고 있다. 전설에 의하면, 신농씨는 백초를 맛보고 한약을 제조하였다고한다. 그리하여 지금도 신농씨를 약조신(药祖神)으로 받들고 있다.

　한약의 재료는 주로 식물(뿌리, 줄기, 잎, 과실)인데 동물(내장, 피, 골)과 광물재료도 있다. 현재 각 지역에서 사용하는 한약재는 5000여 종에 달한다. 여러 가지 한약재로 조제하여 만든 처방제는 헤아릴 수 없이 많은데 중국에서는 수천 년의 연구를 통해 독립적인 과학인 본초학을 탄생시겼다.

　한약의 이론은 매우 특이한데 사기오미(四气五味)라고 한다. 사기란 또 사성이라고도 하는데 약성의 한(寒), 열(热), 온(温), 냉(凉)을 가리키며, 오미란 약물의 매운맛, 신맛, 쓴맛, 단맛, 짠맛을 가리킨다.

　한약의 사용방법은 다양하다. 약처방제에는 분제(粉剂), 면제(面剂), 고제(膏剂), 편제(片剂), 주사제(注射剂) 등이 있다.

　이름난 약재로는 식물약재인 인삼(人参), 하수오(何首乌)가 있고, 동물약재인 우황(牛黄), 녹용(鹿茸)이 있으며, 광물약재인 주사(朱砂), 망소(芒硝) 등이 있다.

단어 (生词)

신하	臣下, 大臣	상부상조	相辅相成
성능	性能	주간	主干
효용	疗效	분지	分支
대립통일	对立统一	생리	生理
평형	平衡	병리	病理
원소	元素	받들다	捧, 拥戴

(二十四) 과학 기술 (科学技术)

　세계적인 고대 문명국의 하나인 중국은 고대 과학 기술의 수준이 아주 높다. 한의학, 요리기술 외 농학(农学), 천문학(天文学), 수학(数学), 각종 기술 등의 분야에서 세계 으뜸가는 성과를 거두었다.

1. 농학 (农学)

　중국의 농학은 세계농업사에서 중요한 지위를 차지하고 있다. 시경(《诗经》)에 이미 농경기술이 실려 있었으며 전국(战国)시기에 저술된 여씨춘추(《吕氏春秋》)에는 상농(上农), 임지(任地), 변토(辨土), 심시(审时) 등 농학에 관한 4가지 글이 실

려 있었다.

그 후 한나라 시기에 와서 사승지(氾胜之)의 사승지서(《氾胜之书》)가 완성되면서 농학은 하나의 전문적인 학과로 되었다. 사승지서(《氾胜之书》)는 중국 역사상 최초의 농학 전문 저서로서 중국 고대 농서(农书)의 기틀을 마련하였으며 전통작물 재배에 확고한 토대를 닦아 놓았다. 그 뒤를 이어 북위(北魏)의 가사협(贾思勰)이 제민요술(《齐民要术》)이라는 책을 만들었는데 이는 현재 보존되어 있는 고대 농학 저서 중에서 그 연대가 제일 정확하고, 제일 계통적이며, 또한 세계적으로도 비중이 있는 중요한 농학 문헌이다.

세계 최초의 차 재배에 대한 저서로는 당나라시기의 육우(陆羽)가 쓴 차경(《茶经》)이 있다. 그리고 명나라때의 서관계(徐光启)가 쓴 농정전서(《农政全书》)도 아주 유명하다.

2. 천문학 (天文学)

천문학은 중국에서 국가의 정치, 경제 및 사회 일상생활과 밀접한 관련이 있었고 그에 따라 중요하게 취급되었다.

(1) 역법 (历法)

역사적으로 중국은 역법(历法)을 아주 중시하였는데 먼 옛날에 이미 역법 체계를 만들어 놓았다. 상나라 시기에는 음양합력(阴阳合历)이 나왔고, 춘추전국 시기에는 사분력(四分历)이 만들어졌으며 원나라 시기에는 수시력(授时历)이 새롭게 만들어졌다. 음양합력(阴阳合历)은 1년을 12개월로 정하고 큰 달을 30일, 작은 달을 29일로 만들었으며 윤년에는 1개월을 추가하였다. 사분력(四分历)은 1년을 365.25일로 정하였고, 19년마다 윤달을 7개 추가하는 십구년 칠윤법(十九年七闰法)을 만들어 음력과 양력을 조절하였다. 수시력(授时历)은 원나라 시기의 곽수경(郭守敬)이 재래의 역법과 회회력(回回历)을 참조하여 만들어 낸 것인데 이로써 중국의 역법은 거의 최고수준에 이르게 되었다. 수시력(授时历)은 1년을 365.2425일로 규정하였는데 지구가 태양 주위를 한 바퀴 공전(公转)하는 실제 시간과의 오차가 불과 26초 밖에 안 되는 것을 보면 실로 놀라운 일이 아닐 수 없다.

(2) 천문관측 (天文观测)

중국 사람들은 일찍부터 천문 관측에 많은 관심을 가지고 있었기 때문에 춘추 시대에 이미 중국의 천문학은 이미 많은 성과를 거두고 있었다.

전국 시대에는 천문학 저서도 나왔다. 이 때에 나온 책으로 제(齐) 나라의 천문학자 감덕(甘德)이 지은 천문성점(《天文星占》)과 위(魏)나라의 석신(石申)이 쓴 천문(《天文》) 이 있는데 후대 사람들이 이 책들을 합쳐 <감석성경(《甘石星经》)>으

로 만들었다. 이 책은 중국과 세계를 통틀어 현존하는 가장 오래된 천문학 저서이다.

한나라 시기에는 이미 독특한 별자리(星宿)체계를 만들었다. 이 별자리 체계를 근거로 하여 일식과 월식의 시간을 추정하고 24절기를 계산하였다. 위진남북조(魏晋南北朝)시기에 장자행(张子行)이 태양의 운동 속도가 균일하지 않다는 점을 관측하였는데 이는 세계적 의의를 가지는 중대한 발견이었다. 중국의 천문학자들이 이 밖에도 헬리혜성, 태양 흑점의 운동 및 행성위치의 변동 등에 대하여 관측, 기록하였는데 이 역시 세계적인 의의가 있는 업적이었다. 천문학자들은 천문 관측에 필요한 여러 가지 기기를 발명하였는데 그 중에서 장형(张衡)이 만든 혼천의(浑天仪), 양영찬(梁令瓚)이 만든 황도의(黄道仪)가 아주 유명하다.

3. 수학 (数学)

수학 영역에서도 중국은 적지 않은 성과를 올렸다. 주로 구고정리(勾股定理, 서양에서는 피타고라스의 정리라 함), 원주율(圆周率), 다원 방정식(多元方程式), 십진법(十进法), 주산(珠算)등이 아주 발달하였다. 십진법은 상(商) 시기에 이미 정착되었다. 서한(西汉) 사람들이 나무 막대기를 세워 놓고 태양 그림자를 측정한 후, 그 수치를 이용해 태양의 높이를 구하였다고 하는데 이는 그 시기에 이미 피타고라스의 정리를 알고 있었음을 입증한다.

남북조(南北朝)시기의 수학가인 조충지(祖冲之)는 원주율을 소수점 아래 일곱 자리(3.1415926—3.1415927)까지 정확히 계산하였다. 조충지는 또한 "π"의 유리근사값을 355/113으로 하고 이를 밀집(密集)이라고 불렀다. 이는 수학의 차세대 원주율 계산법이다. 유리근사값은 일본의 수학자에 의해 조율(祖率)이라 불려졌다. 원나라시기의 주세걸(朱世杰)은 천원술(天元术)을 4원 연립 고차방정식(四元联立高次方程)을 푸는 높은 수준까지 발전시켰다.

상술한 성과들을 잘 반영하고 있는 대표적인 저서로는 주비산경(《周比算经》), 구장산술(《九章算术》), 해도산경(《海岛算经》), 손자산경(《孙子算经》), 오조산경(《五曹算术》), 오경산경(《五经算经》), 하후양산경(《夏侯阳算经》), 장구건산경(《张丘健算经》), 집고산경(《缉古算经》), 철술(《缀术》) 등 19권의 산경(《算经十书》)과 사원옥감(《四元玉鉴》) 등이 있다.

또 중국 사람은 주판을 발명했다. 주판은 중국인이 오랫동안 상용해 왔던 산가지(算筹)를 기초로 하여 발명한 것이다. 옛날에 사람들은 작은 나무막대를 써서 계산을 했는데 이 작은 나무막대를 산가지라고 하고 그 산가지로 하는 계산을 주산이라고 하였다. 계속해서 생산력이 발전함에 따라 계산할 숫자가 점점 커져 산가지로 계산하

는 데에 한계가 생기게 되었다. 그리하여 사람들은 기능이 더 발달한 계산기인 주판을 발명하였다.

　주판을 사용함에 따라 사람들은 입으로 외우는 연산 공식을 많이 만들어 냈으며 주판을 다루는 솜씨도 숙련되어 필산에 비해 계산 속도가 훨씬 빨라졌다. 이렇게 주판을 이용해 계산하는 방법을 주산이라고 했다. 명(明) 나라 때에 이르러서는 주산으로 4칙 연산을 모두 할 수 있게 되어 중량, 수량, 면적, 체적 등을 계산하는 데 널리 사용되었다.

4. 각종 기술 (各种技术)

　기술 영역에서는 제지술, 활판, 인쇄술, 화약, 지남침 등 4대 발명(四大发明)이 가장 대표적이다. 그리고 수리(水利), 건축 기술도 상당히 발달하였다. 송나라 시기의 이계(李诫)가 저술한 영조법식(营造法式)은 중국 최초의 건축학 저서이다. 중국 내륙의 동서를 가로 지르는 만리장성, 천수(天水)의 맥적산석굴(麦积山石窟), 사천성(四川省)의 낙산대불상(乐山大佛像), 북경의 고궁(故宫 즉 자금성), 서안(西安) 진시황 능묘(陵墓)의 병마용(兵马俑) 등은 모두 중국 고대건축의 걸작이다. 또한 원명원(圆明园), 이화원(颐和园), 승덕피서산장(承德避暑山庄) 등 북방의 황실 공원과 별장 그리고 창랑정(沧浪亭), 졸정원(拙政园), 개원(个园) 등 남방의 사택 정원(私宅庭园)은 모두 자연미를 살리면서 하늘, 땅과 사람이 하나로 어우러지는(天地人合一), 복합적인 건축예술을 나타내고 있다.

단어 (生词)

저술하다	著作	다원방정식	多元方程式
기틀	要害, 关键	십진법	十进制
취급되다	办理, 对待	주산	算盘, 珠算
재래	原有的, 固有	막대기	棍子, 竿子
일식	日蚀	제지술	造纸
월식	月蚀	나침반	指南针
핼리혜성	哈雷彗星		

参考文献

1. 이복규 (2007), 한국어와 한국문화, 민속원
2. 박성희 (2008), 한국 근대사회와 문화, 학지사
3. 지수걸 (2007), 민족 한국 문화의 숭고 대상, 서울대학교출판부.
4. 이택광 (2007), 한국 신석기문화의 원류와 전개, 로크미디어
5. 이동주 (2007),잃어버린 한국의 고유문화, 세종출판사
6. 국립제주박물관 (2007), 한국 가면극과 그 주변 문화, 서경
7. 전경욱 (2007), 한국문화유산과 가상현실,월인
8. 강진갑 (2007), 한국현대문화, 북코리아
9. 이선이 (2007), 한국문화연구, 한국문화사
10. 김기덕 (2007), 사찰대방건축, 북코리아
11. 김성도 (2007), 한국의 전통마을과 문화경관 찾기, 고려
12. 신상섭 (2007), 한국의 고대문화 형성, 대가
13. 백산학회 (2007), 한국 문화 전통의 자료와 해석, 백산자료원
14. 단국대학교 동양학연구소(2007), 한국지리, 단국대학교출판부
15. 이현주 (2007), 한국지리, 이투스
16. 강용성 (2007), 뜻으로 본 한국역사, 단단북스
17. 함석헌 (2006), 한국문명 역사 탐험기, 한길사
18. 유경원 (2007), 함께 보는 한국근현대사, 서울문화사
19. 역사학연구소 (2004), 한국의 여행 문학, 서해문집
20. 임형택 (2007), 한국전통문화의 이해(제2판), 한길사
21. 포켓북 (2004), 상황 중국어 회화, 제이플러스
22. 정은기 (1997), 한권으로 땡치는 중국어 여행회화, 동양문고
23. 저스트고트래블러 편집부 (2004), 드라이브인 대한민국, 맵플러스
24. 조창완 (2005), 중국, 성하출판
25. 전명문 (2007), 중국100배즐기기, 랜덤하우스
26. 김진용 (2004), 중국 (4쇄가정판), 삼성출판사
27. 전송림등 (2005), 중국민속관광지리, 한국학술정보(주)
28. 김민옥 (1996), 중국의 생활민속, 집문당

29. 林从纲等(1995)《朝鲜语》(导游资格考试教材)旅游教育出版社
30. 苗春梅等(2003)《导游韩国语》旅游教育出版社
31. 国务侨务办公室(2007)《中国地理常识》外语教学与研究出版社
32. 国务侨务办公室(2007)《中国历史常识》外语教学与研究出版社
33. 国务侨务办公室(2007)《中国文化常识》外语教学与研究出版社
34. 吴春花、单体瑞(2004)《实用商贸韩语》天津大学出版社
35. 林结(2007)《韩语会话宝典》中国宇航出版社
36. 徐永彬(2004)《韩语交际口语》中国宇航出版社
37. 崔顺姬(2003)《跟我说韩语》中国宇航出版社
38. 史丽萍(2006)《出国旅游即用即说》北京语言大学出版社
39. 杨洪范等(1994)《中华的魅力》当代世界出版社
40. 韩国旅游发展局海外刊物组(2006)《旅游指南(韩国)》韩国旅游发展局
41. 郑辉(1999)《中国100种民间俗礼》广西人民出版社
42. 姚伟钧等(2001)《饮食风俗》湖北教育出版社
43. 蔡宗德、李文芬(2002)《中国历史文化》旅游教育出版社
44. 范玉梅(1986)《中国民间节日》人民出版社
45. 许嘉璐(1988)《中国衣食住行》北京出版社
46. 杨载田、熊沼华(1994)《中国旅游地理》广东省地图出版社
47. 中山时子(1992)《中国饮食文化》中国社会科学出版社
48. 王玲(1992)《中国茶文化》中国书店
49. 中国民俗学会(1994)《中国民俗学研究》中央民族大学出版社
51. 戴松年等(1995)《全国导游基础知识》旅游教育出版社
52. 孙文昌(1997)《现代旅游学》青岛出版社
53. 国家旅游局人事劳动教育司(1999)《导游业务》旅游教育出版社
54. 安旭(1996)《旅游文物艺术》南开大学出版社
55. 陆永庆、崔晓林(2000)《现代旅游礼仪》青岛出版社
56. 林从纲(2005)《韩国概况》大连理工大学出版社
57. 鲁锦松、孙玉霞(2007)《韩国语导游教程》旅游教育出版社
58. 金三坤、林从纲(2010)《导游韩语听说》北京大学出版社

《新编旅游韩国语》

尊敬的老师：

您好！

为了方便您更好地使用本教材，获得最佳教学效果，我们特向使用该书作为教材的教师赠送配套资料。如有需要，请完整填写"教师联系表"并加盖所在单位系（院）公章，免费向出版社索取。

北京大学 出版社

教 师 联 系 表

教材名称	《新编旅游韩国语》		
姓名：	性别：	职务：	职称：
E-mail：	联系电话：	邮政编码：	
供职学校：	所在院系：		（章）
学校地址：			
教学科目与年级：	班级人数：		
通信地址：			

填写完毕后，请将此表邮寄给我们，我们将为您免费寄送本教材配套资料，谢谢！

北京市海淀区成府路205号
北京大学出版社外语编辑部　刘　虹　　邮 购 部 电话：010-62534449
邮政编码：100871　　　　　　　　　　　市场营销部电话：010-62750672
电子邮箱：554992144@qq.com　　　　　　外语编辑部电话：010-62754382

应用韩语系列教材

已出版
《新概念韩国语》(初级听说、初级读写)
《韩国语听力轻松学》初级
《韩国语听力轻松学》中级
《走近韩国——韩国文化风情读本》
《导游韩语听说》
《新编旅游韩国语》
《商务交际韩国语》

2010年计划出版
《商务韩语听说》
……